中国金融四十人论坛
CHINA FINANCE 40 FORUM

致力于夯实中国金融学术基础，探究金融领域前沿课题，引领金融理念突破与创新，推动中国金融改革与发展。

期货市场国际化

姜洋 等 / 著

中信出版集团 | 北京

图书在版编目（CIP）数据

期货市场国际化/姜洋等著. -- 北京：中信出版社, 2020.7（2021.4 重印）
ISBN 978-7-5217-1704-4

Ⅰ.①期… Ⅱ.①姜… Ⅲ.①期货市场—国际化—研究—中国 Ⅳ.① F832.5

中国版本图书馆 CIP 数据核字（2020）第 043272 号

期货市场国际化

著　　者：姜洋　等
出版发行：中信出版集团股份有限公司
　　　　　（北京市朝阳区惠新东街甲 4 号富盛大厦 2 座　邮编　100029）
承　印　者：北京楠萍印刷有限公司

开　　本：787mm×1092mm　1/16　　印　张：24.5　　字　数：350 千字
版　　次：2020 年 7 月第 1 版　　　　印　次：2021 年 4 月第 3 次印刷
书　　号：ISBN 978-7-5217-1704-4
定　　价：68.00 元

版权所有·侵权必究
如有印刷、装订问题，本公司负责调换。
服务热线：400-600-8099
投稿邮箱：author@citicpub.com

中国金融四十人论坛书系
CHINA FINANCE 40 FORUM BOOKS

"中国金融四十人论坛书系"专注于宏观经济和金融领域，着力金融政策研究，力图引领金融理念突破与创新，打造高端、权威、兼具学术品质与政策价值的智库书系品牌。

中国金融四十人论坛是中国最具影响力的非官方、非营利性金融专业智库平台，专注于经济金融领域的政策研究与交流。论坛正式成员由40位40岁上下的金融精锐组成。论坛致力于以前瞻视野和探索精神，夯实中国金融学术基础，研究金融领域前沿课题，推动中国金融业改革与发展。

自2009年以来，"中国金融四十人论坛书系"及旗下"新金融书系""浦山书系"已出版100余本专著、文集。凭借深入、严谨、前沿的研究成果，该书系在金融业内积累了良好口碑，并形成了广泛的影响力。

目 录

序 言　i
前 言　v

第一章　大宗商品对国家经济安全至关重要　001
"国家经济安全"的含义　001
通过产业链影响国民经济　003
大宗商品是经济安全的重要内容　013
《国家安全法》的相关规定　016

第二章　商品期货市场对国家经济安全至关重要　019
保障大宗商品市场的安全　019
强化对大宗商品的控制力　030
提升对规则的影响力　032

第三章　"一带一路"建设提供的战略空间　035
应对复杂的国际环境　035
维护国家经济安全　049
商品期货市场服务"一带一路"建设　061

第四章　商品期货市场助力沿线发展　065
　　　　促进商品期货市场建设　065
　　　　推动经济发展　069
　　　　促进文化交流　074

第五章　把握建立国际定价中心的历史机遇　079
　　　　在机遇期要有所作为　079
　　　　现货市场发展的迫切需要　094
　　　　开放国内市场刻不容缓　099

第六章　商品期货市场面临的困难和挑战　105
　　　　风险和问题　105
　　　　政策方面的制约因素　113
　　　　开放融合过程中存在许多障碍　125

第七章　商品期货市场的发展基础　133
　　　　境内市场持续发展的基础　133
　　　　境内市场扩大开放的条件　143
　　　　境外市场的发展基础　154
　　　　境内外期货品种契合度较高　183

第八章　合作路径评估　195
　　　　合作对象选择　195
　　　　商品期货市场对接　229
　　　　商品期货品种匹配　239

目 录

第九章 推进期货市场对外开放的建议 251
  总体思路 251
  阶段性安排 252
  实施路线图 253
  相关政策建议 256

第十章 相关案例 273
  案例1：美国战略石油储备 273
  案例2：美国的成功与日本的失败 279
  案例3：中国原油期货的影响 290
  案例4：有色金属期货市场的作用 297
  案例5：铁矿石定价机制的演变 306
  案例6：两次"大豆地震"的影响 316
  案例7：天然橡胶期货的国际化之路 327
  案例8：PTA期货帮助企业渡过难关 337

参考文献 349
附 录 353
后 记 373

序　言

　　大宗商品是经济发展的基础性和战略性物资，如原油、天然气、铁矿石、铜、大豆等，在此方面，中国的对外依赖度非常高。这些大宗商品一旦"断供"，就会对国内市场造成巨大的冲击。保障大宗商品的产业链供应链稳定、价格合理，事关国家经济安全。在经济全球化背景下建设有着近14亿人口的小康社会，并在此基础上建成现代化的社会主义国家，不是我们一个国家的资源所能够支撑得了的，必须靠全球的资源才行。我们必须在全球范围内建立产业链、供应链，以确保大宗商品安全。大宗商品可能会是引发贸易摩擦的下一个热点，虽然现在还没有出现，但不排除这种可能，我们必须要提前考虑。

　　当今世界正处于百年未有之大变局，国际贸易的各种变化与冲突，使得中国大宗商品贸易面临着越来越大的价格波动风险，我们需要相应的工具来进行风险管理。100多年的历史表明，期货市场汇集了大宗商品贸易各方对未来供需情况的判断，其产生的流动性为实体经济发展提供了价格发现和风险管理工具，成为实体经济发展与贸易增长的推进器与润滑剂。期货市场的这种机制具有极大的社会效益与隐秘性，因此，它与间接融资的银行信贷市场、直接融资的证券市场有着明显区别。也正是这种机制的独特之处，使它在大宗商品贸易中有着不可替代的作用。大宗商品贸易需要公开透明的价格和高效的风险管理工具，而期货市场恰恰能够通过发挥其独特功能满足这些现实需求，

期货市场国际化

服务大宗商品贸易，可谓"顺理成章"。

当前，中国正处于实现中华民族伟大复兴的关键时期，政治上面临着各种外部势力的综合渗透，经济上面临着来自大国的竞争较量。西方国家历来重视发展期货市场，通过强化国家对资源的控制力和规则的影响力来保障大宗商品市场安全，这些做法值得高度关注。而且，通过期货市场维护国家经济安全，也是国际惯例和通行做法，更容易被接受和认可。作为国家安全的基础和国家利益之所在，维护国家经济安全比以往显得形势更紧迫、任务更繁重，而大宗商品贸易是国家经济安全的重要内容。因此，充分发挥期货市场的独特功能，为维护国家经济安全贡献重要力量，可谓"正当其时"。

"一带一路"倡议是顺应世界大势的"天下大计、百年大计"，可以促进亚非欧区域一体化，为形成互利共赢、共同发展的人类命运共同体提供坚实基础。7年来，"一带一路"倡议已经由国际倡议发展为实际行动，由宣传推广步入落地实施，各类贸易、投资都需要金融基础设施的支持。当前，大部分"一带一路"国家和地区尚处于工业化发展初期，在为大宗商品提供丰富储备的同时，有着旺盛的大宗商品贸易需求。随着中国对外开放的扩大与深化，依托于中国巨大经济体量的中国期货市场有能力为这一区域的大宗商品贸易提供定价基准和风险管理服务。在此过程中，充分发挥期货市场的功能，可谓"空间广阔"。

正如习近平总书记指出："中华民族伟大复兴，绝不是轻轻松松、敲锣打鼓就能实现的。全党必须准备付出更为艰巨、更为艰苦的努力。"[1] "一带一路"建设不是一个简单机械地涵盖"一带一路"国家

---

[1] 习近平:《决胜全面建成小康社会 夺取新时代中国特色社会主义伟大胜利——在中国共产党第十九次全国代表大会上的报告》，载新华网，2017年10月27日。http://www.xinhuanet.com//politics/19cpcnc/2017-10/27/c_1121867529.htm.

序 言

和地区的经济发展规划,而是一个以互联互通为基础,以经济合作为主线,带动政治、安全、人文等领域协同发展的综合发展构想。因此,推动期货市场的开放与发展,需要解放思想、创新方法,直面新问题、新挑战,敢于和善于突破以往所形成的政策、体制、机制等的限制。

本书涉及"期货市场开放""'一带一路'建设""国家经济安全"三个关键词,其中"期货市场开放"将后两个关键词在更大范围内联系了起来,希望这一立意能使本书对相关问题的研究更具逻辑性和层次性。期货市场是中国金融市场的重要组成部分,也是开放速度相对缓慢、基础较为薄弱的领域,因此,必须从国家战略的高度做好顶层设计。

本书认为,除了抓住大宗商品大进大出的机会建立大宗商品国际定价中心外,还可以建立以期货市场为平台的人民币大宗商品计价结算体系。这是从一个比较新的角度来谈论人民币国际化问题,值得认真研究。期货市场的扩大开放,可以让更多的境外投资者参与以人民币计价结算的中国大宗商品期货市场交易,如原油、铁矿石、大豆等期货的交易。随着市场规模的扩大和境外投资者的增加,他们用人民币持有期货、期权头寸的意愿就会增强。如果大量有管理风险需求的实体企业和金融机构参与进来,他们就有意愿持有这种流动性好的仓单作为资产配置。久而久之,包括实体企业、金融机构和投资者在内的境外交易者长期储备人民币的需求就会增长,持有中国期货市场大宗商品合约就会成为境外投资者的常态。这是一个境外投资者可以进行资产配置的大市场,适合金融机构、养老基金、保险基金、对冲基金等各种机构参与。随着以人民币计价结算的大宗商品期货市场的国际化程度不断加深,人民币在国际贸易中被用于支付结算的机会就会增多,人民币在国际货币储备中的份额自然而然就会增加。

在世界范围内,无论贸易结算还是储备、投资,其他货币的使用

期货市场国际化

都远不如美元广泛。在未来较长一段时间内，我们仍将在国际贸易中大量使用美元。但随着人民币国际化进程的推进，逐步提高人民币在大宗商品市场中的使用频率，还是可以有所作为的。例如，在原油、天然气、铁矿石以及一些大宗农产品市场上更多地用人民币进行计价结算，就会有力地推动人民币国际化的进程。因此，提升人民币在大宗商品和国际贸易结算当中的作用和地位具有重要的战略意义。这些内容，本书都有所涉猎。希望本书的出版发行能为诸多相关研究融入一点思想的火花。本书源于一项团队研究成果，是集体智慧的产物。书中观点难免一孔之见，收集的资料数据也可能不完整，甚至有所错漏，希望读者批评指正。

姜　洋

2019 年 12 月

前　言

2013 年，习近平总书记提出了"一带一路"倡议，这一倡议顺应了全球治理体系变革的内在要求，彰显了同舟共济、权责共担的命运共同体意识，为全球治理体系变革提供了新思路、新方案，得到了有关国家和国际组织的积极响应。7 年来，"一带一路"建设大幅度提升了中国贸易和投资的自由化、便利化水平，推动了中国的开放空间从沿海、沿江，向内陆、沿边延伸，形成了陆海联动、东西互济的开放新格局。

随着"一带一路"建设的不断推进，如何充分挖掘金融行业的潜能，完善金融保障体系，为"一带一路"建设提供期货市场服务，始终是我们在思考的问题。与银行、证券、基金等不同，期货市场时时有信息，天天有交易，月月有交割，年年有贸易定价和风险管理，在交易时涉及金融产品，交割时又涉及现货商品，成为连接金融行业和现货领域的重要平台。作为价格发现和风险管理中心，期货市场能够通过保障大宗商品市场的稳定、强化国家对战略资源的控制和对规则的影响，有效维护国家经济安全。

"备豫不虞，为国常道。"在国内外环境愈加复杂的背景下，"一带一路"建设从地域上拓展了维护国家经济安全的战略空间，为商品期货市场的发展提供了重要机遇，反过来，商品期货市场也为"一带一路"国家和地区提供了新的发展契机。中国工业化进程带来的对大

期货市场国际化

宗商品的大规模需求已经持续了 20 年。随着亚洲经济的崛起，中国大量进口大宗商品的情况还将继续相当长一段时间。"一带一路"国家和地区是中国大宗商品的重要来源地，它们对这些资源禀赋的有效利用与中国对大宗商品的需求存在利益契合点，通过期货市场这个平台，可以强化"一带一路"国家和地区与中国的经济联系，实现机会共享、互利共赢。在工作当中，我们深刻体会到，期货市场能够在"一带一路"建设中发挥重要作用，是我们聚焦重点、精雕细琢，共同绘制好服务"一带一路"建设精谨细腻"工笔画"的有力抓手。目前，从"服务'一带一路'建设，维护国家经济安全"的角度对商品期货市场进行的研究少之又少且不够深入。因此，我们召集这个行业有市场经验的部分专家成立了课题组，对这一课题进行了研究。课题组成员包括：组长全国政协委员、证监会原副主席姜洋，副组长大连商品交易所理事长李正强、中国金融期货交易所董事长胡政、郑州商品交易所理事长熊军、大连商品交易所总经理席志勇、郑州商品交易所总经理鲁东升、上海期货交易所总经理王凤海。这些专家为该研究提供了很好的意见与建议，且已经反映在本书中。在课题开题和总结阶段性成果以及最后定稿的过程中，姜洋提出了"研究商品期货与'一带一路'建设的关系，推动期货市场国际化"的方向，向课题组阐述了研究的总体思路与框架，并多次组织座谈会，听取有关部门、金融机构以及现货企业的意见，在课题确定、指导思想、研究重点、内容取舍等方面做了大量指导工作，并对文稿进行了最后的修改与统揽。本书的撰稿人有好几位，主要撰稿人为刘岩，她多次在座谈会上代表写作组向课题组成员和相关行业、企业汇报课题内容，主持了文稿的具体写作工作。鄢鹏、刘东旭、韩学广、邢全伟、姜涵参与了全部讨论与写作。李彦、葛婉婉、胡慧、杜海鹏、鲁娟、刘硕提供了案例。

本书基于期货市场对外开放和人民币国际化的进展，结合期货市

前　言

场的功能和作用，围绕服务"一带一路"建设、维护国家经济安全两个主题进行了系统研究，主要在以下方面取得了进展。

一是从多个角度列举并阐述了发达国家的制度、理念和做法，汇集了各类典型案例，梳理并总结了期货市场在服务"一带一路"建设、维护国家经济安全等方面能够发挥的独特作用。研究显示，西方国家普遍重视发展期货市场，并从国家利益、国家战略、国家安全等高度来认识期货市场的功能和作用。

二是全面整理了141个"一带一路"国家和地区的基本情况，深入分析了中国与这些国家和地区对52个已上市品种、11个潜在品种的贸易情况，发现了这些国家和地区的大宗商品资源在全球的重要地位和与中国的巨大合作空间。同时，本书系统梳理了"一带一路"国家和地区50个期货市场的基本情况，全面总结了中国与这些国家和地区开展合作所具备的现实基础。

三是从三个方面对合作路径进行了评估，即合作对象的选择、商品期货市场的对接情况、期货品种的匹配状况，尤其是基于现货贸易情况和品种上市情况，提出了中国与"一带一路"国家和地区的商品期货市场对接的四种类型。本书提出了期货市场服务"一带一路"建设和维护国家经济安全的总体目标、阶段性安排和具体路线图，分析了当前存在的主要问题，并从多个角度提出了相关政策建议。

希望本书的出版能够为期货市场服务"一带一路"建设提供翔实的参考资料，对扩大期货市场对外开放、加快人民币国际化进程有所助益，为更好地服务"一带一路"建设、维护国家经济安全提供支持。

本书课题组
2019年12月

▶▶ 第一章

大宗商品对国家经济安全至关重要

"国家经济安全"的含义

"国家安全"的法律含义

坚持总体国家安全观,是习近平新时代中国特色社会主义思想的重要内容。习近平总书记强调,"保证国家安全是头等大事",他指出,"当前我国国家安全内涵和外延比历史上任何时候都要丰富,时空领域比历史上任何时候都要宽广,内外因素比历史上任何时候都要复杂,必须坚持总体国家安全观,以人民安全为宗旨,以政治安全为根本,以经济安全为基础,以军事、文化、社会安全为保障,以促进国际安全为依托,走出一条中国特色国家安全道路。"[①]

"国家安全"在我国有明确的法律含义。2015年7月1日,全国人大常委会第十五次会议通过的《中华人民共和国国家安全法》(以

---

① 习近平:《在中央国家安全委员会第一次会议上的讲话》,2014年4月16日《人民日报》。

下简称《国家安全法》)将"国家安全"定义为:"国家政权、主权、统一和领土完整、人民福祉、经济社会可持续发展和国家其他重大利益相对处于没有危险和不受内外威胁的状态,以及保障持续安全状态的能力。"[1]

经济安全是国家安全的基础

依据法律规定,国家安全的重要内容是"一国最为根本的经济利益不受伤害,在国际经济生活中具有一定的自主性、自卫力和竞争力"[2]。由此可见,经济安全是国家安全的基础。根据国内外的观点,国家经济安全大致包括状态和能力两个方面[3]:一方面,"国家经济安全是指在经济全球化条件下,一国经济发展和经济利益不受外来势力根本威胁的状态。它具体体现在国家经济主权独立,经济发展所依赖的资源供给得到有效保障,经济的发展进程能够经受国际市场动荡的冲击等"[4]。"经济安全是指一国在世界经济一体化条件下保持国家经济发展的独立性,所有经济部门稳定运行,公民具有体面的生活水平,社会经济稳定,国家完整,各民族文化具有自己的独特性"[5]。另一方面,"经济安全是指在开放的经济条件下,一国为使国民经济免受国内外各种不利因素干扰、威胁、侵袭、破坏而不断提高其国际竞争力,从而实现可持续发展、保持经济优势的状

---

[1] 全国人大常委会法制工作委员会:《中华人民共和国国家安全法释义》,北京:法律出版社,2015年,第120页。
[2] 雷家骕:《国家经济安全理论与分析方法》,北京:清华大学出版社,2011年,第10页。
[3] 苏展、刘墨渊:《国家经济安全与经济自主性》,载《当代经济研究》2014年第10期。
[4] 史忠良:《参与经济全球化必须注意国家经济安全》,载《经济经纬》2002年第1期。
[5] B.梅德韦杰夫:《俄罗斯经济安全问题》,载《国外社会科学》1991年第1期。

态和能力"。[1]美国著名国际关系学者罗伯特·吉尔平将"经济安全"定义为："经济竞争力及其带来的相应的国际政治地位和能力。"[2]

"国家经济安全"的含义

国家经济安全是指一国经济的持续、稳定、健康发展，在面临复杂国际环境时，不会受到过度的打击、损失太多的利益，不致演变成全局性的重大危机。国家经济安全涉及经济主权、粮食、能源资源、产业与贸易、科技、金融等诸多方面，主要表现为一国政府依据本国经济制度和法律法规，治理本国经济，管控和抵御来自国内外各方面冲击带来的风险，从而确保本国经济按照既定目标持续发展，人民生活水平和国家综合实力不断提升。

通过产业链影响国民经济

大宗商品分为三大类：能源、农产品以及基础原材料。这些商品大多处于产业链的前端，是人们生活和生产的主要投入品，涉及社会生活的方方面面，是国家经济安全的必要保障。中国经济安全所涉及的大宗商品种类较多，其中原油、铁矿石和油脂油料比较具有代表性。下面以这三种大宗商品为例，阐明大宗商品是如何通过产业链对国民经济产生全面、深刻的影响的。

---

[1] 柳辉：《扩大内需：我国经济安全的战略选择》，载《华东经济管理》2001 年第 4 期。
[2] 罗伯特·吉尔平：《世界政治中的战争与变革》，北京：中国人民大学出版社，1994 年，第 125 页。

原油产业链

1. 原油产业链的基本情况

原油的大规模开采始于19世纪中叶，至今虽然只有100多年的历史，但已经举足轻重，几乎影响到国民经济的各个方面，大到国防、工业、交通、农业，小到每个人的衣食住行。

原油产业链大致可以分为上游开采、中游炼制和下游化工三个部分。上游包括勘探和开发环节；中游对原油进行炼制，可以生产出汽油、柴油、煤油、化工轻油、渣油，这些产品经过催化、裂化、加氢、脱硫等工艺处理后，可以产出烯烃、芳烃、沥青、石蜡、润滑油等化工产品；下游对化工原料进行加工，使之变成有机化工原料和合成材料。总的来说，用原油生产的产品，包括柴油、汽油、燃料油、沥青、石蜡、润滑油等500多种油品，合成橡胶、合成纤维、合成树脂等1 500多种石油化工产品，以及品类繁多的农药、医药、涂料、染料、表面活性剂等精细化工产品（见图1.1）。

2. 原油产业链对国民经济的影响

虽然中国原油产业只经过了短短几十年的发展，但已经具有很大规模。据粗略估算，2018年整个产业最终产品的市场价值总和为人民币4万多亿元，其中石油炼制品2.86万亿元（化工轻油除外），合成树脂1.19万亿元，合成纤维0.46万亿元，合成橡胶0.07万亿元，这四类最终产品的市场价值占比分别为62.35%、25.94%、10.12%和1.59%。

第一章　大宗商品对国家经济安全至关重要

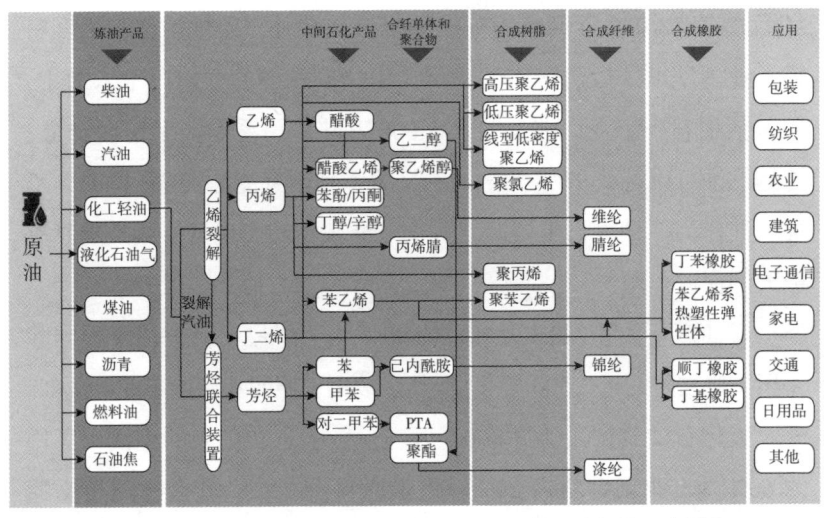

图 1.1　原油产业链概况

资料来源：2018 年大连商品交易所统计数据。

2018 年，中国石油炼制品的总消费量为 5.55 亿吨，各类产品的具体情况如下。

柴油产量为 1.74 亿吨，服务近 3 000 万辆汽车，14 万艘运输船，以及农业、建筑和工矿机械等。其中，约 75% 被用作交通工具（载货汽车、载客汽车、农用汽车、拖拉机等）的燃料，13% 被用于建筑和工矿企业，9% 被用于农林牧渔业，3% 被用于水运和铁路。

汽油产量为 1.39 亿吨，约 90% 以上被用作汽车燃料，为约 1.8

亿辆汽车、8 000万辆摩托车提供动力；此外，还被用作飞机燃料或工业清洗剂。以乙醇汽油为例，生物制乙醇的原料以玉米为主，还包括稻谷、小麦，涉及粮食5 000万吨，关系到国家粮食安全；乙醇汽油可以替代10%的汽油，又关系到国家能源安全；同时，乙醇汽油作为一种可再生资源，对于节能减排和实现可持续发展具有极大的促进作用。

煤油产量为4 770.3万吨，约95%为飞机燃料，被用于国内除军用飞机之外的近5 500架飞机，其余被用于照明和制造工业清洗剂。

液化石油气产量为3 800.5万吨，影响近2亿人的生活，民用约60%，工业用燃料占20%，化工原料占14%，其余被用于交通运输等方面。

化工轻油产量为6 824.9万吨，对其进一步加工可以得到多种基本有机原料，用途广泛。目前，中国已成为全球主要的医药中间体、洗涤用品、家用化学品、农用化学品等的生产基地。由化工轻油得到的合成材料主要有三种：一是合成树脂，主要被用于包装，还有建筑行业、电子行业、电气行业、汽车、家具、玩具、娱乐用品、家用器具和医疗用品等。二是合成纤维，被广泛用于生产服装、装饰和产业用纺织品，占全部纤维使用量的七成以上。三是合成橡胶，被用于各式轮胎、胶带、胶管、胶鞋、电缆的生产，目前国内合成橡胶使用量占中国全部橡胶使用量的一半。

沥青产量为4 025.3万吨，约78%被用于道路建设，10%被用于机场建设，6%被用于市政道路建设，其余被用于建筑防水等。

石油焦产量为2 634.7万吨，燃料油产量为2 024.1万吨，被用于电解铝等使用电极的工业，60%被用于电解铝行业，10%被用于玻璃行业，5%被用于生产工业硅，其余被用于冶金、水泥等行业。

钢铁产业链

1. 钢铁产业链的基本情况

钢铁产业链的上游为炼铁,主要是投入铁矿石,炼出铁水;中游是炼钢和连铸,主要是对铁水进行处理,可加入废钢,得到钢坯;下游是轧钢,经塑性变形得到各种用途的钢材产品。中国的钢铁生产以长流程为主,铁矿石经"烧结—炼铁—炼钢—轧制"工艺产出钢材。其中,钢材的主要品种有螺纹钢、线材、热轧卷板、冷轧卷板、中厚钢板、镀层钢板等(见图1.2)。

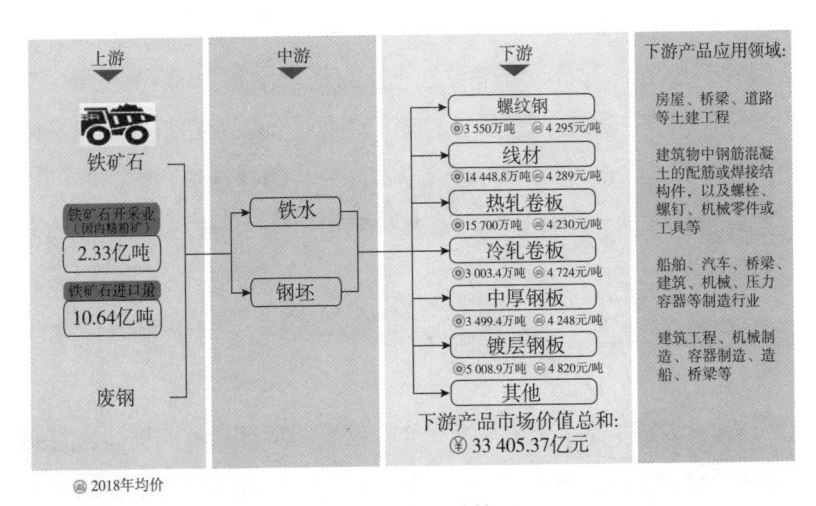

上游	中游	下游	下游产品应用领域:
铁矿石 铁矿石开采业(国内精粉矿) 2.33亿吨 铁矿石进口量 10.64亿吨 废钢	铁水 钢坯	螺纹钢 3 550万吨 4 295元/吨 线材 14 448.8万吨 4 289元/吨 热轧卷板 15 700万吨 4 230元/吨 冷轧卷板 3 003.4万吨 4 724元/吨 中厚钢板 3 499.4万吨 4 248元/吨 镀层钢板 5 008.9万吨 4 820元/吨 其他 下游产品市场价值总和:¥33 405.37亿元	房屋、桥梁、道路等土建工程 建筑物中钢筋混凝土的配筋或焊接结构件,以及螺栓、螺钉、机械零件或工具等 船舶、汽车、桥梁、建筑、机械、压力容器等制造行业 建筑工程、机械制造、容器制造、造船、桥梁等

2018年均价

图1.2 钢铁产业链概况

资料来源:2018年大连商品交易所统计数据。

2. 钢铁产业链对国民经济的影响

从简单的劳动工具到尖端精密的航天科技领域,几乎所有的工业部门都与钢铁有着直接或间接的联系。大到国防装备,小到日常生活用品，都会受到钢铁产量和质量的影响，钢铁产业与人民生活、工业化水平和国防实力密切相关。中国钢铁产业规模庞大，2018年整个产业最终产品的市场价值总和为人民币3万多亿元。国产铁精粉产量为2.33亿吨，进口铁矿石为10.64亿吨。

2018年中国生铁产量为7.71亿吨，粗钢产量为9.28亿吨，钢材产量为11.06亿吨。具体到各类钢材产品，螺纹钢产量为3.55亿吨，被广泛用于房屋、桥梁、道路等土建工程领域。线材产量为1.44亿吨，主要被用作建筑物中钢筋混凝土结构的配筋或焊接结构件，以及螺栓、螺钉、机械零件或工具等。热轧卷板产量为1.57亿吨，被广泛应用于船舶、汽车、桥梁、建筑、机械、压力容器等制造行业。中厚钢板产量为3 499.4万吨，主要被用于建筑工程、机械制造、容器制造、造船、桥梁等。冷轧卷板产量为3 003.4万吨，被广泛用于汽车、家电、五金、航空、产业设备以及建筑等行业。镀层钢板产量为5 008.9万吨，按镀层不同分为镀锌钢板、镀锡钢板等，镀层对钢铁表面起到抗氧化、美观等作用。

油脂油料产业链

国内植物油消费量排名前三的是豆油、菜籽油和棕榈油，它们是国内油料的主要来源，涉及豆油产业链、菜籽油产业链和棕榈油产业链。2018年，中国三大植物油产业链最终产品的市场价值总和为人民币2万多亿元，在国民经济中占有重要地位（见图1.3）。

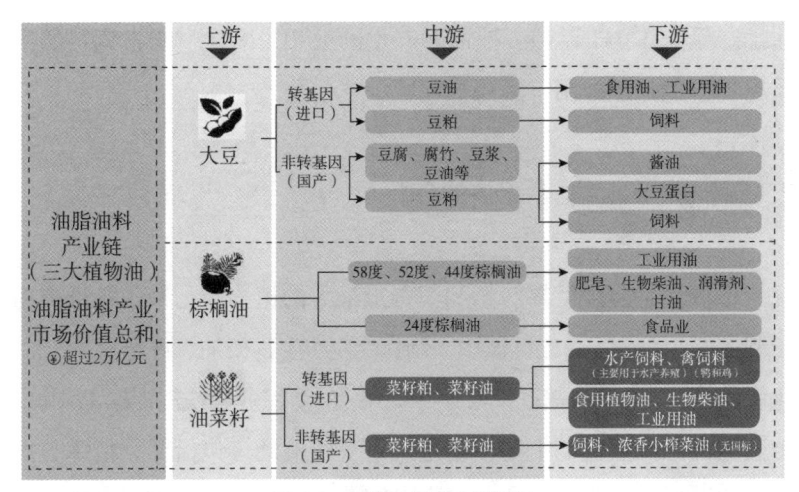

图 1.3 油脂油料产业链概况

资料来源：2018年大连商品交易所统计数据。

1. 豆油产业链对国民经济的影响

豆油产业链的上游是大豆的生产和进口，国内生产的是非转基因大豆，进口的主要是转基因大豆；产业链的中游是以大豆为原料制作食品和榨油，作为一种优质的植物蛋白资源，非转基因大豆多被用于制作豆腐、豆浆、腐竹和其他多种豆制品；产业链的下游进口的转基因大豆主要被用于生产食用油、工业用油和饲料，国内生产的非转基因大豆主要被用于生产酱油、大豆蛋白和饲料，涉及谷物生产、食品加工业和养殖业。2018年，中国非转基因大豆产量为1 600万吨，中国进口大豆8 803.1万吨，进口量占全球大豆贸易量的60%；其中，从美国和巴西进口的大豆分别占中国总进口量的18.9%和75.9%（因中美贸易摩擦，从美国进口的大豆大幅度减少）。2018年，非转基因大豆的食用和工业消费量为1 460万吨，大豆的食用和工业消费量为1.05亿吨，大豆油产量为1 578万吨，酱油产量为1 041万吨。榨油时产生的豆粕是家禽、家畜饲料的优质原料，部分还被用于医药等领域。

2. 棕榈油产业链对国民经济的影响

棕榈油是当今世界产量和消费量最大的植物油品种，既可被用于制作奶油等食品，也可被用于制作肥皂、生物柴油、润滑剂、甘油、化妆品等，还可作为辅助剂被用于制革业、纺织业和铁皮镀锡等领域。中国棕榈油产业链的上游主要是进口毛棕榈油（包括部分精炼分提后的棕榈油产品），中游是对毛棕榈油进行精炼分提，得到不同熔点的棕榈油产品，下游是以棕榈油为原料生产食品和工业品。2018年，中国棕榈油的消费量为632.86万吨。2017年，24度棕榈油的消费量为343万吨，44度棕榈油的消费量为161万吨，58度和52度棕榈油的消费量较少。下游工业品方面，2018年的润滑油产量约为630万吨，肥皂产量为93.43万吨。

3. 菜籽油产业链对国民经济的影响

菜籽油产业链的上游是获取原料油菜籽，包括国产的非转基因油菜籽和进口的转基因油菜籽。中游是以油菜籽为原料榨油，得到菜籽油和菜籽粕。下游的非转基因菜籽油被用于制作浓香小榨菜油，菜籽粕被用于制作饲料；转基因油菜籽经压榨产出的菜籽油主要被用于制作食用植物油、生物柴油和工业用油，菜粕也多被用于制作水产饲料和禽饲料。与西方发达经济体的情况不同，如欧盟47%以上的菜籽油被用于制作生物柴油，中国的菜籽油主要供食用，占全国菜籽油总消费量的95%。2018年，中国油菜籽产量为1 290万吨，进口量为475.6万吨，消费量为1 960万吨；菜籽油产量为698.1万吨，消费量为825.9万吨；菜籽粕产量为985万吨，累计进口150万吨，消费量为1 133万吨。

商品期货品种的产业分布

商品期货是期货交易所以大宗商品为标的物所设计的标准化合约，是现代意义上的衍生品，由于其交易的杠杆性、连续性以及中央对手方结算制度而具有金融属性，吸引了大量金融机构，形成了良好的流动性，具备了价格发现功能与风险管理功能。截至2019年6月30日，国内三家商品期货交易所共上市期货品种52个[①]，分别是上海期货交易所（以下简称上期所）16个，包括铜、铝、锌、铅、镍、锡、黄金、白银、螺纹钢、线材、热轧卷板、原油、燃料油、石油沥青、天然橡胶、纸浆；郑州商品交易所（以下简称郑商所）19个，包括普通小麦、强筋小麦、早籼稻、晚籼稻、粳稻、棉花、棉纱、油菜籽、菜籽油、菜籽粕、白糖、苹果、红枣、动力煤、甲醇、PTA（精对苯二甲酸）、玻璃、硅铁和锰硅；大连商品交易所（以下简称大商所）17个，包括玉米、玉米淀粉、黄大豆1号、黄大豆2号、豆粕、豆油、棕榈油、鸡蛋、纤维板、胶合板、线性低密度聚乙烯、聚氯乙烯、聚丙烯、焦炭、焦煤、铁矿石、乙二醇。

这些期货品种大体上分为三类：金属与矿产资源，能源化工产品，农副产品。金属与矿产资源包括铜、铝、锌、铅、镍、锡、黄金、白银、螺纹钢、线材、热轧卷板、硅铁、锰硅和铁矿石，共计14种；

---

① 截至2019年9月30日，国内期货市场共计上市期货、期权品种70个，其中期货品种63个，包括6个金融期货和57个商品期货，期权品种7个，包括6个商品期权和上证50ETF期权。本研究相关数据分析截止日期为2019年6月30日。

能源化工产品包括原油、燃料油、石油沥青、天然橡胶、纸浆、动力煤、甲醇、PTA、玻璃、线性低密度聚乙烯、聚氯乙烯、聚丙烯、焦炭、焦煤、乙二醇，共计15种；农副产品包括普通小麦、强筋小麦、早籼稻、晚籼稻、粳稻、棉花、棉纱、油菜籽、菜籽油、菜籽粕、白糖、苹果、红枣、玉米、玉米淀粉、黄大豆1号、黄大豆2号、豆粕、豆油、棕榈油、鸡蛋、纤维板、胶合板，共计23种（见图1.4）。

可以看出，中国商品期货品种遍布国民经济的主要产业，这为期货市场通过发挥价格发现和风险管理功能，维护国家经济安全提供了坚实基础。

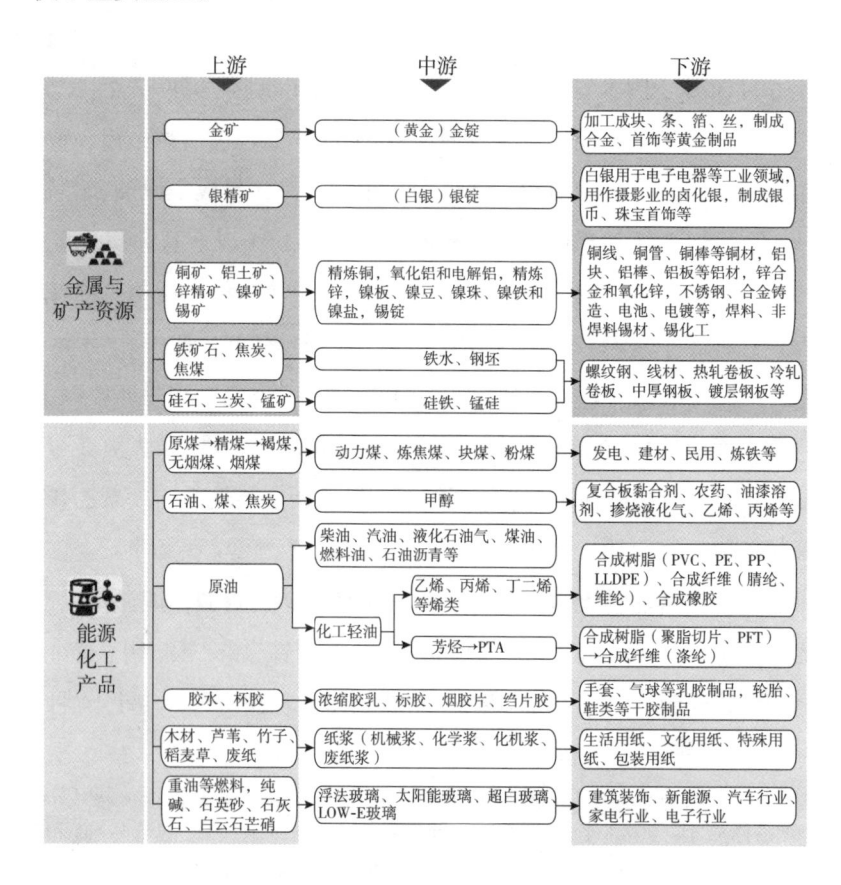

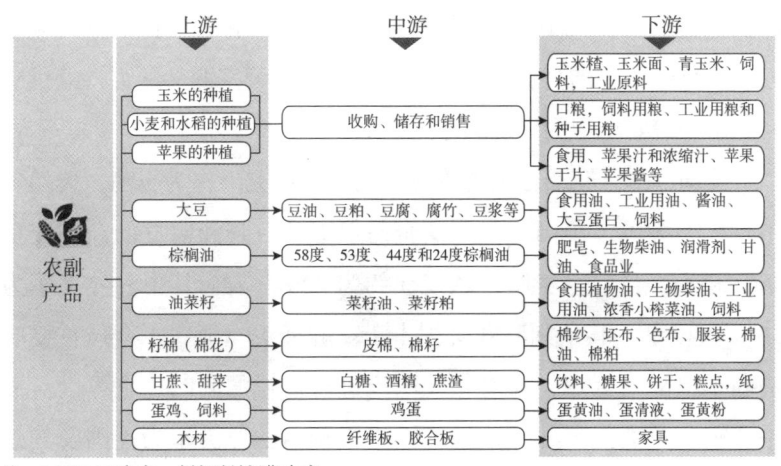

	上游	中游	下游
农副产品	玉米的种植	收购、储存和销售	玉米糠、玉米面、青玉米、饲料、工业原料
	小麦和水稻的种植		口粮、饲料用粮、工业用粮和种子用粮
	苹果的种植		食用、苹果汁和浓缩汁、苹果干片、苹果酱等
	大豆	豆油、豆粕、豆腐、腐竹、豆浆等	食用油、工业用油、酱油、大豆蛋白、饲料
	棕榈油	58度、53度、44度和24度棕榈油	肥皂、生物柴油、润滑剂、甘油、食品业
	油菜籽	菜籽油、菜籽粕	食用植物油、生物柴油、工业用油、浓香小榨菜油、饲料
	籽棉（棉花）	皮棉、棉籽	棉纱、坯布、色布、服装、棉油、棉粕
	甘蔗、甜菜	白糖、酒精、蔗渣	饮料、糖果、饼干、糕点、纸
	蛋鸡、饲料	鸡蛋	蛋黄油、蛋清液、蛋黄粉
	木材	纤维板、胶合板	家具

注：LOW-E 玻璃 = 低辐射镀膜玻璃。

图 1.4 中国商品期货品种的产业分布

资料来源：2018 年大连商品交易所统计数据。

大宗商品是经济安全的重要内容

从全球范围看，大国普遍重视国家经济安全问题，粮食、矿产资源、能源等大宗商品的可获得性与价格的可接受性成为安全问题的重中之重。其中，工业化国家中的美国、经济体制转型国家中的俄罗斯、新兴经济体中的印度等比较典型。

工业化国家：美国

美国作为工业化国家的典型代表，目前是世界第一大经济体。在 2015 年 2 月出台的《美国国家安全战略报告》中，涉及经济安全目标的内容共有 6 项：促进美国经济持久繁荣、强化美国能源安全、引领科技创新、塑造国际经济新秩序、结束极端贫穷、维护全球供应链安全。其中,"强化美国能源安全"和"维护全球供应链安全"反映了美国高度重视原油、天然气等大宗商品的可持续供应在国家经济安全中的地位和作用。

美国的"强化美国能源安全"目标主要是:作为石油、天然气第一生产大国,美国将能源安全与保卫其自身和盟友的经济安全结合起来。目前,美国军队规模约为220万人,其中驻外美军为30万人以上,其余则驻守美国本土。驻外美军扼守了全球重要航道和军事战略区域,在对相关国家进行监视的同时,也可以对关乎美国利益的国家和地区进行军事干预。驻外美军为美国及其盟友构建了一个监视和监控全球主要地区动态的网络,巩固了美国的"世界霸主"地位,这不仅保证了美国及其盟友的能源供应稳定而可靠,保证了全球大宗商品供应链的多元和安全,也有助于促进美国在当地的经济活动和投资行为。具体应对措施包括:防止影响能源安全的地区冲突,以更低碳、环保、节能的方式使用化石能源等。

经济体制转型国家:俄罗斯

俄罗斯是经济体制转型国家的典型代表,十分重视国家经济安全。《俄罗斯联邦安全法》明确提出了国家安全的主要原则和安全活动的内容。2009年5月12日,时任俄罗斯总统梅德韦杰夫批准了《2020年前俄罗斯联邦国家安全战略》,这是俄罗斯国家安全保障体系发展规划的基础性文件,明确了保障国家安全的主要内容、行为方式和措施。2015年12月31日,俄罗斯总统普京签署第683号总统令,批准了新修订的《俄罗斯联邦国家安全战略》。

在《2020年前俄罗斯联邦国家安全战略》中,直接与大宗商品安全相关的内容有：加强能源领域立法，保证从矿产资源勘察到矿产资源开发等一系列领域有法可依。这也是俄罗斯为应对经济安全综合挑战所形成的四个政策取向之一，具体内容包括：加强对探矿权、采矿权的相关管理；提高开发矿产资源的技术标准，提高环境监测的门槛；明确违反相应法律法规的责任；禁止他国公民和法人以及国际组织对俄罗斯矿产资源拥有使用权。《俄罗斯联邦国家安全战略》将提高能源安全水平作为长期保证国家安全的主要方向之一，主张保障俄罗斯在世界能源市场中的技术主权，采用高效节能技术，提高能源资源的加工程度。[①]

新兴经济体：印度

作为新兴经济体的代表，印度也高度重视国家经济安全。在2013年发布的第十二个五年计划中，印度为应对欧债危机后的经济下行压力，制定了经济发展战略，开始正视自身经济安全所面临的风险。其中，有关大宗商品的论述主要有两方面：一是保证粮食安全。积极开发农业生物技术，保护土地资源，建立粮食分配和储备系统，不断改进完善，并向全国铺开。二是保障能源安全。通过立法、行政等手段，保证能源安全，设立专门机构，成立能源规划和分析团队。印度还成立了最高能源委员会，从顶层设计上保证了能源战略的总体部署。印度总理莫迪提出了印度能源战略的愿景——获取、效率、可持续性和安全，要求通过"反思、重铸和重建"来构建印度的能源安全架构，从而保障能源安全。[②]

---

① 舒桂：《俄罗斯联邦新版国家安全战略解读》，载《中国信息安全》2016年第1期。
② 夏烨、郑人瑞：《印度重建新的能源安全架构》，2018年7月30日《中国自然资源报》。

综上，无论是工业化国家、经济体制转型国家，还是新兴经济体，都十分重视大宗商品的安全问题，尤其是粮食、能源资源等具有战略意义的大宗商品，都通过立法、制定国家发展规划等方式对大宗商品予以高度关注。

《国家安全法》的相关规定

《国家安全法》是我国做好经济安全工作的法律依据，为贯彻落实总体国家安全观和全面依法治国要求、加强国家安全工作提供了基础和保障。《国家安全法》第19、20、21、22、23、24、25、30、31、32、33条对经济及其相关领域的安全事务做出了详细规定，其中，第19、21、22条与大宗商品密切相关。

保障重大经济利益安全

《国家安全法》第19条规定：国家维护国家基本经济制度和社会主义市场经济秩序，健全预防和化解经济安全风险的制度机制，保障关系国民经济命脉的重要行业和关键领域、重点产业、重大基础设施和重大建设项目以及其他重大经济利益安全。

合理利用和保护能源资源

《国家安全法》第21条规定：国家合理利用和保护能源资源，有效管控战略能源资源的开发，加强战略能源资源储备，完善能源资源运输战略通道建设和安全保护措施，加强国际能源资源合作，全面提升应急保障能力，保障经济社会发展所需的能源资源持续、可靠和有效供给。

健全粮食安全保障体系

《国家安全法》第 22 条规定：国家健全粮食安全保障体系，保护和提高粮食综合生产能力，完善粮食储备制度、流通体系和市场调控机制，健全粮食安全预警制度，保障粮食供给和质量安全。

2017 年 3 月，国务院还发布了《国务院关于建立粮食生产功能区和重要农产品生产保护区的指导意见》[①]，文件提出，关于建立粮食生产功能区和重要农产品生产保护区（以下简称"两区"）的战略部署，明确了对稻谷、小麦、玉米三大谷物粮食生产功能区和大豆、棉花、油菜籽、糖料蔗、天然橡胶等五类重要农产品生产保护区的指导意见，即要依法保护"两区"、强化监督考核、加强监测督查，保障"两区"的用途。

从《国家安全法》对大宗商品的相关规定和上述关于"两区"的指导意见可以看出，中国政府将大宗商品的安全问题置于关系国计民生的战略高度，通过法律法规形式将其确定下来，以积极推进大宗商品的安全保障工作。

[①] 国务院：《国务院关于建立粮食生产功能区和重要农产品生产保护区的指导意见》，载中国政府网，2017 年 4 月 10 日。http://www.gov.cn/zhengce/content/2017-04/10/content_5184613.htm。

▶▶ 第二章

商品期货市场对国家经济安全至关重要

保障大宗商品市场的安全

管理和对冲市场价格波动风险

1. 期货市场能有效对冲大宗商品市场风险

许多大宗商品出口国的经济是资源依赖型经济，如沙特阿拉伯、伊拉克、伊朗、俄罗斯、墨西哥、委内瑞拉等国家的经济和财政收入高度依赖石油出口。它们的市场风险主要来自两方面：一是石油卖不出去，造成财政短缺；二是油价大幅下跌，影响国家经济平衡。防范风险的手段包括：一是保证石油能卖出去，平衡好石油产量并控制好生产节奏，产油国之间结成联盟并协调好产量收放，这需要用好国际政治经济关系；二是参与国际原油期货交易，用市场对冲价格波动风险。

2. 俄罗斯未能有效利用期货市场

俄罗斯是全球能源市场上的重要生产者和供应者，石油是其重要的出口物资，也是重要的收入来源。2014年2月底，"乌克兰事件"爆发，紧接着3月8日美国前国务卿赖斯在《华盛顿邮报》上撰文指出，打压油价将会打击支持俄罗斯政府的财团并影响其财政预算。在俄罗斯2014年财政预算中，油气相关收入占财政收入的48%。摩根士丹利预测，俄罗斯政府要维持当年财政预算平衡，油价必须高于96美元/桶，如果油价下跌10美元/桶，俄罗斯出口将损失324亿美元，财政收入将损失190亿美元（见图2.1）。

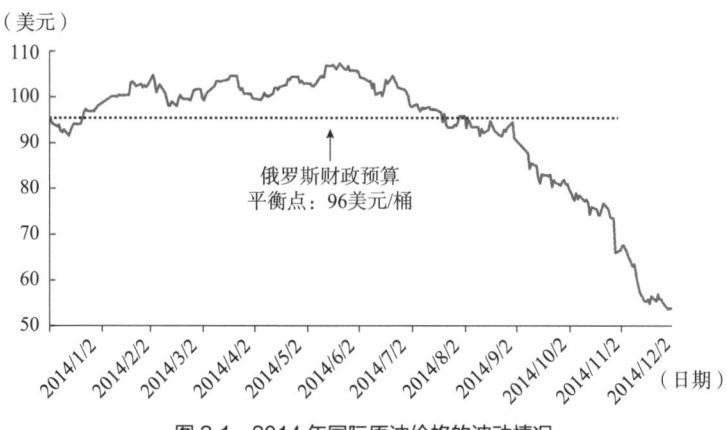

图2.1　2014年国际原油价格的波动情况

2014年3月12日，美国能源部宣布释放500万桶战略石油储备，国际油价应声下跌超过2%。西方媒体认为，油价下跌将让受到西方经济制裁的俄罗斯雪上加霜，甚至有媒体将此次油价下跌与导致苏联解体的1985年油价下跌进行比较，认为二者极其相似。2014年6月至2016年1月，国际油价呈"断崖式"下跌，从最高位的115美元/桶跌至27美元/桶，给包括俄罗斯在内的产油国以沉重打击。俄罗斯总统普京曾表示，油价下跌不排除是一场针对俄罗斯的阴谋，其影响严重危及俄罗斯国家经济安全。2016年年初，俄罗斯财政部长表示，30美元/桶的原油价格是个重要关口，油价若跌至这一水平，将令俄罗斯的财政体系难以维持稳定。而且，俄罗斯已经开始削减财政支出以应对油价走低，油价的持续下降将使其陷入继续增产的恶性循环。2017年9月，高盛提醒俄罗斯用期货市场规避原油价格波动风险，但俄罗斯财政部副部长认为，俄罗斯没必要进行对冲，因为国家法律规定，预算费用不能用于对冲油价。俄罗斯的经济和石油工业面临的种种困难，与其无法将原油价格维持在一个自身可以承受的范围内密切相关，没有用期货市场更好地管理风险是重要原因之一。

3. 墨西哥有效利用了期货市场

墨西哥的做法与俄罗斯有所不同，同为石油出口国，面对同样的问题，墨西哥选择在期货市场上进行套期保值，有效维护了国家经济安全。2008年，墨西哥石油相关行业收入占财政收入的35%，墨西哥政府设立了专项基金，利用国际期货和衍生品市场来管理和对冲油价波动风险。石油收入在墨西哥财政预算中的占比一直很稳定。即使在2008年国际金融危机后的油价暴跌期间，墨西哥比索的跌幅也远远小于俄罗斯卢布的跌幅（见图2.2），这主要是因为墨西哥事前就在期货市场上锁定了原油的出口价格。[1]

---

[1] 刘文财：《借鉴国际经验教训 对冲油价波动风险》，2015年1月12日《中国证券报》，第A04版。

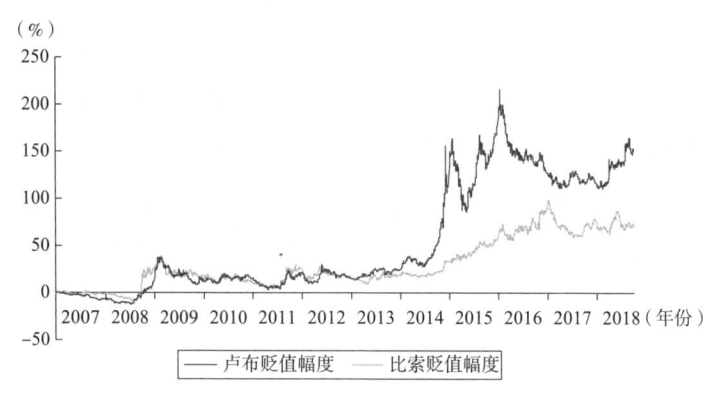

图2.2 卢布和比索相对于2007年年初的贬值幅度

防范市场被操控

国外期货市场的发展历史证明，具有定价影响力的本土商品期货市场，能够保证大宗商品市场价格的稳定，防范市场被操控。

2007年至2008年上半年，国际原油期货价格飙升，短短一年半时间从64美元/桶涨到147美元/桶的历史高位（见图2.3），油价的飙升给美国经济造成了严重影响，美国国内对原油期货市场投机活动的指责日益高涨。2008年5月，美国商品期货交易委员会宣布全面调查原油期货市场。6月，美国商品期货交易委员会宣布，将对进行美国原油期货合约交易的外国交易所采取更严格的限仓措施。8月，美国商品期货交易委员会修改了监管规则，将一家持有3.2亿桶原油期货合约的交易商的身份由"商业交易商"变为"非商业交易商"，使得该交易商的持仓由套期保值持仓变成了投机持仓。

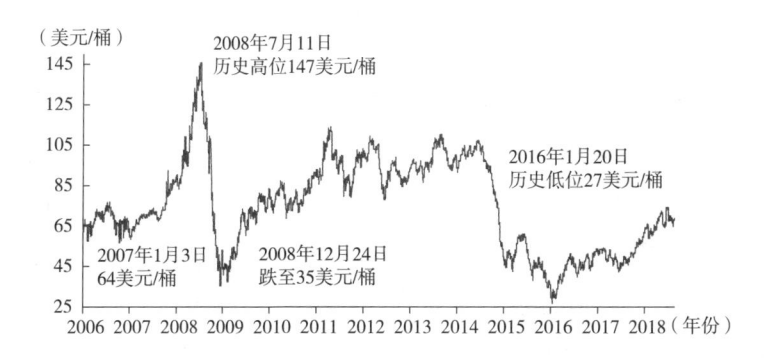

(美元/桶)
2007年1月3日 64美元/桶
2008年7月11日 历史高位147美元/桶
2008年12月24日 跌至35美元/桶
2016年1月20日 历史低位27美元/桶

注：WTI=美国西得克萨斯中质原油。

图2.3　2006年以来WTI期货价格情况

这一重新认定导致市场结构发生了极大变化——非商业交易商在未平仓合约中的持仓比例由38%大幅上升至48%。原先属于商业交易商套期保值持仓的部分可以申请豁免，不计入投机持仓，而非商业交易商的投机持仓要受到持仓限制，这导致重新认定后的非商业交易商要调整仓位，对超过持仓限额部分进行平仓，从而引发了大规模抛售，导致原油期货价格暴跌。美国通过调整期货市场规则达到了影响大宗商品价格的目的，与此相对应，石油输出国由于在国际市场上缺少具有定价影响力的本土期货市场，只能被动地接受原油价格的大幅下跌。

维护国家和企业利益

大宗商品的国际定价话语权博弈一直都是事关国家战略的关键问题，定价话语权的缺失会导致国家和企业在国际市场上失利，反之，则会使国家和企业在国际市场上受益。

期货市场国际化

1. 上海原油期货可能改变"亚洲溢价"

中国和其他亚洲国家从中东购买原油时普遍接受普氏价格指数，这个由少数投行与油商参与编制的柜台报价系统容易被操纵而偏离实际。但亚洲由于缺乏一个参与者广泛、交易量大的原油期货市场，在原油贸易谈判中只能被动接受这一价格指数，而中国企业在原油进口谈判中更是常常处于劣势地位。相关统计显示，扣除运费因素，沙特阿拉伯销往亚洲的原油比销往欧洲的原油贵1.5~4美元/桶，而沙特阿拉伯将原油销往美国，再从美国销往中国的价格都比直接销往中国的价格低，这被称为"亚洲溢价"，仅此一项，中国企业每年要多支付高达几十亿美元的进口费用。

2018年3月26日，中国首个原油期货在上海国际能源交易中心（上期所子公司）正式挂牌上市，标志着中国在建立原油定价中心的道路上迈出了坚实的一步。上海原油期货虽然上市时间短，但由于吸引了大量投资者，成交量远远超过迪拜商业交易所的阿曼原油期货。这个市场受到国内外高度关注，亚洲原油贸易在普氏价格指数之外有了另一个定价基准，这为改变"亚洲溢价"开了一个好头。截至2019年6月30日，上海原油期货的累计成交量达到4 659.79万手，累计成交额为人民币21.71万亿元。另外，完成备案的境外交易者已有52家，广泛分布在中国香港、新加坡、英国、日本、韩国、荷兰等地，境外交易者的成交量占比为8%~18%，持仓量占比为15%~25%。上海原油期货合约用人民币计价和结算，主要反映亚洲地区的供需情况，价格波动介于芝加哥商业交易所的WTI和洲际交易所（ICE）的Brent原油（出产于北大西洋北海的的轻质低硫原油，是市场油价的标杆）之间（见图2.4）。我们相信，假以时日，这个市场能够成为亚洲国家原油交易的定价基准。

注：每日收盘价根据人民币兑美元的每日汇率收盘价来换算。

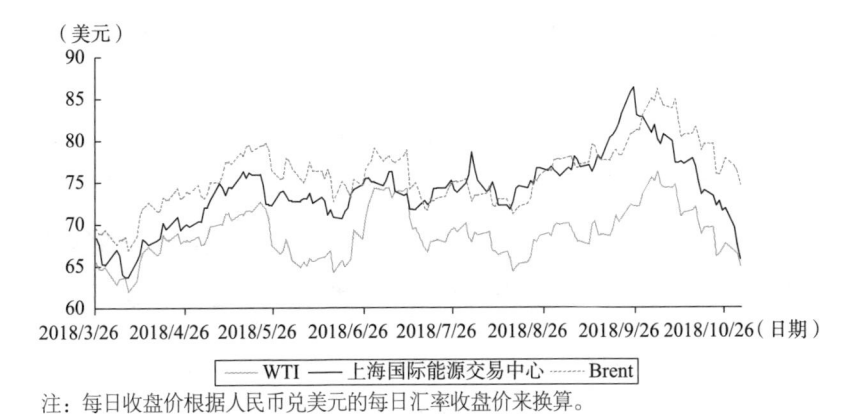

图 2.4　上海国际能源交易中心与 WTI 和 Brent 原油期货合约每日收盘价走势

资料来源：万得资讯。

目前，上海原油期货正在逐步改变"亚洲溢价"。从 2018 年 10 月起，沙特阿拉伯国家石油公司向亚洲供应的长约原油的价格，将参照阿曼原油期货价格，而后者与上海原油期货存在高度联动性，这也是自 20 世纪 80 年代以来沙特阿拉伯首次修改定价基准。未来，随着更多境外交易者参与上海原油期货交易和期货市场功能的逐步发挥，上海原油期货价格有望成为全球 24 小时亚洲时区定价基准的重要补充。

2. 铁矿石期货成为现货价格的"压舱石"

2002—2010 年，铁矿石的价格由不足 30 美元/吨上涨至 150 美元/吨，而同时期钢材的价格仅由人民币 2 000 元/吨涨到 4 400 元/吨，中国的铁矿石进口量占全球铁矿石总进口量的 65%，但依然缺乏定价话语权，巨额利润被南美洲、澳大利亚的矿商赚取。2013 年 10 月 18 日铁矿石期货在大商所上市后，作为铁矿石国际贸易主要定价基准的普氏铁矿石价格指数的"快涨慢跌、涨幅大、跌幅小"的特点得到了抑制，且由原来紧钉螺纹钢价格向与铁矿石期货价格高度相关渐变（见表2.1），螺纹钢和铁矿石的价格比稳步提升，国内钢厂的加工利润逐渐回升。国内吨钢利润由2011年的275元人民币增长至2017年的853元人民币，全行业节约成本约100亿美元（见图2.5）。大商所的铁矿石期货被客户誉为现货价格的"压舱石"，较好地维护了中国钢铁产业的利润和供给侧改革的成果。

表2.1 铁矿石期货上市前后普氏价格指数与螺纹钢价格的涨跌幅比

		上市前	上市后
上涨阶段	普氏价格指数/螺纹钢价格（涨跌幅比）	平均12.42	平均0.98
		最大39.7，最小2.47	最大1.11，最小0.89
下跌阶段		平均2.36	平均0.96
		最大3.61，最小1.69	最大1.35，最小0.57

资料来源：根据相关数据整理。

中国是全球最大的铁矿石衍生品市场，中国铁矿石期货市场已经走出了相对独立的行情，2018年期现相关性高达0.98，2015年以来套期保值率约为80%。而且，中国铁矿石期货与国际主流定价基准的相关性逐渐提高。2018年，中国铁矿石期货价格与普氏价格指数、新加坡交易所铁矿石掉期价格的相关性超过了0.98（见图2.5）。2018年5月，中国铁矿石期货通过引入境外交易者，迈出了国际化的关键一步。一年后，开户的境外客户达125家，41家境外经纪机构开展了转委托业务，10家银行开展了境外客户保证金存管业务。境外客户来源广泛，成交量、持仓量分别增长了637%、264%。有境外背景的客户超过了250家，成交量占上市以来总成交量的19%。基差贸易模式得到推广，2018年基差贸易量超过了1 000万吨，约为2017年的两倍。在现阶段，中国铁矿石期货的国际化面临着更小的竞争压力。同时,由于铁矿石主要贸易对象的经济结构与中国的经济结构更具互补性,这些国家会用铁矿石贸易赚取的人民币更多地购买中国的技术、机器设备等,这有利于促进人民币国际化和国际定价中心的建立。

图 2.5　普氏价格指数、螺纹钢现货价格、铁矿石期货价格走势

注:螺矿比即螺纹钢和铁矿石的价格比。

3. PTA 期货的定价影响力不断提升

2006 年年底全球首个 PTA 期货上市时,中国 PTA 产能为 945 万吨,产量为 670 万吨,进口依存度为 51.5%。随着国内 PTA 需求的不断增长,产能也不断扩张,2012 年中国 PTA 产能达 3 298 万吨,占全球 PTA 总产能的近 50%,跃升为全球最大的 PTA 生产国,也从大量进口转变为自给自足并逐步过渡到产能过剩。2018 年,中国 PTA 产能达 4 578 万吨,产量达 4 056 万吨,表观消费量达 4 048 万吨,继续保持全球最大生产国的地位。2018 年,中国 PX(对二甲苯)总产能达 1 402 万吨,产量达 1 101 万吨,表观消费量达 2 692 万吨,继续保持全球第一消费大国的地位。但是与 PX 消

费大国和PTA生产大国地位不匹配的是，在上游PX进口定价与下游PET（聚酯）出口方面，国内市场的影响力较弱，这给中国企业带来了明显的负面冲击。随着PTA期货的渐趋成熟，尤其是自2014年以来，在国内PTA现货贸易中，买卖双方开始普遍采用期货点价的交易方式，并且绝大多数的PTA生产企业、贸易企业和PET企业都掌握了利用期货规避风险的方法。PTA期货作为产业链唯一的品种，其产生的价格在国际贸易中对上下游产品的定价影响力不断增强。

4. 中国的巨大潜力

随着期货市场的持续发展和对外开放的不断深入，中国在一些大宗商品定价方面有了一定话语权和影响力，如原油、铜、铁矿石、PTA等。当然，大宗商品国际定价中心与某类大宗商品的国际市场定价权是不同的，前者需要更多期货品种的开放和定价权的建立。中国建立大宗商品国际定价中心"一直在路上"，一方面，目前中国的金融市场仍然相对封闭，开放程度不高，要吸引更多境外投资者进行套期保值任重而道远，建立大宗商品国际定价中心是一个具有长期性和艰巨性的系统工程。另一方面，这代表中国在通过建立国际定价中心维护国际贸易秩序方面存在巨大的潜力。

避免大宗商品买卖信息暴露在外

1. 定价权缺失会导致大宗商品买卖信息暴露在外

当前，大宗商品的国际定价中心主要在美国、英国等国家，这些国家的期货市场价格对现货贸易和经济发展起着重要作用，也对世界经济的发展发挥着积极作用。随着中国融入全球贸易和分工体系的程度不断加深,中国大宗商品的成交量跃居全球前列,商品期货的成交量也跃居全球前列,但因为中国期货市场的开放程度不高,在国际贸易中,境外企业一般会将美国、英国期货市场的价格作为谈判的定价基准。在开展现货贸易时,由于中国期货市场的被接纳程度不高,中国企业还需要在美国、英国的期货市场上进行套期保值。在这个过程中,中国企业的生产经营策略等容易被国外期货交易所掌握,面临着各种商业信息暴露在外的风险。例如,中国进口的大豆多是在芝加哥商业交易所进行点价和套期保值,头寸都在国外,中国企业的生产、销售等各类信息都暴露给了国外的监管者、交易所、经纪机构。尤其在当前国际贸易摩擦逐渐升级的新形势下,中国转而从巴西等南美洲国家进口大豆,但却只能在美国期货市场上进行套期保值,风险倍增。

2. 有效监控大宗商品买卖

欧美发达国家高度重视在本土建立和发展商品期货市场,打造国际定价中心,从而对其他国家的大宗商品买卖行为进行监控,当国家利益发生冲突时,它们就可能根据自己国家的利益来影响其他国家的交易行为。早在1930年,苏联纺织品辛迪加就在芝加哥期货交易所做了约800万蒲式耳谷物的空单,后被认为不受欢迎而停止交易,20世纪70年代,苏联在芝加哥小麦期货市场上的大量购买行为也引起了美国国会议员的警惕,后者要求美国监管当局严查苏联的购买动机。美国可以利用期货市场来监控大宗商品买卖,维护本国利益。美国早已认识到,对一个经济大国来说,没有这种监管主动权,对国家经济安全极为不利。正如诺贝尔经济学奖得主米尔顿·弗里德曼在一篇文章中所说,"不管在什么地方,一个成功的期货市场应当发展起来,这显然符合我们的国家利益,因为这会促进美国的对外贸易和投资。但在美国而不是在国外发展这样一个市场更加符合我们的国家利益,在这里的发展会鼓励我国的其他金融活动,通过服务出口提供更多的附加收入,并减轻执行货币政策的问题"。①

强化对大宗商品的控制力

美国前国务卿基辛格说过:谁控制了石油,就控制了所有国家;谁控制了粮食,就控制了人类;谁控制了货币,就控制了全球经济。石油、粮食是美国和其他一些发达国家借以影响全球的主要战略物资,商品期货市场成为这些国家实现其战略目标的得力工具。

美国对石油的战略控制

发达的商品期货市场,有利于增强国家对大宗商品等国民经济战略资源的控制力。美国通过期货市场对石油和粮食等战略资源的交易产生了极大的影响。格林斯潘在其自传《我们的新世界》一书中提到,许多石油公司是通过期货、期权合约的形式将原油出售给投资者的,这在原油需求不断飙升的情况下会暴露风险。这些石油公司不断补充附带着出售义务的新库存。结果,传统的战略储备体系、石油公司和其他金融机构为履行期货合约的交付义务而以"附

---

① 利奥·梅拉梅德、鲍勃·塔玛金:《逃向期货》,上海:百家出版社,2014年,第187页。

加条件"方式所持有的商业性库存都不断增加。

从另一个角度看，全球的储油槽和管道中的原油，有一部分已经属于期货、期权和衍生品市场上的投资者。众多金融机构通过参与原油期货和期权的交易，积累了大量的原油实物交割请求权。也就是说，在这些金融机构的原油期货和期权持仓中，有相当一部分表现为库存，可以随时兑现提走。国际清算银行报告显示，2004年12月至2006年6月，以原油为主的大宗商品衍生品合约的名义价值增长了6倍。这表明，全球地下和管道中的原油，通过期货和期权合约集中到了投资银行和对冲基金等欧美金融机构手中，其中美国占65%，欧洲占25%。美国在约7亿桶原油的140多天战略储备之外，还控制了大量的动态库存，即原油期货和期权合约持仓，通过此种方式，美国悄无声息地将OPEC（石油输出国组织）国家的原油转移到了自己手中。除了政府的战略储备外，美国还通过金融市场来掌控全球油库中的原油。由格林斯潘的描述可以发现，通过金融市场来获得原油比通过贸易方式更具隐蔽性、效果更好。全球大型金融机构大多来自西方国家，且都参与大宗商品交易，高盛、摩根士丹利、摩根大通等国际大投行都拥有原油等大宗商品的仓库。2008年国际金融危机后，按照新的法律，这些机构逐步将这些仓库和相关输油设施卖掉了。总之，除了可以直接在现货市场上购买原油外，美国还可以在期货和衍生品市场上，以金融机构持有期货合约的方式，形成石油储备的动态库存。

发达国家对粮食的战略控制

粮食作为重要的战略资源，也受到了美国的控制。美国是世界上最大的粮食生产国和出口国，出口量占全球粮食总出口量的50%左右。美国芝加哥商业交易所和洲际交易所是全球农产品定价中心，两家交易所的大豆、小麦、玉米、白糖、棉花期货的价格是国际农产品贸易的定价基准。美国的农业具有明显优势，通过世界贸易组织谈判和北美自由贸易协定等多边、双边协定，美国向许多国家出口大量粮食。全球四大粮商阿彻丹尼尔斯米德兰公司、邦吉集团、嘉吉公司、路易达孚公司中有三家来自美国，这些企业凭借强大的资本运作和风险管理能力，在全球配置资源，充分利用现货、期货和衍生品市场，从农资、种植、物流、仓储和销售等环节牢牢地控制了全球粮食产业链。据统计，全球粮食贸易量的80%都被四大粮商所控制，而它们都在期货市场上持有大量的未平仓期货和期权合约，这也形成了美国粮食储备的动态库存。

美国和其他一些发达国家通过在原油、粮食期货与期权市场上的交易，把控、影响着全球能源市场和粮食市场，形成了对这些战略资源的强大控制力，也增强了在全球竞争中维护经济安全的能力。

提升对规则的影响力

推广理念和规则

在建立和发展本土期货市场时，要遵守本国的法律法规，接受相关机构的监督。首先要考虑本国的利益，适应本国人民的习惯、价值观，制定的规则制度通常也要最大限度地符合本国的市场情况。本土期货市场的发展过程是建立具有影响力的国际定价中心的过程，也是将成熟经验和理念不断向外推广的过程，期货市场所在国将掌握制定规则的主动权，为国际社会贡献智慧，在制定国际规则的过程中形成影响力。

英国对规则的影响力

这种对规则的影响力在伦敦金属交易所的铜期货市场上得到了充分的体现。20世纪初，伦敦金属交易所开始公开发布铜期货的成交价格，这一价格后来成了全球铜贸易的定价基准，世界上大多数铜矿企业、铜生产商，商业和投资银行，以及许多与铜贸易相关的公司和生产商都是伦敦金属交易所的会员，全球铜产量的70%都是按照伦敦金属交易所公布的正式牌价为基准进行交易的，伦敦金属交易所的铜库存对世界范围内铜的生产和销售有着重要影响。作为铜的全球定价中心之一，伦敦金属交易所凭借其在铜期货市场上的影响力，出台了交易、交割、监管等制度，为全球铜期货市场上的主要交易者设定了标准与规则，并被广泛接受。伦敦金属交易所顺利将英国的理念通过市场交易规则和管理制度推广到世界各地，英国的影响力也随之广泛传播。

应当看到的是，尽管香港交易及结算所有限公司（以下简称香港交易所）于2012年年底收购了伦敦金属交易所，但由于后者仍然位于英国本土，香港交易所的收购更多是财务意义上的，定价话语权和规则的制定权仍然属于英国。英国仍然可以通过本土监管当局制定的规则影响伦敦金属交易所的交易，影响全球交易者的行为，规则的制定权和影响力并没有因为被香港交易所收购而失去。可见，建立本土期货市场并制定规则、推广理念对于形成一国之影响力至关重要。

增强软实力

另一个典型例子是欧盟制定的规则对美国的影响。欧盟于2018年1月3日正式推出了《欧洲金融工具市场指令Ⅱ》(以下简称MiFID Ⅱ)，MiFID Ⅱ是欧盟地区规范金融投资公司行为的法律框架文件，它规定，所有提供投资服务的公司，只要位于欧盟成员国的境内，就将受MiFID Ⅱ的约束，即便它们的客户在欧盟之外。

长期以来，欧美证券市场一直以美国金融机构为主导，证券监管则以美国的监管理念和做法为主导。但欧盟不甘人后，为争取欧洲市场的监管权，欧盟推出了MiFID Ⅱ。MiFID Ⅱ既包括由欧盟委员会制定的指令，也包括由欧洲议会制定的法律。不仅成员国需要遵守欧盟的法律，而且欧盟执法机构可以直接执法。尽管欧盟称推出MiFID Ⅱ是为保护投资者，维护证券市场的稳定，但监管权是理念之争，更是地盘之争。例如，MiFID Ⅱ规定，只有欧洲证券及市场管理局认定为欧盟交易所"同等机构"的美国交易所，欧洲金融机构才能在那里进行交易，否则只能在欧盟辖区的交易所进行交易，即便在美国交易所进行交易的成本更低。不过，MiFID Ⅱ的最终效果不仅取决于欧盟，也取决于美国，是双方的监管部门相互妥协的结果。[1] 欧美在全球证券期货市场上通过制定规则和推广理念增强了软实力，进而获得了巨大的政治和经济利益。

---

[1] 朱伟一：《MiFID Ⅱ：欧盟证券监管的新利器》，载《清华金融评论》2018年第6期。

▶▶ 第三章

"一带一路"建设提供的战略空间

应对复杂的国际环境

"一带一路"倡议

1."一带一路"倡议的提出

"一带一路"倡议是"丝绸之路经济带"和"21世纪海上丝绸之路"两项合作倡议的简称,后两者由中国国家主席习近平于2013年9月和10月分别提出。"一带一路"倡议秉承"共商、共建、共享"原则,以政策沟通、设施联通、贸易畅通、资金融通、民心相通为主要内容,旨在共同打造政治互信、经济融合、文化包容的利益共同体、命运共同体和责任共同体,是促进共同发展、实现共同繁荣的合作共赢之路,是增进理解信任、加强全方位交流的和平友谊之路。自提出以来,"一带一路"倡议得到了许多国家和众多国际组织的高度关注和积极参与。

2. 关于"一带一路"倡议的重要论述

7年来，习近平主席在哈萨克斯坦、印度尼西亚、乌兹别克斯坦等国家，以及海南博鳌亚洲论坛、"一带一路"建设工作座谈会、杭州二十国集团峰会、首届"一带一路"国际合作高峰论坛、推进"一带一路"建设工作5周年座谈会、庆祝改革开放40周年大会、第二届"一带一路"国际合作高峰论坛等重要场合，均对"一带一路"倡议做出了重要论述（见表3.1）。

中国面临的国际环境更加复杂

1. 国际经济形势不容乐观

（1）全球经济增长放缓，区域分化明显

自2008年国际金融危机以来，世界各国都推出了经济刺激政策，但总体上并没有达到预期效果，全球经济增长整体放缓，区域分化明显，并可能长期保持缓慢增长态势。根据联合国发布的《2020年世界经济形势与展望》报告，全球经济增速预计将由2018年的3%下降至2020年的2.5%，但受贸易摩擦、金融动荡以及地缘政治紧张局势升级等影响，经济下行风险增加，全球经济增速也可能放缓至1.8%。美国的经济增速预计由2018年的2.9%放缓至1.7%，欧盟的经济增速预计由2%下降至1.6%，日本的经济增速预计保持在0.8%至0.9%之间，其他发达国家的经济增速预计由2.3%下降至1.8%。同期，转型经济体的经济增速预计由2.7%降为2.3%。新兴经济体和发展中国家预计保持4%的经济增速。同时，不同国家和地区的发展前景差异显著，除大部分保持稳定外，一些国家和

第三章 "一带一路"建设提供的战略空间

表3.1 习近平主席关于"一带一路"的重要论述

时间	会议与主题	重要论述
2013年9月7日	在纳扎尔巴耶夫大学的演讲：弘扬人民友谊 共创美好未来	·我们可以用创新的合作模式，共同建设"丝绸之路经济带" ·加强政策沟通、道路联通、贸易畅通、货币流通和民心相通
2013年10月3日	在印度尼西亚国会的演讲：携手建设中国－东盟命运共同体	·中国愿同东盟国家加强海上合作，使用好中国政府设立的中国－东盟海上合作基金，发展好海洋合作伙伴关系，共同建设"21世纪海上丝绸之路" ·中国愿通过扩大同东盟国家各领域务实合作，互通有无、优势互补，同东盟国家共享机遇、共迎挑战，实现共同发展、共同繁荣
2014年6月5日	在中阿合作论坛第六届部长级会议开幕式上的讲话：弘扬丝路精神 深化中阿合作	·不断深化全面合作、共同发展中的中阿战略合作关系 ·弘扬丝路精神，就是要促进文明互鉴，就是要尊重道路选择，就是要坚持合作共赢，就是要倡导对话和平 ·共享"一带一路"建设成果要更多更公平惠及中阿人民，打造中阿利益共同体和命运共同体
2015年3月28日	在博鳌亚洲论坛2015年年会开幕式上的主旨演讲：迈向命运共同体 开创亚洲新未来	·"一带一路"建设不是要替代现有地区合作机制和倡议，而是要在已有基础上，推动沿线国家实现发展战略相互对接、优势互补 ·"一带一路"建设的愿景与行动文件已经制定，亚洲基础设施投资银行筹建工作迈出实质性步伐，丝路基金已经顺利启动，一批基础设施互联互通项目已经稳步推进
2016年6月22日	在乌兹别克斯坦最高会议立法院的演讲：携手共创丝绸之路新辉煌	·中国愿秉持共商、共建、共享原则，以"一带一路"沿线国家和地区发展规划对接为基础，以贸易投资自由化便利化为纽带，以互联互通、产能合作、人文交流为支柱，以金融互利合作为重要保障，积极开展双边和区域合作，努力开创"一带一路"新型合作模式

037

续表

时间	会议与主题	重要论述
2016年8月17日	出席推进"一带一路"建设工作座谈会并发表重要讲话：一步一步把"一带一路"建设推向前进	·聚焦政策沟通、设施联通、贸易畅通、资金融通、民心相通，聚焦构建互利合作网络、新型合作模式、多元合作平台，聚焦携手打造绿色丝绸之路、健康丝绸之路、智力丝绸之路、和平丝绸之路
2016年9月3日	在二十国集团工商峰会开幕式上的主旨演讲：中国发展新起点 全球增长新蓝图	·"丝绸之路经济带"一系列重点项目和经济走廊建设已经取得重要进展，"21世纪海上丝绸之路"建设正在同步推进 ·中国倡导的新机制新倡议，不是为了另起炉灶，更不是为了针对谁，而是对现有国际机制的有益补充和完善，目标是实现合作共赢、共同发展
2017年5月14日	出席"一带一路"国际合作高峰论坛开幕式并发表主旨演讲：携手推进"一带一路"建设	·我们要构建以合作共赢为核心的新型国际关系，打造对话不对抗、结伴不结盟的伙伴关系 ·推进"一带一路"建设，要聚焦发展这个根本性问题，释放各国发展潜力，实现经济大融合、发展大联动、成果大共享 ·推动构建公正、合理、透明的国际经贸投资规则体系，促进生产要素有序流动、资源高效配置、市场深度融合 ·我们要坚持创新驱动发展，加强在数字经济、人工智能、纳米技术、量子计算机等前沿领域的合作，推动大数据、云计算、智慧城市建设，连接成21世纪的数字丝绸之路 ·我们要建立多层次人文合作机制，搭建更多合作平台，开辟更多合作渠道 ·我们要加强国际反腐合作，让"一带一路"成为廉洁之路

续表

时间	会议与主题	重要论述
2017年6月7日	在《哈萨克斯坦真理报》发表署名文章：为中哈关系插上梦想的翅膀	• 共建"一带一路"逐渐从倡议转变为行动，从理念转化为实践，成为开放包容的国际合作平台和受到国际社会普遍欢迎的全球公共产品 • 当前，国际形势深刻复杂演变，世界经济在深度调整中缓慢复苏，发展问题依然严峻，"一带一路"建设为我们创造了前所未有的历史机遇 • 我们要推进共建"一带一路"合作，加快发展战略对接，共同落实"一带一路"国际合作高峰论坛成果 • 加快建立共建"一带一路"双边安保机制，保障两国油气管线及大型合作项目安全，保护两国公民和企业合法权益和人身财产安全 • 中方和有关各方正在积极推动"一带一路"建设同欧亚经济联盟建设等区域合作倡议以及哈萨克斯坦"光明之路"等各国发展战略对接，上海合作组织可以为此发挥重要平台作用
2017年7月4日和7月7日	在德国主流媒体发表署名文章：为了一个更加美好的世界 出席二十国集团领导人第十二次峰会并发表重要讲话：坚持开放包容 推动联动增长	• "一带一路"倡议和二十国集团合作可以相互补充、相互促进。中方愿以汉堡峰会为契机，同各方一道努力，就国际经济合作和全球经济治理发出明确信号，为促进世界经济增长、完善全球经济治理做出积极贡献 • 中国成功举办"一带一路"国际合作高峰论坛。与各方本着共商、共建、共享精神，在促进政策沟通、设施联通、贸易畅通、资金融通、民心相通上取得丰硕成果，努力打造治理新理念、合作新平台、发展新动力。这同二十国集团的宗旨高度契合
2017年7月1日	在庆祝香港回归祖国20周年大会暨香港特别行政区第五届政府就职典礼上的讲话	• 支持香港在推进"一带一路"建设、粤港澳大湾区建设、人民币国际化等重大发展战略中发挥优势和作用

039

续表

时间	会议与主题	重要论述
2017年9月3日和9月5日	在金砖国家工商论坛开幕式上的讲话：共同开创金砖合作第二个"金色十年"	· 共建"一带一路"倡议不是地缘政治工具，而是务实合作平台；不是对外援助计划，而是共商共建共享的联动发展倡议
	在新兴市场国家与发展中国家对话会上的发言：深化互利合作 促进共同发展	· 各方都认为，共建"一带一路"倡议的理念和方向，同2030年可持续发展议程高度契合，完全能够加强对接，相互促进 · "一带一路"是一条合作之路，更是一条希望之路、共赢之路。中方将同有关国家在基础设施互联互通、产能合作、科技创新等领域开展合作
2018年8月27日	出席推进"一带一路"建设工作5周年座谈会并发表重要讲话	· 要在项目建设上下功夫，建立工作机制，完善配套支持，全力推动项目取得积极进展，注意实施雪中送炭、急对方之所急，能够让当地老百姓受益的民生工程 · 要加强党对共建"一带一路"工作的领导。各地区各部门要增强"四个意识"、坚定"四个自信"，主动站在党和国家大局上谋划推动共建"一带一路"工作
2018年9月3日	在2018年中非合作论坛北京峰会开幕式上的主旨讲话：携手共命运 同心促发展	· 实施产业促进行动 · 实施设施联通行动 · 实施贸易便利行动 · 实施绿色发展行动 · 实施能力建设行动 · 实施健康卫生行动 · 实施人文交流行动 · 实施和平安全行动

续表

时间	会议与主题	重要论述
2018年9月12日	在第四届东方经济论坛全会上的致辞	・我们要深化合作，实现各国互利共赢 ・我们要积极开展发展战略对接 ・我们要互学互鉴，巩固人民传统友谊
2018年12月18日	在庆祝改革开放40周年大会上发表重要讲话	・我们要以共建"一带一路"为重点，同各方一道打造国际合作新平台，为世界共同发展增添新动力
2019年3月21日至3月26日	在意大利《晚邮报》发表署名文章：东西交往佳话 中意友谊续新篇 在法国《费加罗报》发表署名文章：在共同发展的道路上继续并肩前行	・我们愿同意方共建"一带一路"，发挥两国"一带一路"合作的历史、文化、区位等优势，把"一带一路"互联互通建设同意大利"北方港口建设计划"、"投资意大利计划"等对接，在海上、在陆地、航空、航天、文化等多个维度打造新时期的"一带一路" ・我们愿同法方深化核能、航空航天等传统领域合作，积极发展农业、科技创新等新兴领域合作，推动共建"一带一路"和第三方市场合作迈出更大步伐
2019年4月23日	向"一带一路"新闻合作联盟首届理事会议致贺信	・"一带一路"倡议源于中国，机遇和成果属于世界 ・努力把"一带一路"建设成为和平之路、繁荣之路、开放之路、绿色之路、创新之路、文明之路 ・讲好"一带一路"故事，为共建"一带一路"营造良好舆论氛围，让共建"一带一路"更好更多惠及沿线国家民众

期货市场国际化

续表

时间	会议与主题	重要论述
2019年4月26日	在第二届"一带一路"国际合作高峰论坛开幕式上的主旨演讲：齐心开创共建"一带一路"美好未来	· 在各方共同努力下，"六廊六路多国多港"的互联互通架构基本形成，一大批合作项目落地生根，首届高峰论坛的各项成果顺利落实，150多个国家和国际组织同中国签署共建"一带一路"合作协议 · 共建"一带一路"，关键是互联互通。我相信，只要大家齐心协力、守望相助，即使相隔万水千山，也一定能够发展繁荣。我们应该构建全球互联互通伙伴关系，实现共同走出一条互利共赢的康庄大道 · 基础设施是互联互通的基石，也是许多国家发展面临的瓶颈。建设高质量、可持续、抗风险、价格合理、包容可及的基础设施，有利于各国充分发挥资源禀赋，更好融入全球供应链、产业链、价值链，实现联动发展 · 商品、资金、技术、人员流通，可以为经济增长提供强劲动力和广阔空间 · 在共建"一带一路"过程中，要始终从发展的视角看问题，将可持续发展理念融入项目选择、实施、管理的方方面面
2019年4月27日	在第二届"一带一路"国际合作高峰论坛圆桌峰会上的开幕辞："高质量共建"一带一路""	· 我们再次举行高峰论坛，就是希望同各方一道，绘制精谨细腻的"工笔画"，让共建"一带一路"走深走实，更好造福各国人民 · 我们期待同各方一道，完善合作理念，着力高质量共建"一带一路" · 我们期待同各方一道，明确合作重点，着力加强全方位互联互通 · 我们期待同各方一道，强化合作机制，着力构建互联互通伙伴关系 · 推动共建"一带一路"国际合作为各国人民创造更多福祉，为构建人类命运共同体做出更大贡献

资料来源：根据网站资料搜集整理。

地区的经济增长受阻。比如，中东、南非、墨西哥和中美洲的发展前景相对暗淡。未来，随着全球贸易摩擦升温、金融环境收紧、政策不确定性加剧，以及新兴经济体市场波动增大，全球经济发展的可持续性和包容性将面临更复杂的挑战。

（2）全球金融市场与实体经济明显背离

全球金融市场与实体经济的表现出现明显的背离。美联储启动渐进式缩表，利率政策不断变化，全球主要经济体的调控政策将在巩固复苏和预防通胀之间反复徘徊，预期分歧扩大、利差扩大将加剧全球金融市场的风险。同时，全球股市不断走高但成交量却不断减少，普遍的低利率时代将逐渐结束。在全球债务规模不断扩大的情况下，潜在违约风险同样不容忽视。根据国际金融协会的报告，截至2019年第一季度，全球债务规模已累计达246万亿美元，是全球GDP（国内生产总值）总量的3.2倍。

（3）全球深层次结构性矛盾尚未得到有效解决

虽然全球经济复苏的情况超出市场预期，但深层次结构性矛盾尚未得到有效解决。发达国家和发展中国家的经济增长周期处于不同阶段，经济政策落差增加了发展中国家的经济增长压力。发达国家过度依赖高新技术和虚拟经济，发展中国家经济结构、贸易模式单一，这导致全球经济结构不稳定。同时，金融市场的"黑天鹅""灰犀牛"，以及"逆全球化"浪潮、贸易保护主义、部分大宗商品价格重心下移、跨国资本大规模无序流动、经济政策协调困难等对全球深层次结构性矛盾产生了明显影响。

2. 国际政治新格局正在形成

经济基础决定上层建筑，全球政治格局是各国经济实力在政治领域的延伸。随着发展中国家经济水平的持续提升，全球经济和政治格局也发生了变化。

（1）发达国家的经济总量占全球的比重逐渐降低

美国目前仍是全球最大的经济体，但其经济总量占全球的比重呈逐年下降态势。根据世界银行公开数据库的数据，1985年，美国的GDP占全球的比重为34.38%，2018年下降至24.2%，对世界经济增长的贡献率为27%。同一时期，日本的GDP占全球的比重以1995年的17.51%为节点呈逐渐上升后不断下降的态势，1985年和2018年占全球的比重分别为10.95%、5.86%。欧盟的GDP占全球的比重以1992年的33.82%和2004年的31.63%为节点呈现两轮上升下降态势，1985年和2018年占全球的比重分别为25.01%和22.12%。与之形成鲜明对比的是，中国的GDP占全球的比重呈逐年上升态势，由1985年的2.45%稳步上升至2018年的16.05%，对世界经济增长的贡献率达到35%。2008年以后，美国经济遭受重创，经过艰难调整至今仍未完全恢复，受此影响，发达国家的GDP增速普遍持续下跌，而中国经济受到的影响较小，继续保持了较快增长。

（2）发展中国家在全球贸易中的角色愈加重要

近年来，发达国家的贸易总额占全球的比重逐渐下降，而发展中国家在国际贸易中扮演了越来越重要的角色。特别是2008年国际金融危机以来，发达国家的出口总额占全球出口总额的比重急剧下降，而发展中国家占全球出口总额的比重逐年上升。根据联合国贸易和发展会议发布的数据，1985—2015年，发展中国家的进口总额占全球进口总额的比重由25%上升至42%，发达国家的比重则由73%下跌至55.7%。出口总额方面，发展中国家占全球的比重由25%上升至44.8%，发达国家的比重则由72%下跌至52.1%。

这种总体态势同样表现为单个发达国家和发展中国家的情况。1995—2018年，中国的进口总额占全球进口总额的比重由2%上升至10.8%，美国的进口总额占全球进口总额的比重由14.2%下跌至13.2%，日本的进口总额占全球进口总额的比重由6.4%下降至3.8%。同一时期，中国的出口总额占全球出口总额的比重由1.8%上升至12.8%，美国的出口总额占全球出口总额的比重由1998年的14%下降至2018年的7.9%。日本的出口总额占全球出口总额的比重由8.6%下降至3.8%。欧盟作为国家联合体，内部贸易规模巨大，与外部的贸易规模占全球贸易规模的比重居于世界前列，例如，2015年欧盟进口、出口总额占全球进口、出口总额的比重分别为14.4%、15.2%，贸易总额位列世界第二。

（3）美国等发达国家国际地位下降

国家间经济实力的相对变动影响国际经济秩序、大国间的政治关系。发达国家的经济表现直接导致这些国家的国际政治地位相对下降。其中，作为全球经济龙头的美国对这种地位变化的反应尤为强烈。曾经倡导自由贸易的发达国家出现了政策转向，普遍对自由贸易所形成的世界经济格局和内部问题表现出了不安，并从强调发挥市场力量的自由主义政策向主张社会保护的方向转变。发展中国家国际地位的上升引起发达国家的警惕，而中国经济实力的变化在发展中国家中尤为明显。

3. 国际环境挤压中国经济的发展空间

（1）部分发达国家对国际经济格局的变化表现出不安

目前，一些西方国家对国际经济格局的变化以及自身国际地位的下降表现出明显的不安。例如，美国提出"美国优先"的口号、不断废除贸易协定、对进口商品征收高额关税、限制华为发展、与发达国家签订排除发展中国家的贸易协定等。一些西方国家对中国进行制约的外部原因是，在经济全球化背景下，虽然自由贸易扩大了经济总量，但各参与方利益分配不均，全球产业链中劳动密集型产业集中于发展中国家，跨国公司的全球化布局也在一定程度上造成了发达国家的内部问题。内部原因在于，一些西方国家虽然在经济全球化过程中获得巨大利益，但仅在少数富人之间进行分配，比如，美国1%的富人掌握了全国40%的财富。由于一些西方国家内部利益分配不均，底层民众和弱势群体获得的利益少，精英阶层获得的利益多。发展中国家对一些西方国家的地位发起了挑战，再加上经济全球化弱化了后者的主权，民粹主义、民族主义兴起，在选举政治的引导下，部分西方国家开始将对中国的不安转化为对中国的实际制约，中国经济发展所面临的国际环境更加复杂，中国经济的发展空间进一步被挤压。

（2）部分发达国家已对中国采取了制约措施

目前，一西方国家对中国采取了多种制约措施。在国际贸易秩序方面，美国总统特朗普多次指责世界贸易组织的贸易准则是"史上最糟糕的贸易协定"，在威胁如果不能进行让美国满意的改革就"退群"的同时，采取各个击破的方式，逼迫欧盟、日本、加拿大、韩国和墨西哥达成明显排除中国的自由贸易协定。特朗普的真正目的在于通过改革既有国际贸易体系和构建新的贸易体系，解决现行国际贸易体系与美国现行利益和力量不匹配的问题。美国的对华认知发生了较大变化，中美分歧在不断博弈和摸索中逐渐升级。贸易、政治和国家安全问题是美国对华政策的主要内容，贸易问题尚可通过谈判解决，而政治和国家安全问题则是现阶段无法预测的。在将中国视作竞争对手的前提下，美国在贸易领域或将采取更多措施，如通过联盟、协议等形式限制中国发展。

维护经济安全的战略选择

在国际环境日益复杂、发达国家不断挤压中国经济的发展空间的背景下，中国面临以下几种战略选择。

1. 适应现行国际体系和秩序

发达国家和发展中国家对现行国际体系和秩序的理解存在分歧，存在这种分歧的表面原因是规则、模式和标准之争，根本原因则是利益之争。发达国家认为现行国际秩序在利益分配方面于己不利，与自己对全球经济增长的贡献不匹配，便试图通过优化既有体系、构建新的秩序来改变现状。这些规则的制定是二战之后由美国、英国等大国主导的。从过去几十年的发展看，这些规则有利于西方大国，使它们从中获取了巨大利益。但进入 21 世纪以来，随着中国等一大批新兴经济体的崛起，以美国为首的一些国家认为过去由它们制定的规则让它们吃亏了，它们要改变这些规则，而且要优先考虑自己的利益。中国等二十国集团中的新兴经济力量不断壮大，也要求修改国际规则以适应新的经济形势。随着全球化的不断演进，美国等发现自己被自己制定的规则束缚住了。各种力量都希望国际规则有所改变，因此，要求改革世界贸易组织的呼声很高。中国可以选择适应发达国家所构建的国际秩序，满足它们提出的要求。在部分领域，这并不影响中国的经济利益，而且有利于全球利益在特定阶段的平衡。但从长远看，这会导致中国经济缺乏足够的自主性、独立性，不利于可持续发展。

2. 开拓新的战略空间

在继续争取与发达国家共存、共荣的前提下，中国可以与其他发展中国家开展合作，开拓新的战略空间。未来世界经济发展的引擎在亚洲，而中国正好位于亚洲，同时，中国在发展中国家中处于相对领先地位，与大多数发展中国家的经济有极强的互补性。这可以扩大中国与其他亚洲国家，尤其是"一带一路"国家和地区的大宗商品原材料、工业制成品的贸易规模，加强技术、贸易和服务方面的合作，带动经济发展。这有利于构建互利共赢的经济圈，有利于中国经济的可持续发展。

3. 综合运用两种战略

"一带一路"建设将为中国的经济发展和经济安全提供新的战略空间。中国提出"一带一路"倡议之后，欧美主要国家便密集地提出各种质疑，表现得谨慎、焦虑不安。目前,美国等发达国家由于担心"一带一路"倡议挤压它们的国际生存空间、影响既有国际体系、动摇"民主模式"，并未加入"一带一路"倡议，并且在制约中国方面做出了实质性安排。这更加说明了"一带一路"建设是中国的明智之选，也表明规则之争的复杂性、艰巨性。因此，我们既要与发达国家维持于已有利的贸易关系，防止经济"脱钩"，也要考虑抓紧推进"一带一路"建设，形成与沿线国家和地区互利共赢的经济圈。

维护国家经济安全

"一带一路"国家和地区

1. 范围

"一带一路"倡议坚持开放合作的共建原则，目前并没有明确界定范围[1]。根据中国一带一路网[2]关于各国和各地区概况的最新介绍，截至2019年6月30日，"一带一路"国家和地区已达141个[3]，具体包括中国香港、中国澳门、中国台湾、蒙古、俄罗斯、中亚5国、东亚和东南亚12国、南亚8国、中东欧20国、西亚和中东20国、南欧5国、非洲38国、南太平洋9国以及中南美洲19国（见表3.2）。

---

[1] 《推动共建丝绸之路经济带和21世纪海上丝绸之路的愿景与行动》明确指出，"一带一路"相关的国家基于但不限于古代丝绸之路的范围，各国和国际、地区组织均可参与。
[2] 中国一带一路网以推进"一带一路"建设工作领导小组办公室为指导单位，由国家信息中心主办，于2017年3月21日正式上线。
[3] 根据中国一带一路网的资料，本研究所说的"一带一路"国家是与中国签订"一带一路"相关合作协议的国家，截至2019年6月30日，共计138个；另外，鉴于中国香港、中国澳门和中国台湾在"一带一路"建设中的地位和作用，本研究也包含上述三个地区，共计141个国家和地区。

期货市场国际化

表3.2 "一带一路"国家和地区

分类	国家和地区
港澳台地区	中国香港、中国澳门、中国台湾
北方2国	蒙古、俄罗斯
中亚5国	哈萨克斯坦、吉尔吉斯斯坦、塔吉克斯坦、乌兹别克斯坦、土库曼斯坦
东亚和东南亚12国	韩国、越南、老挝、柬埔寨、泰国、马来西亚、新加坡、印度尼西亚、文莱、菲律宾、缅甸、东帝汶
南亚8国	印度、巴基斯坦、孟加拉国、阿富汗、尼泊尔、斯里兰卡、马尔代夫、不丹
中东欧20国	卢森堡、波兰、捷克、斯洛伐克、匈牙利、斯洛文尼亚、克罗地亚、罗马尼亚、保加利亚、塞尔维亚、黑山、北马其顿、波黑、阿尔巴尼亚、爱沙尼亚、立陶宛、拉脱维亚、乌克兰、白俄罗斯、摩尔多瓦
西亚和中东20国	塞浦路斯、土耳其、伊朗、叙利亚、伊拉克、阿拉伯联合酋长国、沙特阿拉伯、卡塔尔、巴林、科威特、黎巴嫩、阿曼苏丹国、也门、约旦、以色列、巴勒斯坦、亚美尼亚、格鲁吉亚、阿塞拜疆、埃及
南欧5国	意大利、葡萄牙、马耳他、奥地利、希腊
非洲38国	赤道几内亚、利比里亚、埃塞俄比亚、南苏丹、肯尼亚、乌干达、卢旺达、布隆迪、坦桑尼亚、塞舌尔、吉布提、索马里、尼日利亚、南非、赞比亚、加纳、喀麦隆、多哥、佛得角、津巴布韦、安哥拉、纳米比亚、加蓬、莫桑比克、塞拉利昂、科特迪瓦、阿尔及利亚、突尼斯、利比亚、摩洛哥、苏丹、马达加斯加、几内亚、塞内加尔、毛里塔尼亚、冈比亚、刚果共和国、乍得
南太平洋9国	瓦努阿图、汤加、库克群岛、斐济、密克罗尼西亚、萨摩亚、新西兰、巴布亚新几内亚、纽埃
中南美洲19国	秘鲁、牙买加、古巴、巴巴多斯、多米尼加、萨尔瓦多、厄瓜多尔、智利、苏里南、委内瑞拉、乌拉圭、哥斯达黎加、多米尼克、圭亚那、玻利维亚、特立尼达和多巴哥、巴拿马、安提瓜和巴布达、格林纳达

资料来源：根据中国一带一路网相关内容整理。

2. 基本情况

根据世界银行发布的 2018 年年度数据，"一带一路"国家和地区的面积为 6 643.6 万平方公里，占全球的 52.17%；人口总和为 46.09 亿，占全球的 60.69%。2018 年，"一带一路"国家和地区 GDP 总和达到 21.67 万亿美元，占全球的 25.26%，GDP 增速为 3.31%，远低于中国的 6.6%；人均 GDP 为 1.01 万美元，与中国的 9 770.85 美元比较接近。"一带一路"国家和地区的贸易总额为 15.46 万亿美元，占全球的 31.08%，其中进口总额为 7.51 万亿美元，占全球的 30.48%；出口总额为 7.95 万亿美元，占全球的 31.66%。[①]

3. 发展潜力巨大

普华永道 2017 年年初的研究报告《长远前景：2050 年全球经济排名将会如何演变？》[②] 预测了全球最大的 32 个经济体（占全球 GDP 约 85%）从 2017 年到 2050 年的增长前景，认为全球经济增长动力大部分源于新兴市场和发展中国家。未来 30 年，七大新兴市场（E7 国家），即中国、巴西、印度、印度尼西亚、墨西哥、俄罗斯、土耳其的年均经济增速达 3.5%，大部分位于"一带一路"沿线。

该报告同时预测，若按相对购买力平价计算，中国已超越美国成为全球第一大经济体，若按市场可兑换汇率计算，中国有可能在

---

① 由于部分国家数据缺失，此处所列统计数据存在一定程度的低估。
② PwC, "The Long View How will the global economic order change by 2050?" February2017.https://www.researchgate.net/publication/314418070_The_Long_ViewThe_Long_View_How_will_the_global_economic_order_change_by_2050.

2030年之前成为全球第一大经济体（见表3.3）；到2050年，印度或将取代美国成为全球第二大经济体，印度尼西亚可能超越日本和德国成为全球第四大经济体，巴西、俄罗斯、墨西哥可能于21世纪中叶超越德国或英国；到2050年，全球7个最大的经济体中有6个将是新兴经济体；除了E7国家的发展前景仍然广阔外，尼日利亚、菲律宾、埃及和孟加拉国等13个新兴经济体也具有巨大的增长潜力，其发展速度可能超越经济合作与发展组织国家。

表3.3 全球经济排名变化预测

2016年		2050年	
中国	1	中国	1
美国	2	印度	2
印度	3	美国	3
日本	4	印度尼西亚	4
德国	5	巴西	5
俄罗斯	6	俄罗斯	6
巴西	7	墨西哥	7
印度尼西亚	8	日本	8
英国	9	德国	9
法国	10	英国	10

资料来源：普华永道研究报告《长远前景：2050年全球经济排名将会如何演变？》。

根据普华永道的预测，到2050年，全球最大的32个经济体中，有18个是"一带一路"国家（见图3.1）。

同时，根据该报告的预测，年均实际GDP增速排名前10的都是"一带一路"国家（见图3.2）。

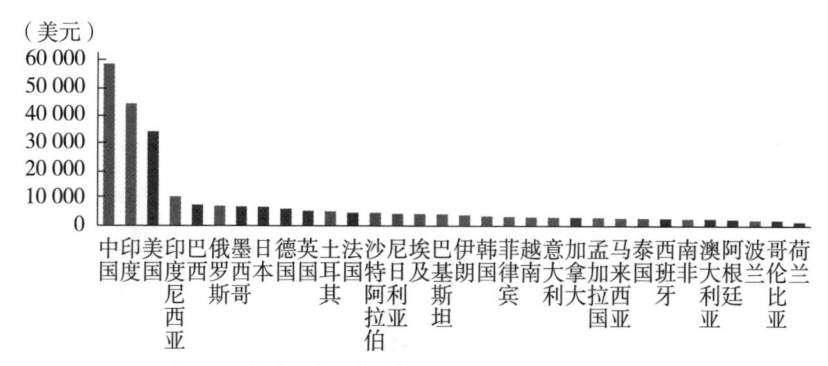

图 3.1 按购买力平价计算的 2050 年各国人均 GDP

注：图中灰色柱代表"一带一路"国家和地区，黑色柱代表非"一带一路"国家和地区。

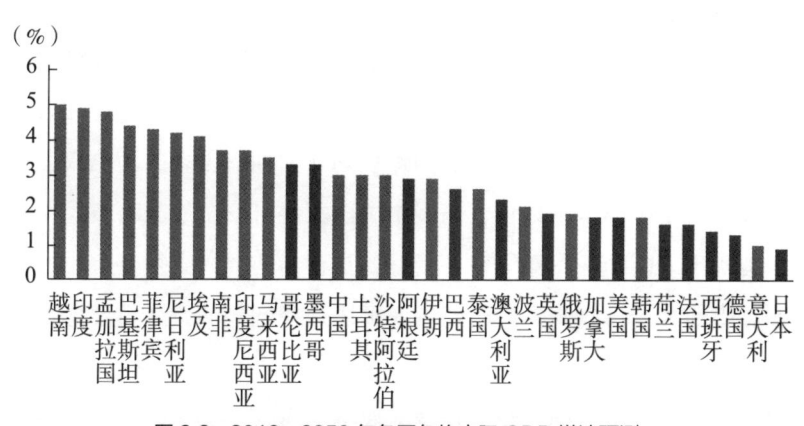

图 3.2 2016—2050 年各国年均实际 GDP 增速预测

注：图中灰色柱代表"一带一路"国家和地区，黑色柱代表非"一带一路"国家和地区。

"一带一路"建设能有效拓展战略空间

1. 发展态势良好

改革开放以来,中国在推动国民经济发展方面存在两个认识误区[①]:一方面,过多强调资本、市场、科技等后天因素对国民经济的影响,而对地缘政治、传统文化等先天因素未给予足够的重视;另一方面,强调生产力的发展对国家发展和国民财富增长的影响,而对国际分配体系和国际地位对国家财富增长的影响重视不够。我们既要重视后天因素的影响,也不能忽视先天因素、国际分配体系和国际地位等的影响。

当前,国际环境日益复杂,适逢中国经济发展的重大战略机遇期,如何补足短板、突破国际环境的制约,充分利用好先天因素,进一步融入国际社会,在制定国际规则方面拥有更多的话语权,进一步提升中国的国际地位,拓展中国国家经济安全的战略空间,是中国实现"两个一百年"奋斗目标,真正走向复兴必须要解决的问题。当前和今后较长一段时间内,解决这些问题的一个重要思路就是,大力推进"一带一路"建设。从这个意义上讲,"一带一路"建设能够有效扩展国家经济安全的战略空间。

根据中国商务部的相关数据,自"一带一路"倡议提出以来,中国对相关国家直接投资总额超过 900 亿美元,年均增长 5.2%,与相关国家新签对外承包工程合同总额超过 6 000 亿美元,年均增长 11.9%。中国与相关国家贸易总额超过 6 万亿美元,年均增长 4%,成为 25 个相关国家的最大贸易伙伴。中国企业在"一带一路"国

---

① 娄须光:《一带一路:国家战略生存空间的拓展与延伸》,载《卷宗》2016 年第 7 期。

家和地区建设境外经贸合作区共 113 个，累计投资 366.3 亿美元，入区企业 4 664 家，上缴东道国税费累计 30.8 亿美元。相关金融合作不断加强，中国与 27 个国家核准了《"一带一路"融资指导原则》。中国人民银行与多边开发机构开展的联合融资已累计投资超过 100 个项目，覆盖了 70 多个国家和地区。11 家中资银行在 28 个"一带一路"国家和地区设立了 76 家一级机构，人民币跨境支付系统已经覆盖近 40 个"一带一路"国家和地区。[①]

2. 拓展国家经济安全的战略空间

（1）有丰富的资源储备

"一带一路"国家和地区资源丰富，在国际大宗商品市场上有举足轻重的地位。

能源资源方面，"一带一路"国家和地区天然气储量为 156 万亿立方米，占全球的 80%；原油储量为 1 352 亿吨，占全球的 59%。这些能源资源多分布于中东各国、俄罗斯、土库曼斯坦、哈萨克斯坦、印度等。

矿产资源方面，"一带一路"国家和地区铁矿石、铅锌矿、金矿、镍矿、铜矿等矿藏丰富，占全球的 18%~40%。同时，有色金属产量也位居全球前列，以精铜为例，年产量达 1 359 万吨，占全球的 58%。这些矿产资源多分布于俄罗斯、中国、印度、哈萨克斯坦等国。

农产品方面，"一带一路"国家和地区天然橡胶的年产量达 1 232 万吨，占全球的 90% 以上，主要生产国为泰国、印度尼西亚、

---

① 国新办新闻发布会：《共建"一带一路"：从"大写意"到"工笔画"》，载搜狐网，2019 年 4 月 23 日。https://www.sohu.com/a/309752515_115423?_f=index_pagerecom_4.

越南、马来西亚、中国、印度等。玉米和大豆也是"一带一路"国家和地区重要的农产品,年产量占全球的比重也较大,多种植于印度、乌克兰、南非、俄罗斯等国(见表3.4)。

表3.4 中国与"一带一路"国家和地区大宗商品资源占全球的比重

类别	大宗商品	储量/产量	全球占比	主要产地	备注
能源	天然气	156万亿立方米	80%	中东、俄罗斯、土库曼斯坦、中国	储量
	原油	1 352亿吨	59%	中东、俄罗斯、哈萨克斯坦、中国、印度	储量
矿产	精铜	1 359万吨	58%	中国、俄罗斯、印度、韩国、波兰	年产量
	铁矿石	676亿吨	40%	俄罗斯、中国、印度、乌克兰、哈萨克斯坦、伊朗	储量
	铅锌矿	10 910万吨	32%	中国、俄罗斯、哈萨克斯坦、印度、波兰	储量
	金矿	14 000吨	26%	俄罗斯、印度尼西亚、中国、乌兹别克斯坦	储量
	镍矿	1 410万吨	19%	俄罗斯、印度尼西亚、中国、菲律宾	储量
	铜矿	1.3亿吨	18%	俄罗斯、中国、印度尼西亚、蒙古、哈萨克斯坦	储量
农产品	天然橡胶	1 232万吨	91%	泰国、印度尼西亚、越南、马来西亚、中国、印度	年产量
	玉米	1.5亿吨	15%	印度、乌克兰、南非、俄罗斯	年产量
	大豆	1 892万吨	6%	印度、乌克兰、俄罗斯	年产量

资料来源:根据五矿经济研究院和《"一带一路"矿产资源概况》等资料整理。

需要强调的是,除天然橡胶、玉米和大豆外,"一带一路"国家和地区的其他农业资源同样丰富,如哈萨克斯坦、泰国、印度、土耳其、乌克兰、埃及等都是世界上最主要的粮食生产国和出口国，乌兹别克斯坦、印度尼西亚、巴基斯坦、埃及、苏丹等是棉花、棕榈油、天然橡胶、花生等国际主要经济作物的主产区（见表 3.5）。

表 3.5 "一带一路"国家和地区的农业资源

地区	主要国家	重点农业资源	在世界上的地位
中亚	哈萨克斯坦	粮食，畜牧业	粮食出口大国
	乌兹别克斯坦	棉花，畜牧业	世界第五大产棉国、第二大棉花出口国
东南亚	印度尼西亚	棕榈油、橡胶、森林资源	世界最大的棕榈油生产国和出口国，天然橡胶产量居世界第二
	泰国	稻米、橡胶	稻米出口大国
南亚	印度	耕地	世界第二大小麦和稻米生产国、第四大粗粮生产国
	巴基斯坦	经济作物	棉花种植和消费大国
西亚	土耳其	小麦、大麦，畜牧业	中东最大的小麦生产国
	以色列	农业科技	农业科技输出国
东欧	俄罗斯	耕地、草场、淡水资源	粮食需要进口
	乌克兰	黑土地	小麦、大麦和玉米五大出口国之一
北非	埃及	小麦、稻米、棉花	小麦、稻米产量居世界前列，重要的棉花出口国之一
	苏丹	经济作物	长绒棉、花生、阿拉伯胶产量居世界前列

资料来源：宋双双，《在"一带一路"战略下扩大对外农业合作》，载《国际经济合作》2014 年第 9 期。

（2）经贸合作潜力巨大

丰富的资源意味着，中国与"一带一路"国家和地区在开展经贸合作方面互补性强、潜力巨大。特别是在中国的资源相对有限和当前中美贸易摩擦可能持续下去的新形势下,"一带一路"国家和地区丰富的资源对于保障中国的经济安全具有重要的意义,中国与"一带一路"国家和地区在资源开发方面开展合作显得必要而紧迫。自改革开放以来,特别是"一带一路"倡议提出以来,中国与"一带一路"国家和地区的经贸合作取得了巨大的成就,极大地促进了各方的经济发展,提升了全球经济发展水平,"一带一路"国家和地区已成为中国在诸多大宗商品领域的重要贸易伙伴。

以原油和天然气贸易为例,"一带一路"国家和地区原油储量排名前 10 的国家的总储量为 1 253 亿吨,总产量为 21.55 亿吨,2017 年对中国出口 2.45 亿吨,占其总产量的 11.37%;天然气储量排名前 10 的国家的总储量为 91 万亿立方米,总产量约为 1.2 万亿立方米,2017 年对中国出口 608 亿立方米,占其总产量的 5.07%(见表 3.6)。因此,仅从"一带一路"国家和地区对中国出口原油和天然气的情况来看,双方在能源方面开展合作潜力巨大。推进"一带一路"建设,更多地从"一带一路"国家和地区进口能源,将有助于进一步拓展中国的能源进口渠道。

(3)可以有效拓展大宗商品的运输渠道

全球 60% 的海上贸易过境亚洲。中国 90% 以上的外贸货物依靠海运,以影响广泛的石油贸易为例,中东石油到达东亚必须经过马六甲海峡,中国大陆 50% 的进出口货物和 80% 的进口石油都要经过马六甲海峡。经马六甲海峡进入中国南海的油轮数量是经过苏伊士运河的 3 倍,是经过巴拿马运河的 5 倍。马六甲海峡是日本、中国、韩国最主要的能源运输通道,是"海上生命线"。一是这条航线随着亚洲经济的崛起已经非常拥挤,成为制约中国经济进一步发展的瓶颈;二是一旦马六甲海峡被别有用心的反华势力所控制,

表 3.6 "一带一路"沿线国家和地区原油和天然气对中国的出口情况

排名	原油 国家	储量（亿吨）	产量（百万吨/年）	2017年对中国出口量（百万吨）	天然气 国家	储量（万亿立方米）	产量（亿立方米/年）	2017年对中国出口量（亿立方米）
1	俄罗斯	145	554	60	土库曼斯坦	19.5	620	317
2	沙特阿拉伯	366	562	52	卡塔尔	24.9	1 757	103
3	伊拉克	201	222	37	马来西亚	2.7	784	58
4	伊朗	216	234	31	印度尼西亚	2.9	680	42
5	阿曼苏丹国	7	48	31	乌兹别克斯坦	1.2	534	34
6	科威特	140	146	18	缅甸	1.2	180	33
7	阿拉伯联合酋长国	130	176	10	哈萨克斯坦	1.1	271	11
8	哈萨克斯坦	39	87	3	俄罗斯	35	6 356	6
9	印度尼西亚	4	46	2	阿曼苏丹国	0.7	323	3
10	卡塔尔	5	80	1	埃及	1.8	490	1
合计		1 253	2 155	245		91	11 995	608

资料来源：根据《BP世界能源统计年鉴》（2018）整理。

势必会影响中国的航运安全，尤其在当前国际局势存在变数的情况下，这条航道存在被各种不可预测事件阻断的可能。[1]

面对当前复杂多变的贸易形势带来的严峻考验，"一带一路"建设将为保障中国货物运输的畅通和便利发挥更大的作用。"一带一路"建设向纵深发展，为中国大宗商品运输提供了新方向和多元化渠道。以原油为例，除马六甲海峡外，将中东石油运到中国还有三种选择。一是从巴基斯坦的瓜达尔港出发，通过管道或铁路将石油运到中国。二是在泰国境内开凿克拉运河，运油的船舶可以直接从印度洋的安达曼海进入太平洋，从泰国湾、柬埔寨、越南南石经南海进入中国。三是开辟中东－中亚能源大陆桥：从中国－中亚油气管道的起点土库曼斯坦开始，建设穿过伊朗、伊拉克、叙利亚、沙特等国的原油管道，连接海湾地区附近的产油国[2]，从斯里兰卡汉班托塔港，经缅甸马德岛港将中东石油运送到中国。这几条路线的畅通无疑都要通过推进"一带一路"建设来保证。近年来，中国与俄罗斯油气管道建设也借助"一带一路"建设的良好势头，取得了巨大的进展。从2018年1月开始，中俄之间第二条石油管道开通运营，中国从俄罗斯进口的石油翻了一番，增加了3 000万吨；中俄之间的天然气管道建设也在不断推进，2018年起，俄罗斯每年向中国输送380亿立方米天然气。这些新选项在带来巨大便利的同时，也将有助于维护中国的国家经济安全。

---

[1] 王辉：《马六甲海峡：对中国很重要 关系航运安全》，载搜狐新闻网，2004年12月6日。http://news.sohu.com/20041206/n223350785.shtm.

[2] 汪玲玲，赵媛：《中国石油进口运输通道安全态势分析及对策研究》，载《世界地理研究》2014年第3期。

（4）扩大经济缓冲地带

从地理角度看，"一带"主要分布在横跨亚欧非大陆的三条线路上，"一路"主要分布在中国进入印度洋和南太平洋的两条海上通道上。由于国际经贸关系日益紧密，"一带一路"建设对中国的经济安全有着特殊的战略意义。"一带一路"国家和地区是中国对外经贸合作的重要对象，"一带"和"一路"也都是中国开展国际经贸合作的重要通道，从这个角度来说，"一带一路"建设是中国依据自身所处地理环境和地缘政治环境所做出的重大决策，将为中国的经济发展和国家安全提供新的经济缓冲地带，也将拓展中国的战略生存空间。在国际形势制约经济发展的背景下，中国需要抓住全球积极参与"一带一路"建设的宝贵时机，与这些国家和地区共建共享、互利共赢，努力拓展维护国家经济安全的缓冲空间。

商品期货市场服务"一带一路"建设

加强产能合作中的风险管理

大部分"一带一路"国家和地区的交通等基础设施条件落后，急需发展建筑业和制造业，提升经济的"造血功能"，而商品期货市场可以在管理产能合作风险方面发挥重要作用。中国企业通过对外承包基础设施建设工程，可以为与相关国家和地区在钢铁、水泥、建材等行业开展产能合作提供基础。中国企业在参与"一带一路"建设过程中，面临着政治、经济、法律和社会等方面的不确定性因素，其中就包括原材料等大宗商品的价格波动，为此，中国企业需要期货市场为其提供进行风险管理的工具。有效发挥期货市场的风险管理功能，可以为中国企业"走出去"保驾护航。在这个过程中，"一带一路"国家和地区的企业也可以规避大宗商品市场的风险，使本国或本地区的产业链扩大辐射范围，促进经贸合作。

促进市场规则的推广

大部分"一带一路"国家和地区的大宗商品市场和金融衍生品市场的建设相对滞后，这为中国期货市场提供了新的发展机遇。目前，中国商品期货交易所和部分期货公司已经开始探索在境外设立分支机构，向"一带一路"国家和地区宣传、推介中国期货市场，并且与境外金融机构等建立了联系，这些都为中国期货市场向外推广业务和规则奠定了良好的基础。未来，境外市场的需求变化、监管层的态度变化将为各期货交易所提供条件，有利于其发挥自身优势，找准合作对象，开展各方面合作。

强化技术支持和平台建设

"一带一路"建设覆盖众多国家和地区，横跨多个时区，因此，建设 24 小时全天候交易系统，以满足不同时区投资者的需要，既是机遇又是挑战。大多数"一带一路"国家和地区的衍生品市场较为落后，未来随着"一带一路"建设的推进，以及这些国家和地区的经济发展，会产生发展市场平台的需求，这意味着对相关技术合作、技术基础设施和技术支持的大规模需求，将为中国期货市场的技术输出提供有利条件。通过支持这些国家和地区建设大宗商品的期货和现货市场，可以促进期货、现货和场外衍生品的交易，帮助"一带一路"国家和地区实现场内和场外市场的连接，加强多层次商品市场的联动。更重要的是，在向境外交易所输出技术时，通常伴随着交易、交割、清算、托管和信息等多领域的广泛合作，这些合作将拓展国内交易所的产品线与业务链，提升期货市场服务"一带一路"建设的能力和水平。

加强金融合作

在"一带一路"建设的投融资过程中，会不断出现价格波动风险、投资收益风险、环境安全风险等，这些风险关联性强、传播面广，为期货市场通过建立利益共同体以规避风险，完善大宗商品价格、利率、汇率等市场风险预警体系，提供价格发现和风险管理的工具、服务提供了基础。自"一带一路"倡议提出以来，以亚洲基础设施投资银行、丝路基金、亚洲金融合作协会等为代表的多边金融机构相继成立，提供了开发性、政策性、商业化的资金保障，加强了投融资合作，提升了出口信用保险服务水平，为"一带一路"建设提供了有力的金融支持，也为商品期货市场参与"一带一路"建设奠定了良好的金融基础。为了形成内外合力，在参与"一带一路"建设过程中，商品期货市场通过不断加强与银行、保险等金融同业的合作，促进了资金融通。目前，国内期货交易所正在积极推进部分期货品种的国际化，并与银行、保险等机构一起在服务"三农"和实体经济方面探索新模式，已推动开展了多个"保险+期货""银期"合作试点，这些模式都为"一带一路"建设提供了经验。

推动人民币国际化

2018年，中国商品期货市场陆续对外开放了原油、铁矿石、

期货市场国际化

PTA 等期货品种。一方面，中国商品期货市场推出了用人民币计价结算的大宗商品期货，拓展了"一带一路"国家和地区乃至全球投资者的人民币投资和风险管理渠道，打通了人民币回流通道；另一方面，人民币投资和风险管理渠道的拓展进一步提升了"一带一路"国家和地区乃至全球投资者持有人民币的积极性和信心。这种良性循环有助于形成人民币"出得去—留得住—回得来"的完整闭环，进而促使人民币发挥计价、结算、投资、融资、交易和国际储备货币的功能，进一步推动人民币国际化进程。同时，由于原油、铁矿石等战略资源在大宗商品中具有标志性意义，人民币在国际原油、铁矿石贸易中的影响力不断增强，这将带动其他大宗商品的国际贸易更广泛地用人民币计价结算。

▶▶ 第四章

商品期货市场助力沿线发展

促进商品期货市场建设

为企业提供价格发现和风险管理工具

随着"一带一路"国家和地区与中国的经济联系日益紧密,商品期货市场能够进一步发挥其独特作用,形成连续、公开、透明的价格,为这些国家和地区的企业提供风险管理和投资工具,加强信息的汇集和传递,促进经济发展,推动文化的交流与融合。

随着"一带一路"建设的推进以及"一带一路"国家和地区基础设施的不断完善,企业可以更方便地开展大宗商品国际贸易,大宗商品的价格波动客观上会催生价格发现和风险管理方面的需求。中国是"一带一路"国家和地区大宗商品贸易的主要买方,中国商品期货市场将在企业的价格发现、风险管理以及资金运营方面发挥重要作用。

期货市场国际化

1. 为企业提供价格发现工具

在"一带一路"国家和地区的大宗商品贸易中，需要发挥期货价格公开、透明、连续、权威等的优势，形成以期货价格为基准的定价模式。市场价格对资源配置起着决定性作用，其中，现货价格主要影响当期消费，而期货价格则对未来的生产和投资起着引导作用。在"一带一路"国家和地区从事生产和贸易的企业，需要利用期货市场的集中竞价和杠杆等交易机制，研究当前和未来的各类宏观信息、产业信息和供需信息，从而以较低成本完成期货交易。由于当前主要大宗商品贸易已从传统的生产商或贸易商主导定价，逐渐转变为由相关各方参与的期货市场主导定价，我们需要以服务实体经济为根本宗旨，帮助"一带一路"国家和地区建设一个与经济发展水平相匹配、与风险管理需求相适应、竞争力强的期货市场，将以期货价格为核心、具有一定国际影响力的市场化定价体系逐步推广到"一带一路"国家和地区。期货交易产生的价格信息从交易所发出，通过大量产业客户、机构客户的参与，为市场协定价格提供了有效的参考，汇聚成了"公允价格"，为"一带一路"国家和地区的企业提供了定价基准。

2. 为企业提供风险管理工具

"一带一路"国家和地区需要通过充分发挥期货的套期保值、对冲风险的功能，来提升企业的核心竞争力。随着规模的日益扩大和参与国际竞争的需要日益迫切，大型企业、跨国企业急需利用期货为自己的生产经营上一份"保险"。在生产和购买大宗商品时，这些企业由于面临生产周期长、资金占用多、不可抗力因素较多等问题，需要在期货市场上提前买入套期保值，保障大宗商品的稳定供应。在面临宏观经济波动的时候，企业需要利用期货市场防范和规避风险，实现稳健经营，提升市场效率。

3. 助力企业平稳运营

在服务"一带一路"建设的过程中，中国商品期货市场能够在促进"一带一路"国家和地区实体经济发展、提升企业管理水平方面发挥作用。一是价格发现方面。随着中国商品期货市场开放程度的不断提升，"一带一路"国家和地区的相关企业可以用期货价格信号来指导生产经营，发挥部分品种期现货价格拟合度高的优势，将其作为相关产业的定价基准和谈判参考，促进资源的优化配置。期货的价格发现功能不仅可以引导资源配置，还可以指导企业进行产品定价和制定产销计划，助力企业平稳发展。二是风险管理方面。商品期货交易所通过创新期货品种，推动具有当地特色、具有坚实贸易基础的品种上市，可以丰富企业的避险工具。当地企业可以通过有效管理市场风险，提升国际竞争力，从而更好地开展国际化经营。三是资金运营方面。商品期货市场可以在提高企业资金运营效率、降低企业资金运营成本方面发挥积极作用。四是商品库存方面。期货市场可以让企业根据生产进度和销售情况，合理地确定商品库存，从而在锁定原材料价格的同时节约仓储成本。在开展贸易的过程中，企业可以通过期货市场锁定成本，减少资金占用。商品期货市场还可以为企业提供金融支持，如仓单质押、银行融资等。

由于"一带一路"国家和地区企业的深度参与，中国商品期货市场将具备建立国际定价中心的坚实基础。

期货市场国际化

提升商品期货市场的发展水平

中国的商品期货交易所与"一带一路"国家和地区的交易所开展合作，可以为后者提供更广阔的发展空间，促进期货市场之间的交流。尤其对于期货市场基础设施较为落后的国家和地区来说，通过参与"一带一路"建设，可以引进较为先进的技术，加快业务转型，促进功能发挥。

1. 提升期货市场的基础设施水平

加强与"一带一路"国家和地区的交易所和期货公司的技术合作，可以提升其期货市场的基础设施水平，优化其期货市场的技术系统性能，不断提升交易、清算、交割等的业务水平。例如，我们可以将我国先进的交易系统推广到"一带一路"国家和地区，提升当地交易所的系统性能和容量，还可以促进灾备系统建设，提升当地交易所应对故障和重大灾难的能力。

2. 培育当地期货市场，实现更高水平的融合

上市与经济发展密切相关的新期货品种，可以加快培育"一带一路"国家和地区期货市场。在严守不发生系统性风险底线的基础上，研发和上市能满足当地实体经济需要的新期货品种，可以为实体企业提供丰富的风险管理工具。在这个过程中，要不断总结我国期货、期权等各类衍生品市场成功运行的经验，适时向"一带一路"国家和地区推广，帮助当地期货市场推出更多品种。同时，帮助当地不断完善已上市期货、期权品种的合约和规则，提升期货市场的运行效率。

另外，在条件成熟的情况下，对合作形式进行创新，实现更高水平的融合。境内外交易所应积极探索参股、控股、并购等多种合作形式，做好顶层设计，实现互联互通。

提供资产配置平台

跨区域商品期货市场可以为"一带一路"国家和地区的期货交易提供平台，并产生巨大的外溢效应，甚至可以在全球范围内进行资源整合，促进期货市场的一体化，提升市场交易者的投资水平。合作共建的市场不仅可以为全球期货市场创造新的需求，从而进一步提升整个区域甚至全球期货市场的发展水平，也可以使市场交易者有更多的投资对象来配置资产、优化投资结构，获取理想的投资回报。中国的期货公司可以通过在"一带一路"国家和地区开展经纪业务、资管业务、风险管理业务和投资咨询业务等，搭建起服务实体经济的多层次网络，提供资产配置平台。

推动经济发展

加强经贸联系

1. 为期货市场的合作提供有力抓手

"一带一路"建设聚焦发展这个根本性问题，可以释放各国的发展潜力，实现经济大融合、发展大联动、成果大共享。"一带一路"国家和地区大宗商品原材料同质化程度高的特点，成为加强区域内经贸联系的有力抓手。由于大宗商品对经济发展至关重要，这些国家和地区都有发现大宗商品价格、管理大宗商品价格波动风险的需求，商品期货市场能够满足这些需求，进而有力地推进"一带一路"建设。

2. 促进资源的优化配置

期货合约到期后交割的是现货，商品期货市场是标准化程度很高的市场，通过全面反映"一带一路"国家和地区的价格信息，能够吸引更多投资者，降低市场交易者的风险和交易成本，实现各方利益的最大化。这有助于减少生产要素的流动性障碍，促使中国与这些国家和地区形成利益共同体。

3. 促进经贸融合

商品期货市场是商品市场发展到一定阶段的必然产物，主要采取标准化合约、集中竞价、保证金交易、双向交易等机制，形成公开、透明、反映市场真实信息的期货价格，为实体经济提供参照。在为实体经济提供定价基准的前提下，商品期货市场还可以为商品交易提供便利，是促进"一带一路"国家和地区市场互联互通、融合发展的天然平台。

提升产能合作水平

1. 产能合作成果显著

自"一带一路"倡议提出以来，中国已走上了国际优势产能互补、合作共赢、共同发展的新道路，成为"一带一路"建设中举足轻重的力量，产能合作、共同发展的新模式已初步形成。截至2018年4月，中国已经与38个"一带一路"国家和地区建立了产能合作机制，与10个发达国家开展了第三方市场合作，与东盟等区域组织开展了多边产能合作。[①]

中国与"一带一路"国家和地区开展产能合作，可以推动技术先进、实力雄厚的企业共同发展、相互竞争，提升技术、质量和服务水平，从而增强"一带一路"国家和地区企业的国际竞争力，促进产业结构升级，推动开放型经济向更高层次迈进。在产能合作的过程中，中国企业已经探索形成了诸多有效模式。一是产业园区合作模式。依托境外经贸合作区，产能合作为当地经济社会发展带来了新机遇，增加了税收和就业。二是第三方市场合作模式。中国企业通过与"一带一路"国家和地区的政府、企业签订市场合作协议，扩大了双方的市场空间，提升了产业的规模化程度和产业链的整合深度，打造了产业集群。三是PPP（政府和社会资本合作）、BOT（建设-经营-转让）项目模式。这些模式解决了"一带一路"国家和地区的政府、企业的资金紧缺问题，推动了项目落地，在满足当地实际需要的同时拓展了中国与当地企业的发展空间。

2. 促进产能合作

由于"一带一路"国家和地区的政治、经济、文化和社会环境比较复杂，企业在产能合作中面临着法律、汇率、税务和规则方面

[①] 黄勇：《以"一带一路"建设为载体 推动形成全面开放新格局》，载旗帜网，2018年8月17日。http://www.qizhiwang.org.cn/n1/2018/1206/c422366-30447837.htm.

的风险，项目融资、风险管理需求旺盛。金融机构在提高专业水平的前提下，需要通过政策引导、业务协作、信息共享，不断提升融资、保险、风险管理以及多元化金融服务水平，加快形成产融结合、产能合作的良好局面。

中国与"一带一路"国家和地区的产能合作涉及很多领域，且大宗商品原材料、相关工业制成品用途广泛，这些原材料、工业制成品的价格波动对合作项目的建设和运营有着全面而深刻的影响。商品期货市场能够为各合作方提供定价基准和风险管理工具，降低各合作方面临的市场风险。商品期货市场可以与其他金融市场相互配合，提升中国与"一带一路"沿线国家和地区的产能合作规模、水平，推动"一带一路"国家和地区的经济发展。

促进"一带一路"国家和地区的产业升级

1. 中国经济带动当地的产业升级

在制造业供需差异和成本差异显著的情况下，中国企业在"一带一路"国家和地区的产业布局对各方而言都是一种有效的价值实现方式。一方面，可以弥补中国大宗商品供给不足的问题，同时满足当地充分利用自然禀赋的需求；另一方面，中国企业在"一带一路"国家和地区扩大投资、增加产能，可以带动当地就业，增加当地税收，提升当地居民的收入和消费水平。

由于中国的经济结构、产业水平比"一带一路"国家和地区更具优势，双方的互补性很高。中国具有比较优势的产业主要集中于制造业领域，而"一带一路"国家和地区具有比较优势的主要是生产要素密集型产业。"一带一路"建设能够在提升合作规模、水平的基础上，将中国相对先进的要素组合能力、企业管理经验、产业整合技术带至这些国家和地区，促进当地产业升级。

2. 商品期货市场促进当地的产业升级

由于交易、交割标准较高，商品期货市场在服务"一带一路"建设的同时，可以为行业发展提供质量标准，促使企业在参与商品期货交易时，提高产品的标准化程度和质量，助力当地经济结构的优化。而且，商品期货市场的发展需要周边金融业、服务业和实体产业的配套支持，因此，它具有较强的资源整合能力，可以通过培育经济增长极来提升当地的产业发展水平。

目前，中国商品期货市场上的期货品种涵盖了能源、原材料、农产品、化工产品、金属、建材、冶金产品等重要品种，与"一带一路"建设息息相关。比如，原油期货与中东地区市场紧密相关；铁矿石期货可以服务"一带一路"国家和地区的基础设施建设；焦煤、焦炭、聚乙烯、聚丙烯等期货与西亚、中亚、东北亚、中东地区市场联系紧密；棕榈油是国内唯一纯进口的期货品种，与东南亚市场密切相关；PTA、棉纱、甲醇等是中国独有的期货品种，境外投资者对此有大量投资需求，这些都为商品期货市场服务"一带一路"建设、助力当地产业升级提供了着力点。

促进文化交流

推广制度、规则和理念

中国期货市场国际化的过程，也是"一带一路"国家和地区了解和熟悉中国期货市场制度、规则和发展理念的过程。在这个过程中，我们可以通过以下三种途径，使这些国家和地区的期货市场参与者更好地认识中国期货市场。

1. 促进境内外期货市场制度互联互通

由于期货市场是标准化合约的交易场所，并且通过保证金交易、逐日盯市、当日无负债结算、风险准备金管理等制度和规则进行交易，更容易被市场各方所认可。随着与"一带一路"国家和地区在产品、业务、技术、股权等方面的合作不断深化，中国与当地期货市场的制度、规则将加速融合，中国期货市场的制度、规则将逐步为当地所接受，从而使更多的原料供应商、加工商、贸易商等市场主体将中国期货市场价格作为定价基准，开展套期保值等。

2. 推广中国期货市场的发展理念

具体而言，开展市场培训、投资者教育等活动，可以推广中国期货市场的发展理念。目前，"一带一路"倡议已经进入共建阶段。在此背景下，应对各种风险挑战是中国与"一带一路"国家和地区在经济发展和经贸往来过程中面临的共同任务，这客观上需要我们强化大宗商品定价权和提升管理价格波动风险的能力。比较而言，中国期货市场的交易规模与发展水平整体上高于"一带一路"国家和地区，也积累了较为丰富的经验，因此，为"一带一路"国家和地区的交易者提供支持是中国期货市场的重要责任。对"一带一路"国家和地区的实体企业和从业人员开展多种形式的、有针对性的专业培训，推广中国期货市场的发展理念，不仅有利于吸引更多交易者参与中国期货市场，而且能使当地实体企业规避风险和实现稳健经营。

3. 促进对中国期货市场的了解

具体而言，开展互访、参会、研修等多种形式的交流，可以促进"一带一路"国家和地区对中国期货市场的了解。中国期货市场服务"一带一路"建设的过程是中国期货市场"走出去"和"引进来"相结合的过程，在此期间，开展各种形式的交流对"一带一路"国家和地区了解中国期货市场至关重要。一方面，加大赴新加坡、韩国、中国香港等期货市场发展水平较高国家和地区学习交流的力度，更好地提升自身发展水平；另一方面，向期货市场发展水平较低的"一带一路"国家和地区提供更多来华参会、研修等的交流机会，提升这些国家和地区期货市场的发展水平。以上两种方式有机结合，可以使"一带一路"国家和地区更好地认识中国期货市场。

期货市场国际化

促进民心相通和民气沟通

1. 民心相通和民气沟通

"国之交在于民相亲,民相亲在于心相通。"[①] 民心相通是"一带一路"倡议的重要内容,也是"一带一路"建设的人文基础。民心相通能够增进"一带一路"国家和地区民众的感情,推动"一带一路"国家和地区的经济合作。习近平总书记曾深刻地指出,"文明在开放中发展,民族在融合中共存"[②]。中国的"一带一路"倡议突出民心相通,强调各国和各文明之间互鉴互学,就是为共同打造开放、包容、均衡、普惠的新型合作架构重新凝聚民意基础和社会基础,以利于在更高层次上推进经济全球化和区域一体化,通过共建实现共赢和共享。

2. 期货市场是纽带

从文化沟通和融合发展的角度看,中国期货市场服务"一带一路"建设的过程,也是促进"一带一路"国家和地区民心相通和民气沟通的过程。一方面,加强对"一带一路"国家和地区期货市场的培育和支持,开展多种形式的人文交流,加深当地民众对中国期货市场的制度、规则和理念的理解,有助于他们理解中国的文化传统和风俗习惯。另一方面,在中国期货市场服务"一带一路"建设

[①] 习近平:《携手推进"一带一路"建设——在"一带一路"国际合作高峰论坛开幕式上的演讲》,载新华网,2017年5月14日。http://www.xinhuanet.com/politics/2017-05/14/c_1120969677.htm。

[②] 同上。

过程中,也要尊重"一带一路"国家和地区的文化传统和风俗习惯,相互包容。通过期货市场来推进"一带一路"建设,既能强化"一带一路"国家和地区对"中国价格"、中国元素和中国文化的认同,也能找到更好地开展合作的"同心圆"和利益共同点,最终达到民心相通的目的。

▶▶ 第五章

把握建立国际定价中心的历史机遇

在机遇期要有所作为

建立国际定价中心的有利条件

1. 定价基准是国际贸易的核心内容

国际贸易的关键在于分工格局和利益分配，所依赖的准则是价格如何确定以及由谁确定，国际定价中心的确立将为现货企业参与国际贸易、降低成本、增加利润、规避风险提供有力保障。在很多大宗商品和原材料的国际贸易中，贸易双方在签订买卖合同时，是在确定双方认可的基准价格后，根据一定的升贴水来确定商品的最终成交价格的。由于商品期货市场是公开、集中、连续交易的近似完全竞争的市场，能够反映真实的市场供需情况和市场预期，全球很多重要大宗商品和原材料的定价都参照期货市场价格。可以说，通过商品期货市场形成国际定价中心是中国企业规避风险的重要基

期货市场国际化

础，是中国商品期货市场在重要机遇期的历史任务，更是中国经济发展的必然要求。

2. 国际定价中心主要位于发达国家

目前，全球重要的大宗商品和原材料定价中心主要集中在发达国家。发达国家期货交易所的发展经验也印证了期货市场能够为实体经济提供定价话语权，在大宗商品的金融属性越来越强的情况下，这种影响更加明显（见表5.1）。

表5.1 全球主要的大宗商品定价中心

大宗商品类别	定价机制	基准机构
原油	以期货价格为主导	纽约商业交易所、洲际交易所
煤炭	参考期货价格	纽约商业交易所
农产品	参考期货价格	芝加哥期货交易所
大豆	以期货价格为基准	芝加哥期货交易所
铜	以期货价格为基准	伦敦金属交易所
铝	以期货价格为基准	伦敦金属交易所
铅、锌、镍	以期货价格主导	伦敦金属交易所
棉花	参考期货价格	纽约期货交易所
燃料油、铁矿石	参考期货价格	普氏能源资讯

资料来源：根据互联网资料整理。
注：普氏能源资讯为现货价格基准机构，其他为期货价格基准机构。

3. 商品的大规模进出是重要基础

发达国家的期货市场能够形成大宗商品国际定价中心，得益于多方面的支持：国家经济实力、高度集中的生产结构、金融机构对现货企业的资金支撑、文化和信仰等软实力的渗透、良好的国家安全状况对市场预期的稳定作用。

定价话语权实质上反映的是期货交易所背后的利益相关者所具有的制定国际规则、运作高端市场的能力和全球影响力。国际贸易定价规则、基准价格确定和国际贸易市场格局是定价话语权的主要组成部分。这就是说，要成为大宗商品国际定价中心，需要在国际贸易定价规则、基准价格确定和国际贸易市场格局三方面获得应有的主导权，而这三方面都基于大宗商品的大规模进出。发达国家期货市场的成功经验表明，商品的大规模进出是建立国际定价中心的重要前提（见图 5.1）。

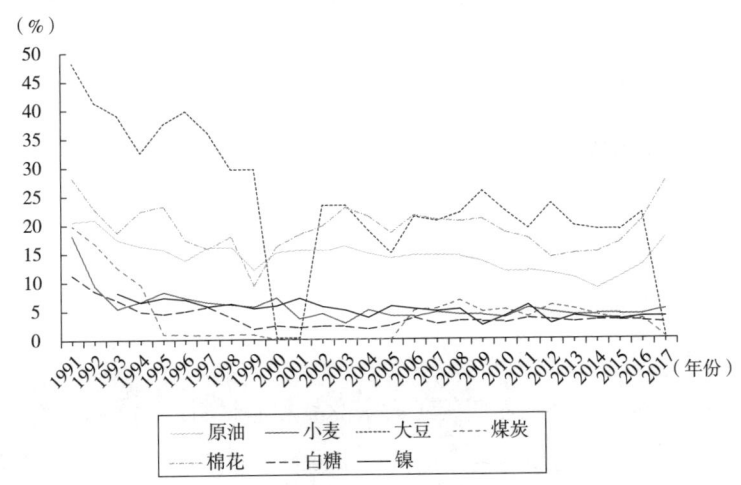

注：镍的贸易情况是英国的进出口总量占全球贸易总量的比重，其他品种的贸易情况是美国的进出口总量占全球贸易总量的比重。

图 5.1 发达国家建立大宗商品国际定价中心过程中的贸易情况

资料来源：UNCOMTRADE（联合国商品贸易统计数据库）。

中国市场对大宗商品需求旺盛

1. 中国在国际贸易中处于重要地位

中国经济的高速发展得益于劳动力成本优势和出口替代型的经济发展战略。在国际产业和贸易分工体系中，中国处于衔接技术先进国家和廉价生产要素国家的中间环节。一方面，中国与西方国家保持着进口技术、出口货物的传统经济往来。西方国家通过资本、技术等生产要素的输出，将大部分加工制造企业转移到中国。中国向西方国家输出高端中间品、制成品和生产性服务，使得贸易盈余和资本流入带来的外汇储备以债务和间接投资的形式回流至发达国家。另一方面，随着经济高速发展和工业化进程的不断推进，中国与资源丰富、工业化程度较低的亚非拉国家开展了经济合作，通过进口大宗商品和原材料、出口工业和消费制成品带动和扩展了当地市场。无论作为中间品进口国和出口国，还是最终消费品的进口国和出口国，中国在国际贸易格局中的地位都很突出。

2. 对大宗商品需求旺盛

中国的工业化进程使其对大宗商品和原材料产生了大量需求。中国对部分大宗商品的需求量已经超过了全球其他国家的总和，如钢铁、水泥、煤、铜、镍、铁矿石、原木、大豆等。同时，中国对其他农产品类大宗商品和原材料有着旺盛需求，如棉花、大米、玉米、稻谷（见表5.2）。

表 5.2 中国对主要大宗商品的需求占全球总需求的比重

单位：%

大宗商品	铁矿石	大豆	水泥	镍	煤	铜
中国需求占比	69.4	67	59	56	50	50
大宗商品	钢铁	原木	猪肉	铝	铅矿	棉花
中国需求占比	50	50	47	47	44.8	33
大宗商品	大米	橡胶	黄金	玉米	稻谷	原油
中国需求占比	31	28.7	27	23	14.1	14

资料来源：根据公开资料整理。
注：原油、铜、镍、猪肉、大豆、铁矿石、原木、稻谷、橡胶、铅矿为 2016 年的情况，其他大宗商品为 2017 年的情况。

3. 形成了大宗商品大进大出的局面

中国自产的大宗商品无法满足工业化和经济发展的旺盛需求，只能通过进口大宗商品加以解决。然后，中国企业将大宗商品生产成工业制成品并将其出口。

2018 年，中国继续大量进口原油、铁矿石、大豆等大宗商品。其中，原油进口量达到 4.62 亿吨，增长 10.1%，中国继续保持全球最大原油进口国的地位。成品油进口量达到 3 348 万吨，同比增长 13%。天然气进口量达到 9 039 万吨，同比增长 31.9%。铁矿石进口量达到 10.38 亿吨，占全球进口总量的近 70%。钢铁需求量占全球海运铁矿石出货量的 2/3，产量占全球供应量的 1/2。铜精矿进口量为 1 972 万吨，同比增长 13.7%，创下历史新高。大豆进口量为 8 803.1 万吨，进口依存度继续保持高位。中国的经济发展伴随着对大宗商品的旺盛需求，中国主要通过内部生产、外部贸易的方式来满足对这些大宗商品的需求，部分大宗商品进口依存度处于较高水平（见表 5.3）。

期货市场国际化

表 5.3 中国部分大宗商品 2018 年进口依存度

单位：%

大宗商品	棕榈油	大豆	铁矿石	铜精矿	原油
进口依存度	100	81.8	77.9	69.6	70.9
大宗商品	纸浆	乙二醇	天然橡胶	聚乙烯	天然气
进口依存度	25.6	58.6	75.9	46.9	45.3

资料来源：根据公开资料整理。

中国对大宗商品保持着旺盛需求，在进出口贸易方面体现为进口、出口总额的不断扩大。中国对全球进口总额已由 1998 年的 0.14 万亿美元上升至 2018 年的 2.14 万亿美元，增长了 14 倍多。中国对全球出口总额已由 1998 年的 0.18 万亿美元上升至 2018 年的 2.48 万亿美元，增长了 12 倍多。中国经济的高速发展促成了大宗商品大进大出的局面（见图 5.2）。

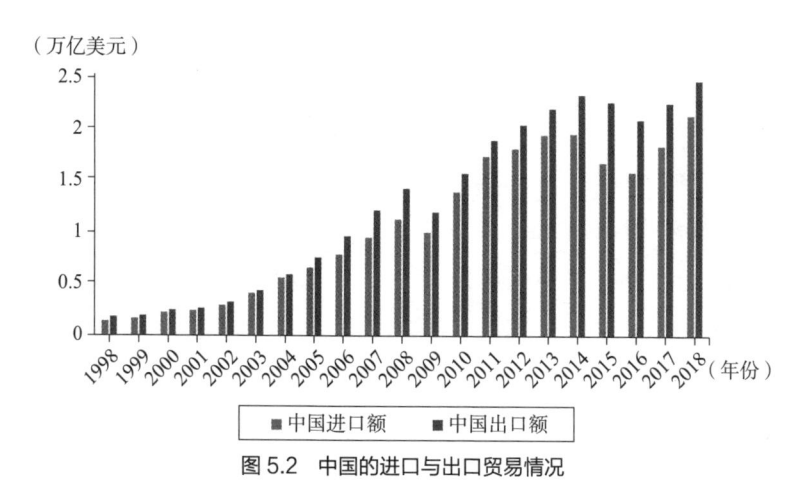

图 5.2 中国的进口与出口贸易情况

资料来源：UNCOMTRADE 和中国海关统计数据。

"一带一路"国家和地区与中国大宗商品贸易

1. 贸易模式

从中国与"一带一路"国家和地区的整体生产网络来看,中国的产业发展基本处于中游偏上水平。中国从这些国家和地区进口大宗商品和原材料,同时向这些国家和地区出口工业制成品和消费品,这是中国与这些国家和地区的贸易模式。而且,"一带一路"国家和地区各自都有具有相对优势的贸易品种,如俄罗斯、沙特阿拉伯、阿曼苏丹国、哈萨克斯坦、卡塔尔等国的能源,马来西亚、印度尼西亚的棕榈油,菲律宾的动植物油,印度的食物和动物,以及中东欧的工业制成品。因为中国具有相对优势的贸易品种是工业制成品,所以中国与中东欧、南欧国家的贸易联系较不紧密,而与其他"一带一路"国家和地区的贸易联系较为紧密。整体来看,中国与"一带一路"国家和地区的贸易处于顺差状态。

2. 贸易规模

在国际市场不景气、国际贸易规模持续萎缩的背景下,中国依然是世界上最大的货物进出口国,而且,"一带一路"国家和地区与中国的贸易规模不断扩大,贸易额占全球贸易总额的比重已经从2001年的16.5%上升至2018年的27.4%。未来,中国与"一带一路"国家和地区的经济合作将继续扩大,在劳动密集型和资本密集型产业方面,中国与工业化水平较低的国家和地区进行产能合作,将带动这些国家和地区的产业升级。同时,中国通过吸收发达国家的技术密集型产业,优化了自身的产业结构。而且,发达国家对发展中国家的原材料、初级产品的吸收能力下降，直接导致很多发展中国家转向中国市场。

3. 主要大宗商品贸易情况

表5.4对中国与"一带一路"国家和地区2017年度的主要大宗商品贸易情况进行了说明。可以看出，中国与"一带一路"国家和地区进行贸易的品种主要有原油、动力煤、天然橡胶、玉米淀粉、棕榈油、水稻、棉纱、甲醇、燃料油、天然气、螺纹钢、玻璃、焦炭、焦煤、白糖、乙二醇、镍、奶粉、纤维板等，其中棕榈油、甲醇、天然橡胶、水稻、棉纱、原油、燃料油、天然气等均超过各自全球贸易总量的2/3，个别品种几乎完全以中国为贸易对象。例如，"一带一路"国家和地区对中国的棕榈油贸易集中于马来西亚、印度尼西亚等国家，原油、燃料油贸易集中于俄罗斯、沙特阿拉伯、伊朗、伊拉克、阿曼苏丹国等国家，而棉纱贸易集中于越南、巴基斯坦、印度等国家。但是，中国与"一带一路"国家和地区的铁矿石、铝、锌、铅、黄金、白银等贸易的占比偏低，其主要原因在于这些资源的全球主产地尚未全部加入"一带一路"倡议。

表5.4 中国与"一带一路"国家和地区的主要大宗商品贸易情况

单位：吨，万吨，%

大宗商品	全球占比	贸易量	大宗商品	全球占比	贸易量
棕榈油	98.77	701.53	聚丙烯	57.94	766.04
甲醇	98.22	811.33	纤维板	57.29	635.69
水稻	97.28	504.73	锡	57.19	1.41
苹果	90.38	201.56	乙二醇	56.90	1 941.17
棉纱	89.08	211.51	奶粉	56.67	194.17

续表

大宗商品	全球占比	贸易量	大宗商品	全球占比	贸易量
鸡蛋	86.88	8.98	聚氯乙烯	55.67	129.29
硅铁	86.31	406.78	PTA	55.19	425.78
燃料油	85.69	7 058.28	焦煤	55.09	15 372.66
原油	85.46	36 261.41	镍	54.41	14.78
天然橡胶	84.67	702.55	热轧卷板	50.98	419.06
玉米淀粉	84.65	306.79	菜籽粕	49.31	230.70
锰硅	76.46	2 578.08	羊肉	47.42	21.73
线材	74.97	716.89	铅	47.37	8.56
天然气	74.24	6 801.35	铝	47.33	206.67
螺纹钢	73.70	1 462.16	锌	44.93	37.42
聚乙烯	70.95	1 568.37	纸浆	40.81	855.70
沥青	70.86	1 503.59	白银	36.77	144.17
红枣	70.42	263.63	黄金	36.00	700.22
玻璃	70.14	440.03	胶合板	33.09	1 033.59
牛肉	69.25	240.65	棉花	31.85	52.47
白糖	68.74	397.73	豆油	31.07	48.88
苯	67.25	2 662.88	菜籽油	26.26	46.23
苯乙烯	66.65	2 876.07	玉米	22.98	97.14
动力煤	65.65	35 545.20	豆粕	21.58	29.76
焦炭	61.37	1 468.02	小麦	18.98	98.63
铜	61.16	491.52	生猪	16.25	56.89
鸡肉	60.47	143.54	铁矿石	15.52	16 878.56
辣椒	59.89	275.04	油菜籽	3.79	18.02

资料来源：UNCOMTRADE。

注：除黄金的单位为吨外，其他大宗商品的单位为万吨。全球占比是指中国与"一带一路"国家和地区的单品种大宗商品贸易量占中国与全球该大宗商品贸易总量的比重，单位为%。表中所列数据的统计时间区间为2017年度。

4. 主要大宗商品进口情况

表5.5对中国与"一带一路"国家和地区2017年度的主要大宗商品进口情况进行了说明。可以看出,中国对重要大宗商品保持了大量进口的态势。水稻、棕榈油、甲醇、硅铁、红枣等的进口量占全球进口总量的90%以上,棉纱、燃料油、天然橡胶、原油、玉米淀粉、天然气、锰硅、沥青、苯、苹果、聚乙烯、动力煤、苯乙烯、豆粕、玻璃、铜等的进口量占全球进口总量的60%以上。有色金属中的铜、铝、铅、锌等,工业制成品中的PTA、线材、胶合板、黄金、铁矿石等,农产品中的大豆、鸡蛋、油菜籽、生猪、小麦、玉米、棉花、豆油、白糖、鸡肉等的进口量占全球进口总量的比重较小。但是,这并不意味着其绝对进口量较小,相反,部分大宗商品的进口量极大,如铁矿石、胶合板、铜、焦煤、焦炭、聚丙烯、大豆等。

表5.5 中国与"一带一路"国家和地区的大宗商品进口贸易情况

单位:吨,万吨,%

大宗商品	全球占比	进口量	大宗商品	全球占比	进口量
水稻	99.99	399.22	焦煤	55.29	14 981.15
棕榈油	99.40	697.53	白糖	54.51	145.70
甲醇	99.02	805.41	奶粉	51.31	82.41
红枣	92.25	186.02	铅	49.75	5.70
硅铁	91.39	378.14	铝	44.59	109.00
棉纱	88.52	175.58	锌	44.38	36.01
燃料油	88.45	2 665.10	鸡肉	43.32	16.11
天然橡胶	87.61	647.16	菜籽粕	41.15	49.85

续表

大宗商品	全球占比	进口量	大宗商品	全球占比	进口量
原油	85.79	35 987.37	纸浆	40.64	787.58
玉米淀粉	85.20	271.61	螺纹钢	39.18	53.98
苹果	77.11	26.26	纤维板	37.94	55.38
天然气	73.31	6 432.56	PTA	37.35	146.36
聚乙烯	71.60	1 382.39	锡	37.06	0.52
锰硅	71.08	1 539.79	线材	31.66	24.29
沥青	70.01	1 251.58	白银	31.23	4.79
苯乙烯	68.82	2 256.85	热轧卷板	30.88	133.44
牛肉	68.19	179.10	胶合板	27.71	698.54
苯	66.60	2 373.80	黄金	26.86	357.17
动力煤	65.65	17 772.60	棉花	23.74	28.08
玻璃	63.92	19.58	菜籽油	22.40	29.17
辣椒	62.15	9.15	豆油	21.58	18.06
豆粕	62.09	23.68	聚氯乙烯	18.75	20.71
铜	60.97	468.04	铁矿石	15.18	16 329.11
乙二醇	58.90	1 292.56	玉米	10.59	30.97
羊肉	58.39	15.61	小麦	10.26	45.97
镍	57.18	14.24	生猪	7.30	19.94
聚丙烯	56.64	692.56	油菜籽	3.79	18.01
焦炭	55.53	692.78	大豆	2.80	267.74

资料来源：UNCOMTRADE。

注：除黄金的单位为吨外，其他大宗商品的单位为万吨。全球占比是指中国与"一带一路"国家和地区的单品种大宗商品贸易量占中国与全球该大宗商品贸易总量的比重，单位为%。表中所列数据的统计时间区间为2017年度。

5. 主要大宗商品出口情况

表 5.6 对中国与"一带一路"国家和地区 2017 年度的主要大宗商品出口情况进行了说明。可以看出，与进口情况不同，中国大多数大宗商品的出口量较小，作为工业原材料的大宗商品表现得更明显，如铝、铅、镍等有色金属，棕榈油、豆油、羊肉、生猪、棉花等农产品。这从另一侧面说明了中国与"一带一路"国家和地区的产业互补性很强，中国的产业发展水平较高，能够提升后者的产业发展水平。

表 5.6 中国与"一带一路"国家和地区的主要大宗商品出口贸易情况

单位：吨，万吨，%

大宗商品	全球占比	出口量	大宗商品	全球占比	出口量
天然气	95.42	368.79	天然橡胶	60.83	55.39
苹果	92.77	175.29	纤维板	60.22	580.31
棉纱	91.94	35.94	辣椒	59.81	265.89
聚氯乙烯	89.14	108.58	苯乙烯	59.78	619.22
水稻	88.24	105.51	原油	56.38	274.04
鸡蛋	86.89	8.98	黄金	55.73	343.06
锰硅	86.12	1 038.29	胶合板	55.60	335.05
锡	84.13	8 871.56	乙二醇	53.29	648.61
燃料油	84.10	4 393.18	大豆	52.60	75.39
白糖	80.96	252.04	油菜籽	52.54	41.08
玉米淀粉	80.60	35.18	棉花	52.49	24.39
线材	78.75	692.60	菜籽粕	52.16	180.85
螺纹钢	76.28	1 408.18	铝	50.82	97.67
沥青	75.44	252.01	玉米	50.77	66.17
聚丙烯	73.94	73.49	硅铁	49.78	28.64

第五章 把握建立国际定价中心的历史机遇

续表

大宗商品	全球占比	出口量	大宗商品	全球占比	出口量
PTA	73.62	279.43	焦煤	48.41	391.50
小麦	73.48	52.66	生猪	48.14	36.95
热轧卷板	73.27	285.61	棕榈油	46.97	4.00
苯	73.10	289.08	甲醇	46.79	5.93
牛肉	72.52	61.55	铁矿石	46.66	549.46
玻璃	70.46	420.45	红枣	44.93	77.61
焦炭	67.72	775.25	铅	43.24	2.86
聚乙烯	66.49	185.98	纸浆	42.78	68.12
动力煤	65.65	17 772.60	豆油	41.84	30.82
锌	65.42	1.41	菜籽油	37.26	17.06
铜	65.22	23.47	白银	37.00	139.38
鸡肉	63.66	127.43	羊肉	32.04	6.11
奶粉	61.40	111.76	镍	23.88	0.54

资料来源：UNCOMTRADE。

注：除黄金、油菜籽、锡的单位为吨外，其他大宗商品的单位为万吨。全球占比是指中国与"一带一路"国家和地区的单品种大宗商品贸易量占中国与全球该大宗商品贸易总量的比重，单位为%。表中所列数据的统计时间区间为2017年度。

在当前的国际和国内形势下，"一带一路"国家和地区与中国的大宗商品贸易还有很大潜力。而且，当前的大宗商品贸易也会为将来的深入合作奠定基础。

把握难得的历史机遇

1. 处于建立国际定价中心的"窗口期"

中国是多种大宗商品和原材料的最大贸易国之一，但是却没有取得相应的国际定价中心地位，这使得中国的贸易规模与定价话语权不匹配，经济的发展要求中国期货市场在成为大宗商品国际定价中心方面有所作为。"一带一路"国家和地区拥有丰富的自然资源，在全球大宗商品贸易中占据着重要地位，也是中国重要的贸易对象。"一带一路"建设将涉及大规模的大宗商品贸易、基础设施投资，对有色金属、钢材、能源、化工等大宗商品需求旺盛。与此相适应，相关大宗商品资源的合作开发、投资、仓储、货物贸易和流通，以及相伴的资本流动、人员往来等将日益频繁，这客观上将激发"一带一路"国家和地区对价格发现和风险管理服务的巨大需求。根据发达国家的经验，中国正处于建立大宗商品国际定价中心的千载难逢的"窗口期"。

2. 对大宗商品的总需求增速放缓

目前，中国的工业化进程不断推进并逐渐进入后期阶段。[1]这意味着，中国经济发展的任务不再是扩大制造业规模，而是优化升级、做强做优。

这一变化的直接影响是，中国经济对大宗商品和原材料的总需求增速放缓。由于中国的大宗商品和原材料主要来自进口，这将导致大宗商品和原材料的进口增速放缓乃至规模不断萎缩。而且，随着中国经济增速由高速转向中高速，中国大宗商品进出口贸易的增速已经开始下降（见图 5.3）。

---

[1] 黄群慧、李芳芳等：《中国工业化进程报告（1995—2015）》，北京：社会科学文献出版社，2017 年。

图 5.3 中国的进出口贸易增速

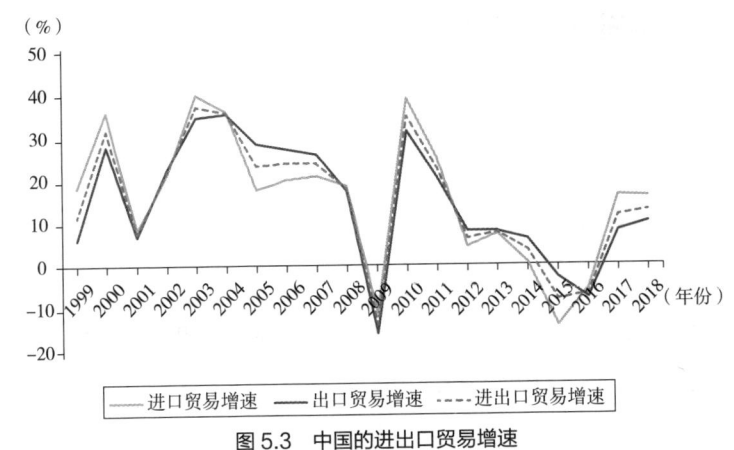

资料来源：UNCOMTRADE 和中国海关统计数据。

3. 加快建立国际定价中心

由于没有利用好工业化进程中大量进口大宗商品的有利时机，日本的期货市场没有成为大宗商品国际定价中心，这给中国提供了教训。造成日本商品期货市场衰败的一个重要原因便是政府缺乏引导，相关政策措施不合理，没有及时满足现实需要。

目前，中国期货市场的开放程度偏低，辐射力和国际影响力不足。中国期货市场应抓住"窗口期"，促进与"一带一路"国家和地区期货市场的互联互通，积极拓展与"一带一路"倡议密切相关的品种，增加合约类型、交割品种，贴近"一带一路"国家和地区的实情，满足不同地区、不同产业、不同客户的需求，积极稳妥地推进期货市场国际化进程。

期货市场国际化

现货市场发展的迫切需要

主要大宗商品贸易的新格局

1. 现货企业的国际化布局

随着中国经济规模的不断扩大和开放程度的提升，中国现货企业的国际化经营步伐也不断加快。中国与全球化智库基于中国企业2000—2016年2858个对外投资案例得出了如下结论：中国企业迎来了国际化经营的黄金时期，2015年的对外投资规模是2005年的13倍，国际化经营主体中民营企业过半，主要经营方式为跨国并购，绿地投资相对较少，主要目的是获得资源、技术、品牌和市场渠道，主要地区为亚太、欧洲和北美，主要行业包括制造业、房地产、信息技术、金融业。其中值得注意的是，在国家宽松金融政策的助力下，现货企业加快了全产业链的国际化布局，积极参与海外经贸区建设，投资规模不断扩大，单笔投资规模也不断扩大，使"一带一路"国家和地区成为投资热点。[①] 在中国上市的大宗商品期货明显具有以上特点，部分品种同时具备国际化的条件。

2. 能源企业的布局情况

中国的石油进口主要由三大石油公司垄断，这使得推动国际化布局的主体为国有企业。在"一带一路"倡议下，中国石油企业加

[①] 王耀辉、苗绿：《中国企业全球化报告（2016）》，北京：社科文献出版社，2016年，B1总报告部分。

快了在"一带一路"国家和地区布局的步伐：设立分支机构，并购和租赁海外炼油厂，围绕输油管道和天然气管道开展工程承包、石油勘探、石油开采、炼制、PTA 和甲醇等产品的相关贸易。

3. 金属与矿产资源企业的布局情况

与能源、农产品不同，开展金属类大宗商品贸易的中国现货企业的国际化布局相对分散。中国企业的铜矿山遍布"一带一路"国家和地区，在国外拥有一批世界级的矿产资源，采购、营销、流通网络遍布全球。它们在推进国际化经营的过程中，跟随国家战略，开辟了"一带一路"国家和地区的市场，如与哈萨克斯坦、乌兹别克斯坦开展合作，增强了从国外获取铜资源的能力。同时，中国企业通过设立境外子公司、分支机构和直接出口等方式扩大了与"一带一路"国家和地区的金属产品贸易。比较而言，现货企业对铁矿石产业链的布局没有铜全面，只涉及铁矿石的进口贸易，以及部分收购国外铁矿石企业。

4. 大宗农产品企业的布局情况

不同农产品适宜的生产场所有所不同，中国现货企业对农产品贸易的国际化布局更倾向于资源、气候导向。以大豆为例，由于近年来国产大豆种植面积变动较大，受玉米种植收益、进口大豆基本面以及国家政策等的影响比较明显，中国企业开始推进国际化经营，在海外进行大豆种植和贸易。中国部分企业利用俄罗斯远东地区与黑龙江土壤、气候条件相似，土地成本便宜的优势，开始在俄罗斯远东地区承包土地，用从中国进口的大豆种子进行种植，然后通过贸易商将大豆出口至中国。2015年是一个分水岭，中国从俄罗斯进口大豆的规模由之前的10万吨以下增加至2017年的60万吨，2018年超过了80万吨。而且，中国企业将继续加大在俄罗斯、哈萨克斯坦、乌克兰等地布局大豆产业的力度，扩大土地承包面积、进口规模、对加工厂的投资。将来，食品豆、蛋白豆、油豆都会成为重要的贸易品种，可以降低中国对美国大豆的依赖程度，优化中国大豆贸易的全球布局。

现货企业对天然橡胶、棕榈油的国际化布局与此类似，中国企业不仅覆盖了国内市场，还覆盖了泰国、马来西亚、印度尼西亚、老挝等东南亚国家的市场。中国企业以东南亚为主要市场，通过租赁当地种植园、建立研发机构、收购当地加工厂和仓储机构，在当地布局种植、研发、加工、物流和贸易等业务。同时，国外棕榈油企业参与中国市场的积极性较高，也通过设立子公司布局了加工、贸易业务。

中国企业需要中国定价基准

中国企业在进行海外投资、延伸产能的过程中，面临着经营风险扩大、定价机制缺失、规则缺失的问题。由于企业的经营和贸易决策主要依靠价格信号，中国定价基准的建立将有效缓解乃至彻底解决中国企业在海外布局相关产业时所面临的问题。

1. 能源企业需要中国定价基准

国际油价的大幅度波动，直接影响着原油企业的海外收益。目前，中东产油国都会根据不同的市场选择挂靠不同的基准价格，中国原油期货价格将为中东产油国提供定价基准。由于国内外原油期货合约差异较大，中国原油企业需要更加丰富的原油期货品种体系和更加完善的定价机制。同时，中国原油企业需要通过商品期货市场扩展"一带一路"国家和地区的交割区域，扩大中国定价基准的影响范围。

2. 金属与矿产资源企业需要中国定价基准

目前，中国企业在海外投资建厂、延伸产能和进行国际化布局所依赖的定价基准基本由国外商品期货市场提供，如铜的定价主要参考伦敦金属交易所的价格，这直接影响中国企业使用国内融资产品的资质和国际化经营的收益。同时，由于铜产业链上很多境内外的客户更倾向于依据当日、当月的结算价来定价，中国商品期货市场的铜期货合约的不连续性限制了中国定价基准在国际贸易中的影响力。由于中国铁矿石价格的影响力较弱，铁矿石现货企业在进行国际贸易时多作为卖方价格的接受者签订合同，该卖方价格又往往高于国内市场价格，这给企业增加了经营成本。而且，由于国内没有球团、块矿的期货品种，企业缺乏有效的定价基准和套期保值工具。

3. 大宗农产品企业需要中国定价基准

农产品类大宗商品的价格具有金融属性，容易受到投机资金的炒作，产生大幅波动。以大豆为例，非转基因大豆相对于转基因大豆的产量不断减少，但是其在保证食用方面的作用是转基因大豆无法替代的，而且其定价机制与转基因大豆有较大差别。在非转基因大豆的蛋白质含量日益重要的情况下，国家标准并未充分体现其价值。天然橡胶同样如此，2011年以来，天然橡胶的销售价格从最高的 5 900 美元 / 吨震荡下行至 2018 年的 1 300 美元 / 吨。天然橡胶现货企业需要中国商品期货市场充分发挥 20 号胶对价格的影响力，进而为企业提供中国定价基准，方便企业套期保值。由于国内外交易品种存在差异，国内棕榈油期货价格缺乏足够的影响力，棕榈油现货企业在进行国际化经营时必须接受国外厂商的较高价格。

现货企业的国际化经营创造了有利条件

1. 改变了全球大宗商品需求格局

现货企业的国际化经营推动形成了大宗商品市场的新格局，这是企业的市场行为，在改变全球大宗商品需求格局的同时，会影响全球大宗商品的生产格局。以大豆为例，美国在 2017 年向中国出口价值 140 亿美元的大豆，占其总产量的 2/3。随着中美贸易摩擦不断升温，中国对美国大豆加征关税后，美国大豆出口同比下降 30%。同时，由于每年供需缺口超过 9 000 万吨，中国积极调整了大豆进口结构，加大力度从巴西、阿根廷等国进口的同时，开拓了俄罗斯、乌兹别克斯坦等新的进口来源地。其中，得益于土地资源丰富、交通便利等优势，俄罗斯大豆产量在过去 7 年间增长了 10 多倍。在 2018 年的近 400 万吨大豆总产出中，俄罗斯对中国的出口量增至 80 万吨。

2. 为建立国际定价中心创造了有利条件

现货企业的国际化布局不仅改变了全球需求结构，也改变了全球的生产和进出口结构，其直接影响是，削弱了发达国家商品期货市场的现货贸易基础。新增的贸易对象主要是发展中国家，它们的商品期货市场发展相对滞后，这为中国商品期货市场建立国际定价中心创造了条件。加之现货企业对中国定价基准有需求，中国商品期货市场建立定价中心迫在眉睫。

开放国内市场刻不容缓

大宗商品国际定价机制发生了新变化

1. 全球大宗商品的主要定价机制

目前全球大宗商品的定价方式有很多种，其中较为常见的有两种：一是协议定价，即买卖双方通过谈判确定大宗商品的价格；二是期货市场定价机制，即买卖双方根据商品期货的价格确定大宗商品的价格，具体价格由期货价格经调整得到。实际上，即使双方通过谈判协商来确定价格，有时也会参考商品期货的价格。总体来看，对于存在对应的商品期货品种且商品期货品种已然成熟的大宗商品而言，其价格基本由商品期货市场决定，如原油、铜、铝、镍、大豆、天然橡胶等。对于没有对应的商品期货品种或商品期货品种尚未成熟的大宗商品而言，其价格主要由买卖双方在签订合同时通过谈判确定。

2. 期货价格将发挥越来越重要的作用

随着产业结构的调整，作为全球大宗商品重要来源地的"一带一路"国家和地区的地位和影响力将更加突出，中国与这些国家和

期货市场国际化

地区的大宗商品贸易量将继续增加。发展水平的提升、经济结构的调整和贸易流向的转移将对全球大宗商品定价机制产生冲击，使传统的大宗商品长协定价或谈判协商定价机制逐步瓦解。与此同时，新的定价机制正在形成，总体上呈现精细化、动态化、实时化的特征。随着全球商品期货品种的不断完善和成熟，特别是在大宗商品的金融属性日益明显的背景下，商品期货市场将在全球大宗商品定价中发挥重要作用。

3. 大宗商品定价逐渐采纳期货价格

原油、铁矿石、煤炭、大豆的定价机制的演变过程生动诠释了期货价格是如何逐渐成为大宗商品定价的参考、主导和基准的。

（1）原油的定价机制演变

二战结束后不久，由于西方财团几乎控制了全球石油勘探、开采、运输、提炼和销售的全过程，原油的定价话语权被西方跨国公司所掌握。随着20世纪60年代OPEC的成立，OPEC成员国通过收回油田主权，控制了生产、炼制和销售等整个产业链，由多种油价加权计算得到的原油价格逐渐成为官价。其后，随着国际原油贸易的发展，油价逐渐与长期合同、远期市场挂钩，这对OPEC的定价中心地位产生了冲击。特别是随着原油衍生品市场的兴起，原油逐渐进入依据期货价格进行定价的阶段，西方国家再次成为原油的定价中心。

（2）铁矿石、煤炭的定价机制演变

从2008年开始，铁矿石的定价机制由实行了数年的年度长协定价模式向季度长协定价模式转变，在中国企业与澳大利亚力拓集团、必和必拓公司等全球主要铁矿石供应商的谈判中，国外供应商不断打破"同涨幅"规则、"首发－跟风"模式，季度长协定价、月度长协定价、指数定价模式不断出现，这些模式所依赖的定价基准就是铁矿石的期货价格。

几乎与铁矿石同步，煤炭的定价机制也随着中国煤炭产量下降、进口量迅速增加、现货贸易权重提升，由长协定价向短期定价机制转变，期货市场价格发现功能的发挥将更加具有潜力。

（3）大豆的定价机制演变

20世纪60年代以前，国际大豆贸易大多采用"一口价"的定价模式，这使得贸易商、加工企业同时面临原材料价格上涨和产品销售价格下跌的双重风险。随着20世纪60年代国际大豆贸易量的扩大和期货市场的发展，大豆的生产商、贸易商转而采用基差定价模式。此时，使用最广泛的基准价格是芝加哥商业交易所的大豆期货价格。

类似的定价机制演变同样发生在其他大宗商品上，以期货价格为基准的定价模式取代传统的协议定价模式，已成为国际大宗商品定价机制演变的趋势。

全球大宗商品定价中心格局尚未完全确立

1. 定价话语权对国家经济安全至关重要

在以期货市场价格为基准的大宗商品定价体系中，买卖双方通过"期货价格＋升贴水"来确定交易价格，一方报出基差价格，另

期货市场国际化

一方在货物交收前约定的时间内选择期货价格,这使得买卖双方面临的价格波动风险都明显降低。可以看出,期货定价机制的核心是期货市场的价格水平。期货价格由于具有公允性、预期性、透明性,对买卖双方都相对公平,也为企业制定生产经营计划提供了稳定的基础,影响逐渐扩大。通俗地讲,这种被大多数企业所接受的期货价格便是定价话语权。定价话语权具有稳定微观企业经营和指导宏观经济分析的作用,对一国经济安全意义重大,因此,它便成为全球主要期货市场所在国家和地区争夺的重要目标。

2. 全球格局尚未完全确定

目前,全球主要的大宗商品定价中心几乎都被发达国家的期货市场所垄断。例如,国际原油价格一般以纽约商业交易所的 WTI 期货和洲际交易所的 Brent 原油为主导,铜、铝价格通常以伦敦金属交易所的期货价格为基准,铅、锌、镍价格则以伦敦金属交易所的期货价格为主导,棉花价格一般以纽约期货交易所的期货价格为参照,大豆价格主要以芝加哥期货交易所的期货价格为基准,洲际交易所对全球棉花、白糖和能源期货的价格有重要影响,芝加哥商业交易所则深刻影响着金融衍生品的价格。

可以看到,全球主要的大宗商品定价中心格局正在形成,并处于不断变化之中。而且,全球主要的商品期货交易所都有争当国际定价中心的强烈诉求,竞争非常激烈。从地理位置上看,在现有期货市场格局中,亚太地区和非洲尚未完全确立定价中心,这为中国这个全球第二大经济体的期货市场提供了良好的发展机会,中国可以通过提高期货市场的定价能力填补亚太地区和非洲的空白,在全球定价中心格局中争取相应的地位。同时,中国可以通过形成特定品种的国际定价能力，在激烈的竞争中迂回胜出，形成可复制、可推广的经验，带动其他商品期货品种全球定价能力的提升。

3."一带一路"建设创造了有利条件

值得注意的是，随着全球经济格局的改变，发达国家的相对优势逐渐减弱，中国的相对优势不断增强，这为中国期货市场的国际化提供了经济基础。同时，大宗商品国际贸易流向的转移和"一带一路"建设的推进，将改变国际贸易格局。中国与"一带一路"国家和地区的贸易量占全球贸易总量的比重不断提升，这会进一步弱化发达国家期货市场的优势地位，在一定程度上削弱它们的国际定价能力。另外，由于"一带一路"国家和地区的期货交易所的发展水平普遍较低，中国期货市场具有明显的优势，这也为中国期货市场建立定价中心进而提升中国定价基准在这些国家和地区的影响力创造了有利条件。经济实力、贸易格局、期货交易所竞争力的变化，都在向有利于中国期货市场的方面倾斜，这将深刻影响全球主要大宗商品定价中心格局。

在建立国际定价中心的重要机遇期要有所作为

1. 抓住机遇

中国期货市场需要在全球竞争中建立本土的定价中心，更好地服务实体经济、服务国家战略。全球大宗商品的传统定价体系面临着挑战，新的定价体系亟待建立，全球大宗商品定价中心格局尚未完全确立，这再次证实了中国期货市场正面临着建立全球定价中心的机遇期。但是，这种机遇在一定程度上对全球现有的商品期货市场是平等的，"一带一路"倡议和期货市场的既有基础为中国创造了有利条件，因此，中国需要在此期间有所作为。

2. 扩大开放

目前，中国期货市场处于对外开放的初级阶段，仅有原油、铁矿石、PTA、20号胶等期货品种引入了境外交易者。事实上，"开放"具有更丰富的含义，包括产品层面的结算价授权、交叉挂牌、跨市场挂牌，服务层面的跨境交易平台，资金层面的股权收购、出资共建，投资者层面的引入境外投资者等。在建立国际定价中心的重要机遇期和全球商品期货市场竞争越来越激烈的趋势中，中国期货市场的对外开放变得刻不容缓。

3. 找准突破口

中国期货市场建立国际定价中心的突破口主要在"一带一路"国家和地区。基于这一点，中国期货市场需要根据"一带一路"建设的推进情况，在六大经济走廊的框架下，配合原油、钢铁、有色金属、建材、农产品等领域的国际合作，通过寻找与贸易量较大的品种相关的区域，选取发展水平较高、契合度较高的期货市场进行合作。因地制宜、循序渐进，在平衡好风险和效率的基础上，在提升国内期货市场自身能力的基础上，将中国期货市场的先进经验、技术和规则推广至"一带一路"国家和地区，先提升国内期货市场价格在该区域的影响力，进而参与全球竞争，成为国际定价中心之一。

▶▶ 第六章

商品期货市场面临的困难和挑战

风险和问题

经济发展水平偏低

1. 发展基础薄弱

"一带一路"国家和地区的国土面积约占全球总面积的52%,人口约占全球总人口的61%,经济发展水平参差不齐,大多数国家和地区处于中低收入行列,仅少数国家和地区达到了发达国家水平,经济总量大约仅占全球的25%,出口总额占全球出口总额的30%。经济结构方面,农业占国民经济的比重为10%,且比重逐渐降低;工业所占比重较为稳定,为30%~35%;服务业所占比重55%~60%,近年来逐渐提升。与全球三大产业所占比重分别为4%、26%、70%的平均水平相比,这些国家和地区农业、工业所占比重偏高,服务业比重偏低。进出口贸易方面,这些国家和地区的出口大于进口,处于顺差状态,进出口总额占GDP的比重为

40%~50%。大多数"一带一路"国家和地区的消费占GDP的比重较大,这使得其投资水平较低,不利于经济的可持续发展。而且,这些国家和地区较低的经济发展水平可能无法为商品期货市场的发展提供足够的支持。

2. 基础设施建设滞后

"一带一路"国家和地区的基础设施建设滞后,制约了现货和期货市场的发展。以陆路运输中使用率最高的铁路为例,大多数"一带一路"国家和地区的铁路建设不足、覆盖面窄、设备陈旧、技术落后,不同国家和地区之间的铁路轨距存在差异,增加了运输成本。同样的问题也存在港口、公路和机场建设等方面。如印度交通基础设施落后,硬化公路不足一半,国家级高速公路仅占全国公路总里程的1.7%,铁路总里程虽然在全球名列前茅,但是设备陈旧,高速铁路建设尚处于起步阶段。东盟国家的交通领域的综合指数略低于世界平均水平,其中铁路建设尤为薄弱,如老挝2008年才开通铁路,柬埔寨仅有两条铁路且年久失修,阿拉伯联合酋长国的铁路建设刚刚起步,阿曼苏丹国至今没有铁路。

政治局势纷繁复杂

1. 政治形态复杂多样

政治形态的多样化给企业的国际化经营和国际合作带来了诸多风险。《中国企业全球化报告(2016)》指出,在2005—2014年发生的120起"走出去"失败案例中,有25%是政治原因导致的,其中17%是在运营过程中受到东道国政局动荡、领导人频繁更迭等因素的影响而遭受损失。"一带一路"国家和地区政治形态多样，既有社会主义国家，又有实行资本主义政党制度的西方国家，也有强势领导人掌权的转型期国家，还有权力分散和治理能力较弱的国家，更有诸多权力高度集中的君主政体国家。多样化的政治形态和参差不齐的治理能力，使得"一带一路"国家和地区呈现出政权更迭频繁、政局动荡不安、政策经常变动的态势。政治形态的多样化为中国与这些国家和地区在政治体制上相互借鉴、在模式上相互学习提供了有利条件，但也给经济合作带来了明显困扰：一是政治形态差异增加了相互认同的难度，如由于历史原因等，一些国家和地区对外来政治干涉、影响很敏感。二是政治形态差异导致法律、制度、规则等无法较好地对接。三是政治形态差异导致部分国家和地区对"一带一路"倡议抱有怀疑，如认为这是中国的"马歇尔计划"、中国版"新殖民主义"等，阻碍"一带一路"建设的推进。

2. 政局较为动荡

具体而言，东南亚地区政局动荡，一些国家的军方对政府影响较大，政权稳定性差。中亚地区的政治风险处于上升期，政治上结构性矛盾突出，未来反对派实力增强、冲击政府的可能性上升。中东地区局势持续动荡、社会矛盾错综复杂，历来是世界范围内矛盾冲突的多发地。巴以冲突导致军事活动不断、恐怖袭击时有发生，中东地区实现全面和平的希望很渺茫。政局变动、骚乱频发、恐怖袭击或武装冲突不断等不仅使国家和地区之间的持续合作变得不可能，也增加了企业国际化经营的风险，显著地降低了持续经营的预期。例如，西亚和北非地区拥有丰富的石油、矿产资源，中国企业

期货市场国际化

的投资主要集中在石油勘探、基础设施建设方面，由于当地政局不稳定，中国企业的直接投资范围一直很有限。

政策限制琐碎无序

"一带一路"国家和地区在对外经济合作方面设置了诸多政策限制，构成了企业国际化经营和商品期货市场合作的壁垒，下面以影响较大的用工、税收、外汇政策为例进行说明。

1. 用工政策存在诸多限制

"一带一路"国家和地区在用工政策方面进行了很多限制，包括最低劳动时间、最低工资标准、最低生活条件、本国员工最低雇佣比例等。例如，阿尔巴尼亚要求建筑行业本国员工与外国员工的比率为 5:1 至 7:1；埃及要求建筑行业的一般员工中本国员工比例不得低于 90%，中层员工中本地员工比例不得低于 75%；卡塔尔的相关法律规定，雇主必须在应结付日起 7 日内将员工工资汇至银行，按时支付劳动报酬，若雇主未及时支付劳动报酬，将被施以停发营业执照等行政处罚、监禁等刑事处罚，卡塔尔还在 2014 年通过决议，对劳动者的住宿条件和标准做了规定，鼓励企业按最高安全标准和卫生标准建设供劳动者居住的大型高端社区，保证劳动者享有高水平的工作、娱乐、休闲条件。另外，工会制度方面，"一带一路"国家和地区的相关制度与中国存在较大差异，诸多方面的标准相对较高。

2.税收政策缺乏稳定性

税收政策变动是重要问题。部分国家和地区虽然在企业开展经营活动初期规定了税收水平,但在企业经营状况较好时会随意改动期初规定的税收水平,不仅影响企业的经营布局,也提高了企业的经营成本。同时,"一带一路"国家和地区整体税收水平较高。中国与相关国家和地区虽然签订了双边税收协定,但是存在与当地税收优惠政策相冲突的情况,加上贸易保护主义的影响,部分税收优惠政策的落实困难重重。当前,"一带一路"国家和地区对跨境贸易征收高额关税,隐形的贸易壁垒客观上提高了企业开展经营活动的难度。另外,关税减免协定覆盖面窄。目前,中国与中亚各国尚未签署相关关税减免协定,导致中国油品出口到中亚地区比出口到欧亚关税同盟国家的价格还高,市场竞争力不强。

3.外汇政策限制自由兑换

目前,部分"一带一路"国家和地区尚未实现经常项目的自由兑换,对经常项目下的外汇兑换有限制,对资本项目的管制也普遍存在,有些国家甚至限制资本项目下的金融衍生品交易。例如,当企业通过购汇向境外转账时,越南要求企业提供越南央行认可的目的证明材料;哈萨克斯坦在外汇管理方面实行通报制,资本流动达到一定规模时,需要在该国央行进行登记,并且在办理进出口贸易的外汇业务时,达到一定规模的需要提供贸易证明;巴基斯坦央行对企业持有外币头寸的数量进行了限制。

4. 汇率波动幅度较大

企业国际化经营面临的主要问题之一是不同货币的价值换算和兑换问题。"一带一路"国家和地区的货币在国际范围内大多属于小币种，国际流通性差，汇率波动幅度较大，这会增加企业的经营风险，以及期货市场开放的难度。而且，在大多数情况下，企业面临这种问题时只能被动接受。例如，2008年国际金融危机爆发后，资本从新兴市场的撤离导致俄罗斯卢布、印度卢比出现大幅度贬值；2015年，哈萨克斯坦宣布取消对本国货币坚戈的汇率波动区间的规定，实现本币浮动，这导致坚戈一日之内贬值30%，引发了该国金融市场混乱。

文化多元，矛盾交织

1. 文化多元

"一带一路"国家和地区的历史、地理、民族和文化差异显著。其中，文化差异主要表现为语言差异，这里的语言多达1 000多种，仅官方语言就有60余种。历史上，文化的多元性显著地推动了区域内各个国家和地区间的交流，如中国儒家、道家思想在这些国家和地区的影响力逐渐增强，异域的佛教、景教、摩尼教也相继传入中国，影响了中国的文化；丝绸之路促进了中西文化交流，推动了贸易发展。但是，文化的多元性也制造了矛盾，在一些国家和地区，文化的对抗性和排斥性表现得尤为激烈，中东、中亚、东南亚等地区的民族分裂主义、国际恐怖主义和跨国犯罪活动的猖獗与这些国家和地区过于强调本土文化的独特性息息相关。

2. 文化差异带来了挑战

　　文化冲突为"一带一路"建设带来协调问题的同时，也对经济合作产生了影响。例如，伊斯兰国家通过伊斯兰教法，将禁息原则和现代世俗金融原则相调和，形成了以银行为主导并逐渐拓展到资本市场、以中东和东南亚为中心并逐渐发展至全球、政府和宗教协调监管的独特业务体系。根据霍夫斯泰德对"一带一路"国家和地区的文化评估的结果，文化差异带来的价值观差异十分明显，大多数国家和地区比中国更厌恶风险，对新鲜事物接纳程度较低，更强调个性主义文化和市场竞争。价值观的差异会导致经济观点不同，给中国与这些国家和地区的合作意愿和倾向带来挑战。

宗教信仰丰富多样

1. 宗教信仰差异显著

　　根据美国中央情报局的《世界概况》(*The World Factbook*)对各国宗教信仰状况的统计，在"一带一路"国家和地区中，有相同官方宗教的国家和地区的比例不到1/3。同时，这些国家和地区的宗教信仰集中度高，如沙特阿拉伯的国民几乎100%信仰伊斯兰教，中东地区、北非地区的伊斯兰教信徒占总人口的90%以上。而且，"一带一路"国家和地区的主流宗教信仰也存在明显差异，如中东欧以信仰基督教为主，西亚以信仰伊斯兰教为主，南亚以信仰佛教和印度教为主。

2. 宗教信仰差异给合作带来了风险

"一带一路"国家和地区分布着佛教、伊斯兰教、基督教和印度教等多种宗教体系，各种宗教体系所衍生出来的政治制度、社会文化和风俗习惯深刻地影响着社会、经济、文化、贸易，这些差异造成的教派冲突、地区战争、国家矛盾都给"一带一路"国家和地区的安全和稳定带来了严重威胁。而且，显著的宗教差异使得中国与这些国家和地区的经济合作面临着潜在风险。例如，印度和巴基斯坦的矛盾根本上仍然是宗教信仰的矛盾。甚至同一宗教体系下的不同教派之间也存在冲突，例如，伊朗、伊拉克的什叶派和逊尼派的博弈引发了国家间的战争。在文明冲突已经被泛化，特别是在一些大国为了争夺地缘政治优势而插手该地区事务的背景下，宗教隔阂已经对中国与"一带一路"国家和地区的经贸合作、文化交流造成了负面影响。

地缘关系风险丛生

1. 大国角逐的重要区域

"一带一路"国家和地区由于地理位置重要、资源丰富，历来是大国角逐的重要区域，再加上宗教、文化方面的因素，该区域动荡不安、冲突频发，如阿富汗、克什米尔地区、中东地区等。

2. 一些大国频繁采取行动

一些大国为了在"一带一路"国家和地区争夺地缘政治优势，

会采取经济制裁、政治威胁、军事打击等各种手段。例如，美国在2011年就提出"大中亚计划"和"新丝绸之路愿景"，旨在利用阿富汗的地理位置优势，保持美国在该区域的优势。日本在2004年就提出"中亚＋日本"的对话机制，旨在保持日本在中亚地区的影响力，保障自身的能源安全。2018年，英国、法国紧随美国的步伐，介入叙利亚化学武器袭击事件。最近几年，美国又提出了"印太战略"。从奥巴马政府到特朗普政府，美国实现了把海外驻军重点布置到亚洲，以及亚洲驻军占全球驻军60%的目标。地缘政治成为影响"一带一路"建设的重要因素之一。

政策方面的制约因素

大部分商品期货品种尚未对外开放

1. 品种对外开放是期货市场开放的重要内容

品种对外开放是期货市场对外开放的重要内容，也是商品期货市场服务"一带一路"建设的重要途径。商品期货市场的一大功能是提供大宗商品的价格信息，品种如不对外开放，境外交易者便无法进入相关期货市场，期货市场的信息将仅仅局限于国内市场。期货市场价格在无法反映国际市场信息的情况下，便不具有国际价值，不利于期货市场国际化。加快品种对外开放，有利于提升中国商品期货市场的国际定价话语权和影响力，进而不断增强商品期货市场服务"一带一路"建设的能力。

2. 对外开放的商品期货品种数量较少

目前，中国大部分商品期货品种尚未对外开放，这与中国商品期货市场的整体规模和国际地位不匹配，远远满足不了"一带一路"国家和地区因实体经济发展而产生的对风险管理的旺盛需求。在中国已上市的商品期货品种中，对外开放的品种仅有原油期货、铁矿石期货、PTA 期货、20 号天然橡胶期货 4 个，占比不足 8%。从长远看，对外开放的品种数量不足，将不利于推进商品期货市场服务"一带一路"建设的进程。

没有及时出台相关法律

1. 法律是期货市场健康发展的基础

期货市场本质上是法治化和国际化的市场，诸多问题的解决、期货市场的长远发展都离不开国家层面的法律法规。与期货市场相关的法律法规一般规定了政府、企业和其他市场主体的行为准则，能够有效降低交易成本、稳定市场主体的预期，为市场主体提供行为安排的基本框架、利益分配的基本准绳、解决矛盾的基本依据、损失赔偿的基本标准。发达国家的历史经验也表明，完善的法律体系是期货市场健康发展的基础。行业立法是行业走向成熟的重要标志和条件，也是行业持续发展的依据和保障。

2. 法律体系层级不高阻碍了期货市场发展

由于期货市场法律体系的层级不高，出现了诸多问题。例如，国际货币基金组织和世界银行两次对中国金融体系进行评估,都指出中国期货市场法律体系层级太低,没有期货法是风险源之一。目前中国场外衍生品市场也初具规模,但其所遵循的部分交易制度在法律上却是空白,甚至一些交易惯例与现行法律相冲突,如果得不到有效的监管,极易诱发系统性风险,亟须出台法律加以规范。同时,由于对跨境交易及其监管缺乏法律层面的安排,境外交易者参与期货交易的积极性不高。这在中国推进原油期货市场国际化进程中已经有所体现,由于缺少相关法律,境外机构对参与中国原油期货交易心存顾虑。国务院颁布的《期货交易管理条例》是一个行政法规,囿于效力层级,不能对期货交易涉及的民事法律关系进行调整,难以在期货交易中处理复杂的交易关系,特别是为解决纠纷提供充足的依据。近年来,"保险+期货"场外期权业务模式受到了市场的普遍欢迎,但是由于缺乏法律保障,无法得到全面推广。因此,有必要在法律上对期货市场的改革开放做好顶层设计,更好地服务国家战略和实体经济。

3. 当前法律体系无法满足发展的需要

推进期货市场发展,需要建立既符合中国发展实际,又与国际接轨的法律体系。具体而言,与期货市场国际化的要求相比,目前中国期货市场法律体系存在如下突出问题。

一是既有法律层次较低。目前,中国对期货市场进行监管的最高法律依据是《期货交易管理条例》,这属于较低层次的行政法规,而不是专门的法律。现行《期货交易管理条例》主要对包括场内商品、金融期货和期权标准化合约的场内期货交易进行规范,并未涉

期货市场国际化

及场外衍生品交易、中央对手方①的制度安排等。另外，目前已有的司法解释和规则都没有涉及在境外设立交割仓库等问题，不利于期货市场国际化。

二是立法进程明显滞后。中国期货法的立法工作始于第八届全国人大常委会的立法规划，后来也多次被列入全国人大常委会的立法规划，但因为受观念、时机等多种因素的影响，至今无突破性进展。与此同时，现行法律体系已经远远不能满足中国期货市场快速发展的需要。

三是认识有待提高。目前，相关主体对期货市场法律的开放程度认识不够：一方面，缺乏对境外交易所、境外经纪机构开展商业活动的具体规定，如对在中国境内招揽客户的限制，对境外交易所吸纳中国会员、境外经纪机构代理中国客户的规定。另一方面，中国期货交易所和期货公司在境外推广业务、为境外提供直接接入服务和结算业务时，面临着境外注册和监管问题，这对监管机构跨境协作提出了更高要求。中国的做法与国际期货市场的惯例不一致，将对商品期货市场的发展产生不利影响。

外汇市场的相关制度与现实需要不匹配

1. 实需原则的负面影响逐渐显现

中国的外汇交易遵循严格的实需原则。中国一直在稳步推进资本项目可兑换，由于当前在全国范围内尚难全面实现资本项目可兑

---

① 中央对手方是国际金融市场的一个标准概念，是评价一个市场的信用状况和风险管理能力的客观指标。国际证监会组织要求成员国就这一机制做出相应安排，并提出了关于中央对手方的国际准则，但我国期货市场法律中并无此概念。

第六章　商品期货市场面临的困难和挑战

换,遂通过在上海等地设立自由贸易试验区的形式来推进资本项目可兑换等金融机制体制改革。但受我国宏观环境和跨境资本流动形势的变化、开户地域限制以及初期成本考量等因素的影响,自由贸易账户目前更多的是在跨境结算和兑换业务方面发挥作用,而在金融账户开放以及资本项目可兑换方面仍有较大的发展空间。在资本项目尚未完全开放的背景下,境内人民币外汇交易必须遵循以单证审核为基础的实需原则,即所有外汇交易必须有真实、合规的贸易或者投融资背景。

严格的实需原则带来了负面影响。虽然基于实需原则的管理方式在不断优化,但从长远来看,随着中国经济的不断发展和对外经济交往的扩大,实需原则的一些负面影响也逐渐显现,[①]对企业参与"一带一路"建设产生了不利影响:一是不利于企业主动防范汇率风险。企业是受汇率波动影响最为直接的利益群体,严格的实需原则使境内企业难以根据汇率走势主动调整资产负债结构以规避汇率波动风险,从而无法成为价格形成过程中的主动参与者。这限制了人民币汇率反映市场信息的能力,对人民币均衡汇率的形成产生了一定的负面影响。二是不利于境内外汇市场规模的扩大。外汇市场的广度与深度对国际市场上人民币的被接受程度有重要影响,从长远来看,也与大宗商品定价中心的建立息息相关。但在实需原则下,境内外汇市场的扩张速度更多地与中国的外贸和跨境投资规模相关,制约了境内外汇市场的发展。反观境外市场,由于没有实需原则的约束,其发展不必完全取决于贸易和投资规模。三是不利于中国期货市场的开放与发展。中国正在稳步推进期货市场对外开放,在严格的实需原则约束下,境外交易者在汇兑、汇率风险对冲环节

[①] 管涛:《汇率的博弈:人民币与大国崛起》,北京:中信出版社,2018年。

要接受严格的审核。与直接在境外市场进行同类交易相比,参与中国市场的交易较不方便,这对期货市场的对外开放与纵深发展产生了一定的不利影响。

2. 外汇衍生品市场发展不充分、不平衡

外汇衍生品市场效率不高的问题逐渐显现。在对外开放过程中,汇率风险对冲等投资便利化措施逐渐成为境外交易者关注的焦点,也成为其是否选择中国市场的因素之一,这对中国外汇衍生品市场的效率提出了更高的要求。而且,以银行柜台为主的场外市场提供的汇率避险业务手续较烦琐、成本较高、灵活性较低。例如,市场主体进行银行柜台外汇衍生品交易的流程很烦琐。不同于期货市场采用保证金入市的方法,一般情况下,企业需要通过电话等形式向银行一对一询价,双方对价格进行谈判。企业与银行确定价格后,都需要准备一系列材料,且需要层层审核才能达成交易,整个流程较为烦琐,交易效率较低。这在一定程度上降低了境外交易者参与中国期货市场的积极性。

与此同时,境外人民币外汇市场已得到了一定发展。据统计,境外人民币外汇市场日均成交量远超境内市场。[①]从产品结构来看,目前全球已经有12家境外交易所先后推出了人民币外汇期货。产品结构较完备、竞争较充分的特点,或将大宗商品的流动性留在境外,不利于中国建立大宗商品定价中心。

目前的外汇衍生品市场无法充分满足企业的汇率避险需求。目

---

① BIS, "International banking and financial market developments," December 2016. https://www.bis.org/publ/qtrpdf/r_qt1612.pdf. 境外人民币外汇市场日均交易量达到1 470亿美元,远超境内人民币外汇市场日均成交量554亿美元的水平。

第六章　商品期货市场面临的困难和挑战

前，境内外汇衍生品市场不包括期货和场内期权市场，这无法充分满足企业参与"一带一路"建设的汇率避险需求。在参与"一带一路"建设的程度不断加深和人民币汇率波动幅度上升的情况下，企业面临的汇率风险敞口逐渐增大，汇率避险需求越来越旺盛。尽管银行已经提供了远期结售汇、外汇掉期、外汇期权等一系列衍生品，但企业在使用这些衍生品时，仍面临诸多问题。实际上，中小企业的业务规模较小，绝大多数较难获得汇率避险服务。由于中小型外贸企业规模较小，银行从业绩角度出发，不愿为其提供汇率避险服务。另外，汇率避险业务往往与融资业务联系在一起，银行通常会将所有业务进行打包。因此，大量中小型外贸企业很难获得银行提供的汇率避险服务，即使能获得，也需要付出较高成本。

外汇衍生品市场存在价格公平性问题。银行柜台的市场价格并不公开透明，企业与银行进行外汇衍生品综合交易的成本较高。由于市场竞争不够充分，企业在汇率避险询价时，很难知晓报价中银行额外收取的远期点（即银行的业务收益）。特别是在央行对办理远期售汇[①]业务的银行加收20%的风险准备金（自2018年8月6日起）后，银行会将冻结部分的资金成本转移给企业，进一步提高企业的避险成本。一些企业反映，办理3个月远期购汇的成本高达400~500个基点[②]，结汇方向成本高达100~200个基点。有些企业在境内进行套期保值的综合成本较香港市场高出35%左右。

3. 外汇等相关制度不够便利

[①] 此处是银行角度的售汇方向，即企业购汇方向。
[②] 1个基点相当于0.0001，450~500个基点相当于0.045~0.05的水平。举例来说，若企业有1 000万的美元敞口，450~500个基点将导致对冲的成本增加40~50万元人民币左右。

目前，境内期货市场的外汇等相关制度设计存在诸多不合理之处，主要表现为：一是境外交易者换汇成本较高。目前，从事境内特定期货品种交易的境外交易者如果选择美元作为盈利结算币种，则每日盈利（扣除手续费等交易费用）需要由代理其交易的会员兑换成美元。这导致境外交易者的换汇成本增加，一定程度上影响了其参与境内特定期货品种交易的意愿。二是境内外时差导致境外交易者资金占用成本高、追加保证金时效性差。由于境内外存在时差，为了避免被强行平仓的风险，境外交易者需要在 NRA 账户①上沉淀部分资金，这导致其资金占用成本较高。据统计，目前境外交易者的铁矿石期货日均持仓量不足3 000 手，但其期货结算账户中约有 5 亿元人民币。三是目前交易所保证金存管银行以中资商业银行为主。境外交易者普遍通过外资银行开立资金账户和开展资金往来业务，而与中资商业银行业务往来较少，这也成为制约境外交易者参与境内期货特定期货品种交易的原因之一。

人民币的接受程度较低

1. 人民币的国际化程度

推进商品期货市场服务"一带一路"建设，离不开人民币国际化的战略支撑。但目前人民币在"一带一路"国家和地区的被接纳程度还比较低，人民币的计价、结算、投资、融资、交易和国际储备等功能未能充分发挥。

以人民币的结算功能为例，根据中国人民银行的数据，2018 年

---

① 根据币种不同，NRA 账户包括境外机构境内外币账户和境外机构境内人民币账户。

中国与"一带一路"国家和地区[①]办理人民币跨境收付金额约2.1万亿元,仅占同期人民币跨境收付总额的13.2%。从地域分布来看,人民币跨境收付虽然在新加坡、韩国、越南、马来西亚等国家已占有一定比例,但在其他"一带一路"国家和地区仍具有拓展人民币跨境收付汇业务的广阔空间(见图6.1)。从长远来看,这可能会制约"一带一路"建设的广度和深度。

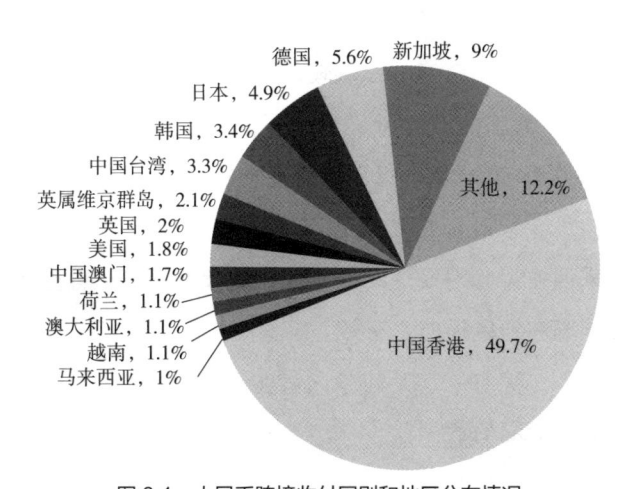

图6.1 人民币跨境收付国别和地区分布情况

资料来源:中国人民银行发布的《2018年人民币国际化报告》。

2. 制约人民币接受程度的主要问题

目前,制约人民币在"一带一路"国家和地区被接纳程度的主要问题包括:一是人民币跨境支付结算的基础设施有待完善。中国主要通过人民币清算行、人民币跨境支付系统等金融基础设施并行推进人民币跨境支付业务,而"一带一路"国家和地区金融市场发

[①] 此处不包含中国香港、中国台湾,所统计的国家和地区数量少于本研究的数量。

展滞后、资本管制严格、政治局势不稳定等因素制约了人民币清算行和人民币跨境支付系统。[①]二是"一带一路"国家和地区的商业银行缺乏人民币头寸的获得和平盘渠道。由于人民币在"一带一路"国家和地区的流动性较差,当地商业银行需要在中国香港等离岸中心完成人民币头寸的获得和平盘,而由于人民币在国际市场上的流动性和交易对手往往有限,平盘时间窗口可短至1~2小时。同时,境内市场的交易活跃度有待提升。三是"一带一路"国家和地区的机构配置人民币资产的比例较低。以银行间债券市场为例,截至 2018 年 7 月底,来自除港澳台地区的"一带一路"国家和地区的商业机构共有 60 余家,仅占境外商业机构总数的 19% 左右。这些商业机构主要来自新加坡、俄罗斯、阿拉伯联合酋长国、卡塔尔、泰国、马来西亚等相对发达的经济体,人民币资产的配置率在"一带一路"国家和地区还非常有限。

监管职责落实不到位

1. 现货交易平台快速发展

近年来,随着中国经济改革步伐的加快、现代信息技术和互联网金融的发展,各类大宗商品现货交易平台、供应链协同平台和综合服务平台呈爆发式增长。

[①] 《中国人民银行有关部门负责人谈近期中日金融领域相关成果》,载新华网,2018 年 5 月 11 日。http://www.xinhuanet.com/fortune/2018-05/11/c_1122819093.htm。民币业务清算行有 24 家,但只有 7 家位于"一带一路"国家和地区(不含中国港澳台地区),分别是中国工商银行新加坡分行、交通银行首尔分行、中国工商银行多哈分行、中国银行(马来西亚)有限公司、中国工商银行(泰国)有限公司、中国农业银行迪拜分行、中国工商银行(莫斯科)股份有限公司。

根据中国物流与采购联合会大宗商品交易市场流通分会的不完全统计，截至2018年年底，中国大宗商品电子类交易市场共计2 461个，同比增长25%，交易市场数量是10年前的近23倍，年均增速超过10%（见图6.2）。实物交易额超过30万亿元，加上传统的现货交易，总交易额高达70万亿元。大宗商品现货交易市场快速发展，极大地促进了现货产业的发展，为中国商品期货市场的进一步发展提供了重要支撑。

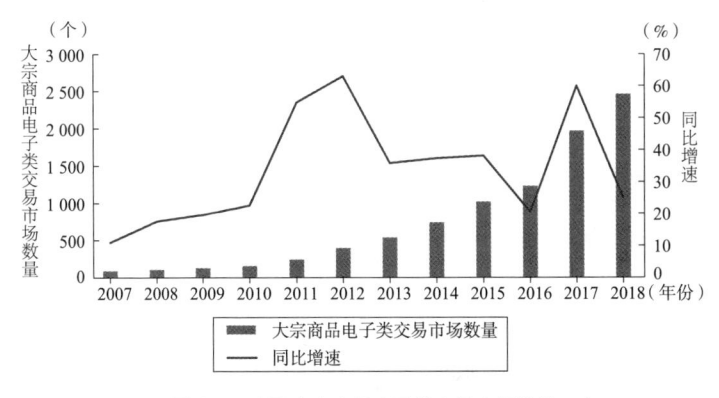

图6.2 中国大宗商品电子类交易市场数量

资料来源：中国物流与采购联合会大宗商品交易市场流通分会。
注：表中数据的统计时间区间为2007—2018年。

2. 监管不到位

同时也要看到，这些现货交易平台仍存在行业分布过于集中、管理运行不够规范、监管职责不够明确等突出问题，需要持续改进。

第一，行业分布过于集中，有较大潜在风险。从各类大宗商品电子类交易市场的行业分布看，农产品类市场数量仍居首位，约占全国市场总量的22.6%，同比增长33.1%；其余依次为金属类市场、化工品类市场、能源类市场，占比分别为11.5%、6.3%、

期货市场国际化

5.4%，同比增长分别为 2.2%、7.6%、4.8%（见表 6.1）。由于农产品、化工品、金属和能源均是大宗商品的重要门类，如果其现货交易市场分布过于集中，且缺乏相应的制度建设，可能会带来系统性风险。

表6.1 中国大宗商品电子类交易市场的行业分布

单位：个，%

行业	数量	占比	同比增长	行业	数量	全国占比	同比增长
农产品	555	22.6	33.1	畜牧禽	64	2.6	42.2
金属	284	11.5	2.2	酒类	40	1.6	2.6
化工品	156	6.3	7.6	鱼产品	33	1.3	19.0
能源	132	5.4	4.8	航运类	363	14.8	17.1
林木	85	3.5	44.1	其他	292	11.9	42.4
矿产品	56	2.3	3.7	综合类	401	16.3	50.8

资料来源：中国物流与采购联合会大宗商品交易市场流通分会。
注：表中数据的统计时间区间为 2018 年。数量的单位为个，其余均为 %。

第二，管理运行不够规范。搭建现货交易平台主要是为了促进现货尤其是大宗商品的快速流通，同时降低交易成本和提高交易效率。但由于法律体系建设滞后、监管不到位，目前违规炒作、过度投机等问题还时有发生，不少从事现货交易的平台借机开展期货等衍生品交易，严重违背了服务实体经济的根本宗旨，一定程度上加大了中国经济的系统性风险。

第三，监管职责不够明确。近年来，针对现货交易平台迅猛发展的势头，监管层对现货交易平台的清理和整顿在持续推进，但仍存在地方政府监管职责落实不到位等问题。目前，我国对现货交易平台进行监管的主要依据是国发〔2011〕38号文件[①]、国办发〔2012〕37号文件[②]以及各省人民政府出台的《交易场所监督管理办法》等地方性法规，这些法规明确了地方政府对现货交易平台的监管职责，但由于受多种因素影响，一些地方政府对现货交易平台的监管不到位，影响了大宗商品交易市场的稳定和健康发展。

开放融合过程中存在许多障碍

制度规则的融合与对接不充分

推进商品期货市场服务"一带一路"建设，离不开期货交易所的主体作用，这必然涉及境内期货交易所之间以及境内外期货交易所之间制度规则的融合、对接问题。目前，这一问题尚未得到有效解决，具体表现为以下两方面。

1. 境内期货交易所之间制度规则的融合不充分

目前，不同境内期货交易所在制度规则上仍存在较大差异，包括市场准入、保证金要求、组合套利、资金存管与清算、异常交易处理等方面。以资金清算为例，目前境内期货交易所的资金清算是

[①] 国务院：《国务院关于清理整顿各类交易场所切实防范金融风险的决定》，载中国政府网，2011年11月11日。http://www.gov.cn/zwgk/2011-11/24/content_2002092.htm.
[②] 国务院办公厅：《国务院办公厅关于清理整顿各类交易场所的实施意见》，载中国政府网，2012年7月12日。http://www.gov.cn/zwgk/2012-07/20/content_2187828.htm.

分开进行的，这为资金调拨尤其是外币流转增加了难度，同时抬高了在银行开立账户的成本和划转成本。今后，随着境内商品期货的国际化品种数量的增加，境外投资者和经纪机构既要面临境内外业务流程不同的挑战，又要面对境内外商品期货市场规则不同的现实，合规成本、交易成本和时间成本将持续增加。在巩固现行监管政策框架的基础上，如果能统一协调各期货交易所的技术设施和制度规则，将有利于吸引更多境外资本。

2. 境内外期货交易所之间制度规则的对接不充分

期货市场不但要引入境外交易者，而且要加快推进境内期货市场与国际接轨，这就要求我们必须处理好境内外期货交易所制度规则的对接问题。以中国和美国期货交易所的规则为例，两者大体上都可分为"章程"和"交易规则"两大部分，美国期货交易所的规则更细致、更明确、操作性更强，而中国期货交易所的规则则相对简单，原则性更强，在灵活性、操作性方面存在明显劣势。同样，中国与"一带一路"国家和地区的期货交易所面临着制度规则的差异与对接问题。因此，境内期货交易所也需要结合中国发展的实际，在开户、交易、交割、清算、技术、监管等多个方面，解决好与境外期货交易所对接的问题。

交易者范围和市场准入受到限制

通过引入境外交易者来促进期货市场对外开放，是推进期货市场服务"一带一路"建设的重要途径。由于中国期货市场目前还处于对外开放的起步阶段，各方面经验还不够，在交易者范围、市场准入等方面还存在一些问题。

1. 产业客户和机构投资者参与不充分

虽然目前中国规模以上企业有 50 多万家，但参与中国期货市场的产业客户仅有 2 万余个，大多数企业尚未直接参与期货市场。从机构投资者参与期货市场的情况看，截至 2018 年年底，中国期货市场共有有效客户 132.3 万个，其中个人客户达 128.3 万个，而产业客户为 3.9 万个，后者占比仅约 3%，远低于美国、日本和中国香港 80% 以上的水平。[1] 此外，私募基金、银行、社保养老基金等机构参与期货市场的程度还十分有限。产业客户和机构投资者参与不充分，导致中国期货市场投资者结构不合理、不完善，在一定程度上影响了期货市场的运行效率和质量。

2. 市场准入方面制约较多

境外客户参与境内期货交易的流程比较烦琐，境内外文化与投资者习惯差异较大。以开户为例，目前，境外投资者在国内开户并参与原油、铁矿石、PTA 期货交易还存在很多制约因素。首先，对境外投资者进行的知识测试难度较高。特别是不太了解中国期货市场的境外投资者，需要做大量准备才能通过测试，这影响了部分境外投资者的积极性。其次，境外经纪机构不能独立为境外投资者开户。由于境外目前没有登录中国期货保证金监控中心的专属线路，

---

[1] 中国证监会、中国期货业协会：《中国期货市场年鉴》，北京：中国财政经济出版社，2018 年。

期货市场国际化

最终境外经纪机构只能由期货公司会员代为办理开户。最后，要求境外投资者提交的材料较多，可能不符合国际惯例。就拿原油期货来说，中国对境外投资者的开户要求与国内投资者是一样的，[①]这可能并不适用于境外投资者。原油、铁矿石和PTA期货的境外交易者的开户渠道比较如表6.2所示[②]。

表6.2 原油、铁矿石和PTA期货的境外交易者开户渠道比较

开户渠道	原油期货	铁矿石期货	PTA期货
1	期货公司会员	期货公司会员	期货公司会员
2	境外特殊经纪交易者	境外经纪机构	境外经纪机构
3	境外中介机构	—	—
4	境外非经纪机构	—	—

资料来源：《上海国际能源交易中心期货交易者适当性管理细则》《上海国际能源交易中心境外特殊参与者管理细则》《大连商品交易所特定品种交易者适当性管理办法》《郑州商品交易所特定品种交易者适当性管理办法》。

---

① 具体包括：（1）资金要求。个人客户50万元或等值外币，产业客户100万元或等值外币。（2）交易记录要求。近3年内有10笔以上境内外期货成交记录或者累计10个交易日内有10笔以上境内期货仿真交易记录。（3）知识测试要求。产业客户的指定下单人和个人客户本人参加测试。（4）制度要求。产业客户需要建立相应的期货交易管理制度和信息通报制度。

② 对原油期货而言，境外特殊经纪交易者和国内期货公司均需要取得上海国际能源交易中心会员资格，境外中介机构要与国内期货公司会员建立二级代理或中间介绍业务，符合条件的境外非经纪机构可以直接取得上海国际能源交易中心的会员资格，成为境外特殊非经纪交易者，在能源中心直接入场交易。对铁矿石期货而言，客户通过境外经纪机构开户，境外经纪机构需要委托境内期货公司进行特定品种期货交易。对PTA期货而言，开户机构是指参与特定品种期货交易，评估交易者对期货的认知水平和风险承受能力，审慎选择适当的交易者参与特定品种期货交易，落实适当性制度的相关要求的期货公司会员和境外经纪机构。

对境外市场培育力度不够

为了推动期货市场"走出去",做好境外市场的培育工作尤为重要。近年来,随着中国对外开放的力度不断加大,境内期货市场抓住了机遇,在境外市场培育方面取得了明显进步,不过,仍然存在范围有限、力度不够等突出问题。

1. 对境外市场培育力度不够

中国期货交易所的市场培育工作主要集中在境内,对境外市场的培育力度明显不足。与银行、证券等金融业其他部门相比,中国期货行业对外开放的进程比较滞后。长期以来,中国期货市场的工作重心是为实体经济服务,相应的,其市场培育工作也集中在国内。近年来,随着原油、铁矿石、PTA、20号胶等特定期货品种引入境外交易者,期货交易所对境外市场的培育工作才得以逐渐展开。并且,这一工作主要通过中国香港而开展,渠道和范围比较有限。

2. 期货公司的境外机构过于集中

中国期货公司的境外机构过于集中。截至2018年年底,中国期货公司在境外共设立了20家子公司,但与同期全国149家期货公司的总数相比,境外子公司的数量仅占13.42%,境外市场培育工作有待进一步加强。并且,这20家境外子公司全部位于中国香港(其中17家子公司已开展业务),布局过于集中,辐射范围和影响力还十分有限。

期货市场国际化

跨境监管合作面临诸多制约

1. 监管重叠和监管冲突

东道国和母国都有适用本国法律对跨境主体进行监管的权力，这一定程度上会导致监管重叠和监管冲突。从实际情况来看，期货市场跨境监管要解决的核心问题之一是"长臂管辖权"[①]。例如，美国要求外国机构和跨境交易必须遵守美国法律，部分从事跨境衍生品交易的金融机构或非金融机构被要求在美国监管机构注册，在美国认可的中央对手方清算等，这会产生监管冲突等问题，需要双方监管机构进一步沟通协调。此外，由于缺乏统一的法律依据，境内监管机构在依法履职过程中，必要时需要通过境外监管机构进一步查验相关信息的真实性、准确性，但后者的配合程度和协作水平尚缺乏有效的法定约束，这导致跨境监管合作难度较大。

2. 跨境监管合作难度较大

同样的问题也可能出现在中国与"一带一路"国家和地区的跨境监管合作中。不少"一带一路"国家和地区不断改变现有法律法规和政策，并且其中很多国家和地区并非世界贸易组织成员，不受世界贸易组织相关国际贸易仲裁制度的约束，这使得争端解决及仲

---

① 长臂管辖权是美国以最低限度的接触点（联系）为理论基础形成的概念。如果被告有意地在法院地做出产生责任的行为，并有权依据法院地法律取得权利或利益时，法院就对由该行为引起的诉讼拥有管辖权。开始时，用于法院对人的管辖权可以及于本州以外的外州人，主要适用于交易行为和侵权行为；后来，不仅适用于美国各州之间的诉讼，也扩大到国际上，包括对外国国民的长臂管辖。世界上不少国家为自己的法院规定了程度不同的长臂管辖权，但都没有美国的"长臂"触及范围广。

裁裁决执行难度较大，跨境监管合作也面临较大困难。截至 2018 年年底，中国已同 63 个国家和地区的证券期货监管机构签署了监管合作谅解备忘录，但这种合作形式局限性较大。此外，跨境监管涉及多个部门联合执法，例如，在目前我国对资本项目实行管制的情况下，对跨境资金流动的监管就需要国家外汇管理局、中国证监会、交易所、银行以及期货经纪机构等主体共同努力，制定一套切实可行的方案。

▶▶ 第七章

商品期货市场的发展基础

境内市场持续发展的基础

中国于 1988 年开始研究和筹备建立商品期货市场，至今已走过了 30 多年。30 多年来，中国商品期货市场从无到有、由小到大，取得了显著成就，积累了丰富经验，形成了扩大开放、服务"一带一路"建设、维护国家经济安全的条件和基础。

品种体系日益健全

近年来，随着经济发展速度的持续加快，为满足实体经济不断增长的风险管理需要，中国商品期货品种的创新速度有了明显提升。截至 2019 年 6 月 30 日，中国已上市各类期货、期权等衍生品工具共计 65 个［包括 52 个商品期货、6 个金融期货、6 个商品期权和 1 个 ETF（交易型开放式指数基金）期权］，较 2010 年增长了 1.3 倍（见表 7.1）。并且，品种体系基本覆盖了能源、农产品、化工、金属、建材、冶金等国民经济的重要领域和关键部门（见表 7.2）。

期货市场国际化

表7.1 中国上市的期货品种和衍生品工具数量

单位：个

年份	2010	2011	2012	2013	2014	2015	2016	2017	2018	2019
数量	28	28	31	40	46	51	51	55	60	65

资料来源：中大研究院、上期所、郑商所、大商所官网。

注：上表包含在中金所上市的金融期货产品：沪深300股指、中证500股指、上证50股指、2年期国债、5年期国债和10年期国债，以及上证50ETF期权。表中数据的截止日期为2019年6月30日。

表7.2 中国商品期货交易所上市品种情况

单位：个

交易所	商品期货	期权	合计
上期所	铜、铝、锌、铅、镍、锡、黄金、白银、螺纹钢、线材、热轧卷板、燃料油、沥青、天然橡胶、原油、纸浆	铜、天然橡胶	18
郑商所	强筋小麦、普通小麦、棉花、白糖、菜籽油、早籼稻、油菜籽、菜籽粕、粳稻、晚籼稻、棉纱、苹果、红枣、PTA、甲醇、玻璃、动力煤、硅铁、锰硅	白糖、棉花	21
大商所	玉米、玉米淀粉、黄大豆1号、黄大豆2号、豆粕、豆油、棕榈油、纤维板、胶合板、鸡蛋、聚乙烯、聚氯乙烯、聚丙烯、焦炭、焦煤、铁矿石、乙二醇	豆粕、玉米	19

资料来源：上期所、郑商所、大商所官网。

注：表中数据的截止日期为2019年6月30日。

市场规模不断扩大

随着中国期货品种上市速度的加快，以及经济活动对期货交易需求的增加，相应市场规模不断扩大。2001—2018 年，中国期货市场的成交量从 1.21 亿手增加至 30.29 亿手，增长了 24 倍，年均增长率为 2.57%；成交额从 3.02 万亿元增长到 210.82 万亿元，增长近了 69 倍，年均增长率达 8.97%（见图 7.1）。2018 年，中国商品期货期权市场累计成交量为 1 830.88 万手，累计成交额为 210.17 亿元，分别同比增长 257.03% 和 449.58%。

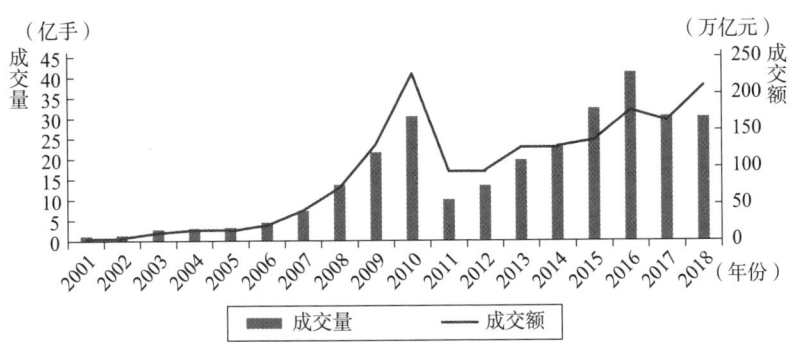

图 7.1　中国商品期货市场的发展情况

资料来源：中国期货业协会。

国际地位稳居前列

1. 交易量在全球占重要地位

2018 年，中国继续在全球期货市场中占据重要地位。中国商品期货市场累计成交量为 29.83 亿手，同比下降 2.07%；累计成交额为 184.68 万亿元，同比增长 13.09%。根据 2018 年美国期货业协会对全球 53 家期货交易所成交量的统计和排名，上期所排名第 10，大商所排名第 12，郑商所排名第 13（见表 7.3）。

期货市场国际化

表7.3 2018年全球主要期货交易所成交量排名

单位：亿手（单边），%

排名	交易所	2018年成交量	2017年成交量	增长率
1	芝加哥商业交易所集团	48.45	40.89	18.48
2	印度国家证券交易所	37.90	24.65	53.74
3	巴西B3交易所	25.74	18.09	42.26
4	洲际交易所	24.74	21.25	16.41
5	芝加哥期权交易所集团	20.51	18.10	13.30
6	欧洲期货交易所	19.52	16.76	16.46
7	纳斯达克	18.95	16.77	13.01
8	莫斯科交易所	15.00	15.85	-5.32
9	韩国交易所	14.08	10.15	38.70
10	上期所	12.02	13.64	-11.90
11	印度孟买证券交易所	10.33	6.09	69.51
12	大商所	9.82	11.01	-10.84
13	郑商所	8.18	5.86	39.57
14	香港交易所	4.81	3.72	29.23
15	迈阿密国际证券交易所	4.21	2.32	81.43
16	日本交易所	3.88	3.22	20.44
17	台湾期货交易所	3.08	2.66	15.95
18	澳大利亚证券交易所	2.48	2.48	-0.18
19	土耳其伊斯坦布尔证券交易所	2.36	1.46	61.78
20	印度多种商品交易所	2.30	1.99	15.97

资料来源：美国期货业协会报告。

2. 多个品种的成交量名列前茅

就品种而言，农产品、金属和能源类期货的成交比较活跃。根据美国期货业协会 2018 年的统计数据，在全球农产品合约成交量排名前 20 的期货交易所中，来自中国期货交易所的占 65%。其中，豆粕合约在 2018 年是全球成交量最大的农产品合约，成交量高达 2.38 亿手；苹果期货、玉米期货、白糖期货和天然橡胶期货的成交量排名分别为第 3、5、6、7。2018 年，螺纹钢期货以 5.31 亿手的成交量位列第 1 名，铁矿石期货成交量达 2.36 亿手，位列第 2 名，镍和锌期货分别位列第 3 名和第 4 名。石油沥青期货、焦炭期货以及动力煤期货等的成交量也均跃居前 15 名之内。从单家交易所的情况看，大商所共有 10 个品种跻身前 20 名，而上期所有 11 个品种，郑商所有 8 个品种（见表 7.4）。

表 7.4　2018 年成交量排名前 20 的农产品、金属、能源类期货合约

单位：亿手（单边）

排名	农产品	成交量	金属	成交量	能源	成交量
1	豆粕期货，大商所	2.38	螺纹钢期货，上期所	5.31	Brent 原油期货，莫斯科交易所	4.41
2	菜籽粕期货，郑商所	1.04	铁矿石期货，大商所	2.36	WTI 轻质原油期货，纽约商业交易所	3.07
3	苹果期货，郑商所	1.00	镍期货，上期所	1.15	Brent 原油期货，ICE 欧洲期货交易所	2.35
4	玉米期货，芝加哥期货交易所	0.97	锌期货，上期所	0.92	亨利港天然气期货，纽约商业交易所	1.14
5	玉米期货，大商所	0.67	热轧卷板期货，上期所	0.87	汽油期货，ICE 欧洲期货交易所	0.83

续表

排名	农产品	成交量	金属	成交量	能源	成交量
6	白糖期货，郑商所	0.64	黄金期货，纽约商业交易所	0.80	原油迷你期货，印度多种商品交易所	0.70
7	天然橡胶期货，上期所	0.62	铝期货，伦敦金属交易所	0.66	石油沥青期货，上期所	0.70
8	大豆期货，芝加哥期货交易所	0.59	铜期货，上期所	0.51	焦炭期货，大商所	0.69
9	1号棉花期货，郑商所	0.59	铝期货，上期所	0.47	WTI轻质原油期货，ICE欧洲期货交易所	0.57
10	豆油期货，大商所	0.54	白银期货，上期所	0.42	RBOB汽油实物期货，纽约商业交易所	0.50
11	棕榈油期货，大商所	0.44	A级铜期货，伦敦金属交易所	0.39	动力煤期货，郑商所	0.49
12	11号糖期货，ICE美国期货交易所	0.37	特等锌期货，伦敦金属交易所	0.33	焦煤期货，大商所	0.46
13	芝加哥软红冬小麦期货，芝加哥期货交易所	0.37	铜期货，纽约商业交易所	0.33	纽约港超低硫柴油期货，纽约商业交易所	0.46
14	菜籽油期货，郑商所	0.35	SPDR黄金股票ETF期权	0.28	原油期权，纽约商业交易所	0.45
15	豆粕期货，芝加哥期货交易所	0.32	原镍期货，伦敦金属交易所	0.24	燃料油期货，上期所	0.39
16	豆油期货，芝加哥期货交易所	0.31	白银（5 000盎司）期货，纽约商业交易所	0.24	原油期货，印度多种商品交易所	0.37
17	玉米期权，芝加哥期货交易所	0.26	硅铁期货，郑商所	0.22	美国石油基金ETF期权	0.36
18	黄大豆2号期货，大商所	0.24	黄金期货，伊斯坦布尔证券交易所	0.19	中质含硫原油期货，上海国际能源交易中心	0.27
19	玉米淀粉期货，大商所	0.23	锰硅期货，郑商所	0.19	原油期权，ICE欧洲期货交易所	0.25

续表

排名	农产品	成交量	金属	成交量	能源	成交量
20	黄大豆1号期货，大商所	0.22	黄金期货，上期所	0.16	天然气（欧式）期权，纽约商业交易所	0.23

资料来源：美国期货业协会报告。

注：SPDR=标普存托凭证，RBOB 汽油＝氧化混调型精制汽油。盎司，英制重量计量单位，1 盎司=28.3495 克。

主体结构持续改善

近年来，我国期货市场的客户参与度持续上升，机构投资者逐渐成为重要的参与者。截至 2018 年年底，全市场有效客户约为 132.3 万个，同比增长 3.59%，并且保持了 2015 年以来持续增长的态势。其中，有效单位客户约为 3.92 万个，占比 2.96%，较 2015 年提高了 0.04 个百分点；有效个人客户约为 128.3 万个，占比 97.04%，较 2017 年提高了 0.1 个百分点（见表 7.5）。此外，在我国商品期货市场中，专业机构和产业客户的持仓比例发生了显著变化，机构持仓比例高达 40%~60%，与 10 多年前相比发生了翻天覆地的变化，这说明参与期货套期保值交易的客户在不断增加。

表 7.5 中国期货市场有效客户数

单位：个，%

类型	指标	2015 年	2016 年	2017 年	2018 年
有效单位客户	数量	31 413	35 771	39 111	39 208
	占比	2.92	3.02	3.06	2.96
有效个人客户	数量	1 046 190	1 150 649	1 238 117	1 283 397
	占比	97.08	96.98	96.94	97.04
有效客户	数量	1 077 603	1 186 420	1 277 228	1 322 605

资料来源：2015—2018 年《中国期货市场年鉴》。

期货市场国际化

运行质量稳步提升

随着制度规则的不断完善，上市期货品种的行业覆盖面和数量不断增加，参与套期保值的产业客户持续增加，中国商品期货市场的运行效率和质量稳步提升。一是市场成交较为活跃。尽管2018年期货市场成交量较2017年有所下降，但全年日均成交量为1 246.45万手，其中商品期货日均成交为1 235.25万手，占日均成交量的99.1%。成交比较活跃的前5个品种为螺纹钢、豆粕、铁矿石、PTA、甲醇，成交量排名前20的品种占市场总成交量的80.79%。二是成交持仓比总体适中。2018年12月，国内三家商品期货交易所上市的期货、期权品种月日均成交持仓比为111%，年日均成交持仓比为271%。三是总持仓量区间震荡。尽管2018年期货市场的持仓量（单边计算）较2017年有所下降，但全市场日均持仓量为1 403.82万手，其中商品期货日均持仓量为1 383.92万手。

市场功能有效发挥

1. 价格发现功能

经过30多年的发展，中国期货交易所产生的"上海价格""郑州价格""大连价格"已汇聚成全球公认的"中国价格"，后者已成为诸多行业的价格"风向标"。越来越多的企业参照期货价格进行定价，期货市场服务实体经济的作用越发显著。

对于有价格发现需求的企业而言，期货市场通过点价交易、基差交易等，有效发挥了对现货价格的定价基准作用，也大大降低了企业的现货交易成本。例如，上期所已经成为全球第一大黑色金属期货市场和第二大有色金属期货市场，与境内现货市场、境外同类市场的相关系数均超过0.97。又如，郑商所的PTA期货是全球独有的商品期货品种，连同棉花期货、棉纱期货被誉为全球纺织企业避险"三剑客"，期现货相关系数达到0.99。目前，越来越多的中国相关企业在积极利用期货价格信号来指导生产经营活动，不少品种如铜、铝、锌、铅、豆油、豆粕、棕榈油、PTA等期货的价格已成为相关产业的定价基准。再如，大商所多年来保持着全球最大的油脂、塑料、煤炭、铁矿石期货交易所的地位，在国内油脂油料行业中，高达70%的豆粕和棕榈油、40%的豆油现货交易依照大商所的价格进行基差定价。

2. 风险管理功能

随着中国商品期货市场风险管理功能的逐步发挥，越来越多的企业通过期货市场来管理风险。有风险管理需求的企业，可以通过期货市场进行套期保值，有效锁定成本和利润，不断提升核心竞争力。

据不完全统计，中国已有近100家钢铁和焦炭、焦煤企业，以及500多家铁矿石贸易商参与了螺纹钢、铁矿石、焦炭、焦煤等期货交易，超过90%的PTA企业和80%的PET企业参与了PTA期货交易，85%以上的棕榈油进口企业参与了棕榈油期货交易，90%以上日压榨能力在1 000吨以上的油脂油料企业参与了油脂油料期货的套期保值交易，50%的全国30强饲料企业集团参与了豆粕、玉米等期货的交易[①]。在全球500强企业中，94%的企业都积极利用期货市场来管理风险。例如，在2008年国际金融危机中，90%以

---

① 李正强：《期货市场服务供给侧改革》，载《中国金融》2017年第4期。

上的有色金属企业都参与了期货交易，10多年来利润累计增长了近8倍。此外，企业通过仓单质押、合作套保等业务，有效地拓宽了融资渠道；同时，企业还通过利用期货市场进行目标库存管理，减少了运输、仓储和交易等环节的资金成本[①]。

开放格局不断显现

目前，中国期货市场的开放格局正不断显现，主要表现为：一是特定期货品种的交易不断引入境外交易者。2018年，中国原油、铁矿石、PTA等期货品种的交易先后引入了境外交易者，开启了中国期货市场的"国际化元年"。2019年8月12日，20号胶期货在上海国际能源交易中心挂牌交易，成为继原油、铁矿石、PTA期货之后的第四个对外开放的期货品种。二是开展保税交割试点。上期所在上海洋山保税港区，以铜、铝为试点品种开展了期货保税交割试点，并在中国（上海）自由贸易试验区开展了原油期货保税交割业务。大商所于2014年4月正式开展了期货保税交割业务试点，并于同年8月在天津东疆保税港区顺利完成了20吨线性低密度聚乙烯的期货保税仓单注册，完成了首次保税交割[②]。郑商所于2016年年初发布了相关实施细则，并于同年4月起在张家港保税港区开展了甲醇期货保税交割业务试点。三是开展灵活多样的对外合作。我国支持各期货交易所结合自身特点和优势，在股权、产品、业务等方面，与境外交易所，尤其是"一带一路"国家和地区的交易所

[①] 王姣：《期现协作 奏响服务实体经济华美乐章》，2018年5月18日《中国证券报》。https://finance.sina.com.cn/money/future/fmnews/2018-05-18/doc-iharvfhv0267287.shtm。

[②] 此外，大商所还在大连保税监管场所开展了铁矿石期货保税交割业务。

开展合作。目前，中国三家商品期货交易所均在新加坡设立了代表处，境内期货公司已在境外设立了 20 家子公司。

境内市场扩大开放的条件

中国商品期货市场 30 多年来取得的成就，为扩大开放、服务"一带一路"建设和维护国家经济安全奠定了重要基础，创造了各种条件。

积累了服务实体经济的经验

1. 服务实体经济

期货市场根植于实体经济，因此，服务实体经济是其天职和根本宗旨。自建立之日起，中国商品期货市场始终坚持服务实体经济的根本宗旨，积累了一定的经验，在促进产业转型升级、服务乡村振兴战略、促进期现融合方面发挥了重要作用。

2. 促进产业升级

品种是期货交易所发挥作用的核心载体，也是期货市场服务实体经济的主要途径。中国期货交易所在每个品种的研发、合约标的和交割品的标准设计方面，严格遵循国家相关产业政策，有力推动了淘汰低端产品和升级中高端产品的进程。同时，中国期货交易所坚持做精、做细、做深、做实上市品种，推动了实体经济发展。例如，近年来，为配合国家供给侧结构性改革，上期所对燃料油期货合约和线材期货合约进行了修改，通过调整交割品级来引导高标准原材料进入实体经济；郑商所调整了玻璃、铁合金和PTA期货的交割标准，为现货市场树立了标杆；大商所通过积极调整铁矿石和焦煤期货的合约质量标准，引导现货市场进口品质更高的铁矿石，引导优质焦煤进入期货市场。

3. 促进期现融合

实物交割是连接期货市场与现货市场的纽带，是确保期货价格向现货价格回归的关键，也是期货市场服务实体经济的重要体现。为此，期货交易所在传统的实物交割基础上，进一步创新了交割方式，推动了期现融合。例如，豆粕、豆油、棕榈油、菜粕、粳稻、沥青、螺纹钢等品种均采用了"仓库仓单+厂库仓单"的复合式交割方式；鸡蛋、普通小麦、油菜籽、动力煤等品种则采用了"车（船）板+实物（厂库仓单）"的交割方式。此外，集团交割等特色交割方式也开始在各期货交易所被采用，逐步满足了实体企业的个性化交割需求。

4. 推出"保险+期货"模式

在服务乡村振兴战略方面，商品期货市场开展试点并推广了"保险+期货"模式。商品期货与农村经济有着天然的联系，商品期货市场是促进乡村振兴的重要主体。在目前中国已上市的商品期货品种中，农产品达23个，占总品种数的40%。自2015年以来，"保险+期货"试点工作连续五年被写入中央一号文件。中国三家商品期货交易所相继启动并持续扩大"保险+期货"试点。目前，上期所推动开展了天然橡胶"保险+期货"试点项目23个，覆盖云南、海南的14个区县近40万亩天然橡胶种植园；郑商所推动开展了白糖、棉花"保险+期货"试点项目24个，覆盖河北、云南等5个省，涉及农户约1.9万户；大商所推动开展了32个"保险+期货"试点项目，覆盖黑龙江、吉林等7个省。"保险+期货"试点的扩大，既规避了区域内农产品价格波动的风险，又增加了农民收入，为乡村振兴战略做出了重要贡献。

形成了比较完备的法规体系

虽然期货法尚未出台，但在行政法规的框架内，中国期货市场已建立起相对完备的法规体系。经过多年发展，中国期货市场目前已初步形成了以《期货交易管理条例》、最高人民法院的司法解释为支撑，以部门规章和规范性文件为配套，以期货交易所、期货业协会的自律规则为补充的期货市场法规体系，[1]对规范和保障期货市场的运行起到了积极作用。其中，《期货交易管理条例》从1999年正式出台后经过了多次修订，是目前中国期货市场监管的最高法律依据。此外，为满足原油期货、铁矿石期货和PTA期货等特定品种的对外开放需要，中国及时修订、完善了期货市场的相关法规，如中国证监会制定了《境外交易者和境外经纪机构从事境内特定品种期货交易管理暂行办法》等部门规章，国家外汇管理局颁布了《国家外汇管理局关于境外交易者和境外经纪机构从事境内特定品种期货交易外汇管理有关问题的通知》。

---

[1] 马爽、叶林：《完善法制体系 提高我国期货市场核心竞争力》，2018年8月27日《中国证券报》。http://www.cs.com.cn/zzqh/01/201808/t20180827_5863756.htm.

期货市场国际化

构建了"五位一体"的监管体系

中国期货市场的监管体系经历了一个由"多头分散"到"集中统一"的不断调整和优化的过程。1993年,中国证监会开始行使管理期货市场的行政职能。1998年,中国证监会开始对期货市场实行垂直管理和集中统一监管。2000年,中国期货业协会成立,标志着中国期货行业开始实施自律监管。2006年,中国期货保证金监控中心[①]成立,实现了对期货市场数据的集中监管。2007年,中国证监会、证监会派出机构、中国期货保证金监控中心、中国期货业协会、交易所的协调工作制度正式建立,相应的协调机制正式运行。至此,中国期货市场"五位一体"的监管体系正式确立。"五位一体"的监管体系有利于政府行政监管、行业协会自律管理和交易所自律管理等的协调配合,有利于发挥各方面的积极性,对市场的运行风险及违法违规活动能够"看得见、说得清、管得住",增强了日常监管的主动性、预警性,提升了防范和化解市场风险的能力。

形成了有中国特色的风控体系

中国期货市场始终秉持风控理念,把防风险放在突出位置。在制度建设方面,经过多次风险事件的考验和创新发展,中国期货市场形成了包含投资者适当性制度、期货保证金安全存管监控制度、全面统一的"穿透式"监管、风险监管指标体系等在内的中国特色风控体系,为稳健运行和快速发展打下了坚实的制度基础。

---

① 2015年4月,中国期货保证金监控中心正式更名为中国期货市场监控中心。

1. 投资者适当性制度

为消除国内期货市场发展初期因混码交易[①]产生的不利影响，国内期货交易所相继采取了严格的交易编码制度。郑商所在1994年就明确要求期货经纪公司会员对受托客户实行"一户一码"[②]管理，后来该制度在国内被普遍推行。为从源头上实现对投资者的保护，股指期货在2010年上市之初就实行了严格的投资者适当性制度，即以统一开户编码为基础，有效落实开户实名制、投资者适当性制度、市场禁入等监管要求，目前该制度已经拓展至证券期货各领域[③]，有效保护了投资者的合法权益。

2. 期货保证金安全存管监控制度

在期货市场建立初期，中国参照国际期货市场的通行做法，实行了由期货交易所对期货经纪公司、期货经纪公司对期货投资者两级收取期货保证金的制度。2006年，中国期货保证金监控中心成立，从制度上保障了保证金的安全，杜绝了期货保证金被挪用的问题[④]。此后，中国期货保证金监控中心的业务范围进一步扩大，除监控保证金之外，还增加了市场风险早期预警、压力测试，交易行为的监测、监控以及期货中介机构的数据汇集等业务，成为整个期货市场

[①] 我国期货市场建立之初，对交易编码制度没有统一规定，不少交易所借鉴国外惯例，实行了混码交易。

[②] 详见《关于进一步加强期货交易代理业务管理的通知》。"一户一码"即一个投资者在同一家交易所内只能有一个交易编码。

[③] 《证券期货投资者适当性管理办法》2016年5月26日通过，自2017年7月1日起施行。

[④] 中国证监会期货监管部：《为中国期货市场走出一条成功之路》，2017年9月28日《中国证券报》。http://www.cs.com.cn/sylm/zjyl_1/201709/t20170928_5496350.htm。

的大数据监控中心。

3."穿透式"监管

以交易行为为中心,通过实施"穿透式"监管,中国期货市场做到了风险的早识别、早预警、早发现、早处置。中国期货市场在有效识别客户身份的基础上,强化了交易行为分析;加强期货公司监管,促进期货公司稳健经营;在坚决抑制"脱实向虚"、防控金融风险的前提下,使期货经营机构能更好地提升国际竞争力、满足实体企业的风险管理需要以及促使实体企业实现经营模式的转型升级;深化对期货交易所、中国期货市场监控中心以及期货公司的现场检查工作。中国是世界上唯一一个实施"穿透式"监管的市场,这种制度创新得到了国际证监会组织的肯定,该组织还向成员推荐了中国的这一创新,这一创新也被认为有利于保护投资者利益、防范系统性风险,得到了不少成员的肯定和赞同。

4. 风险监管指标体系

为不断提高期货公司的抗风险能力,2007 年《期货公司风险监管指标管理办法》正式出台,这标志着中国正式建立了以净资本为核心的期货公司风险管理体系。在 2012—2018 年的风险监管指标考核中,中国期货公司各项指标均达到了监管要求,这保证了期货市场的稳健运行。目前,"合规经营、规范发展"已成为中国期货市场的共识。截至 2018 年年底,全国 149 家期货公司风险监管指标考核结果如表 7.6 所示。

表 7.6 期货公司风险监管指标考核结果

监管指标	监管要求	实际结果	结果区间	结论
净资本	不低于人民币 3 000 万元	5.03 亿元/家	均高于人民币 3 000 万元	均满足
净资本/ 风险资本准备	高于 100%	—	153.7%~88 359.3%	均满足
净资本/净资产	不低于 20%	68.07%	28.6%~155.2%	均满足
流动资产/ 流动负债	不低于 100%	661.89%	186.4%~6 863.9%	均满足
负债/净资产	不高于 150%	13.46%	1.3%~84..2%	均满足

资料来源：根据 2018 年《中国期货市场年鉴》整理。

注：表中统计结果的时间区间为 2018 年度，该年度 149 家期货公司净资本为 749.25 亿元，风险资本准备为 133.56 亿元，净资产为 1 100.71 亿元，流动资产和流动负债分别为 860.38 亿元、129.99 亿元，负债为 148.16 亿元，其中流动资产、流动负债和负债均扣除了客户权益。

中国特色风控体系的建立和完善，为中国期货市场应对多次金融危机和市场考验提供了保障。2008 年国际金融危机使国际大宗商品价格暴涨暴跌：国际期货市场出现了剧烈波动，但中国期货市场却实现了平稳较快增长，2008 年共成交期货合约 13.64 亿手，同比增长 87.24%，成交量首次迈上了 10 万亿手的台阶；成交额达 71.91 万亿元，同比增长 75.52%，[①] 创历史新高。2015 年国内股市异常波动期间，中国期货市场严守风险底线，对各种乱象和问题，果断出击，多管齐下，有效防范和化解了市场风险。2016 年以来，面对黑色系品种价格的剧烈波动，监管部门通过严厉打击过度投机和过高杠杆资金入市等行为，确保了中国商品期货市场平稳、健康发展。2018 年以来，面对中美贸

[①] 廖英敏：《金融危机背景下中国期货市场的发展及启示》，载《发展研究》2009 年第 5 期。

易摩擦对全球大宗商品贸易的影响，中国期货市场发挥了中国特色风控体系的优势，沉着应对，实现了有效运行和稳健发展。

设计了一整套市场服务体系

制度规则建设方面。目前，中国商品期货市场形成了包括保证金管理、当日无负债结算、涨跌停板、持仓限额、大户报告、交割、强行平仓、风险准备金、信息披露等在内的基础制度规则体系。为促进商品期货市场功能的更好发挥，相关主体仍在不断完善基础制度规则。技术系统性能方面。目前，中国各期货交易所普遍提高了对交易系统性能优化的重视程度，均成立了技术子公司，为商品期货市场功能的发挥提供了有力的技术支撑。市场宣传和推广方面。相关主体通过宣传和推广期货市场的风险管理理念，积极稳妥地推进了期货市场建设。参与积极性方面。相关主体通过引导现货企业参与套期保值，进一步优化了投资者结构。

培育了更多样化的市场主体

1. 市场主体更加多样化

经过多年发展，中国期货市场目前形成了以期货公司、个人和单位客户为主体，证券公司、基金公司、私募基金、QFII/RQFII（合格境外机构投资者 / 人民币合格境外机构投资者）、保险公司、信托公司、交割库、银行等其他机构共同参与的市场体系。[①]

[①] 此处指除"五位一体"期货监管机构外的市场主体。

2.期货公司的发展呈稳中有进态势

期货公司继续保持稳中有进的发展态势。截至 2018 年年底，中国共有期货公司 149 家，总数与 2017 年相同。但期货公司营业部的数量同比增长了 13.63%，达到了 1 901 家（见表 7.7）；同期，中国期货公司净资本为 749.25 亿元，较 2017 年年底 750.12 亿元的净资本规模略有萎缩。从各期货公司开展业务的总体情况看，业务类别更加多元化。2018 年，开展经纪业务的期货公司共计 149 家，具备开展投资咨询业务资格的期货公司共 115 家，具备开展资产管理业务资格的期货公司共 129 家，完成风险管理公司业务试点备案的期货公司共 79 家设立风险管理子公司的期货公司共 79 家。

表 7.7 期货公司和营业部的数量

单位：家

年份	2015 年	2016 年	2017 年	2018 年
公司	149	149	149	149
营业部	1 594	1 603	1 673	1 901

资料来源：根据 2018 年《中国期货市场年鉴》整理。

3.单位客户的规模持续扩大

从客户情况看，单位客户的规模不断扩大。截至 2018 年年底，中国期货市场有效个人客户约 128.3 万个，同比增长 3.66%，占有效客户数的 97.04%，较 2015 年年底降低了 0.04 个百分点；而同期中国期货市场的有效单位客户达 3.92 万余个，占中国期货市场 50 多万家规模以上企业的 7.84%，占中国期货市场有效客户总数的 2.96%，较 2015 年年底提高 0.04 个百分点，单位客户的规模不断扩大，有效带

期货市场国际化

动了中国期货市场的发展。

4. 其他机构的总体业务规模不断扩大

其他机构的总体业务规模持续扩大。2017年，除证券公司和信托公司的日均资金规模占机构（包括一般法人、特别法人和资产管理类）的日均资金总规模的比重有所下降外，私募基金、QFII/RQFII、保险公司的日均资金规模占比均有所上升，上述所有机构的总体业务规模由2016年的1 227.25亿元增加到2017年的1 360.48亿元，占比高达56.5%（见表7.8）。此外，在期货公司管理的客户资金中，大约56%存放于银行。

表7.8 其他机构参与期货市场的情况

单位：亿元，%

机构	2016年		2017年	
	日均资金规模	占比	日均资金规模	占比
证券公司	276.34	11.53	224.17	9.31
基金公司	273.94	11.43	275.32	11.44
私募基金	533.27	22.25	716.03	29.74
QFII/RQFII	68.20	2.85	94.52	3.93
保险公司	22.66	0.95	26.05	1.08
信托公司	52.84	2.20	24.39	1.01
合计	1 227.25	51.21	1 360.48	56.5

资料来源：根据2017年《中国期货市场年鉴》整理。

注：2018年《中国期货市场年鉴》并未提及其他机构（证券公司、期货公司、私募基金、QFII/RQFII、保险公司、信托公司等）参与期货市场的情况，故这里用2017年的相关数据进行说明。

培养了一批高素质人才

人才资源是第一资源，关系到期货市场的长远发展。中国期货市场十分重视对各类人才的培养。一是做好规划布局。2015 年，中国期货业协会发布实施了《期货行业人才培养战略规划》，为中国期货市场的人才培养提供了总体指导。二是加强人才培训。中国期货业协会每年开展涵盖不同层次、跨越不同行业、覆盖更多内容的人才培训。三是重视基础建设。中国期货业协会开发了涵盖 10 大系列、183 门课程的网络学习平台，建立了来自监管部门、期货交易所、期货公司、高等院校等不同机构的 600 多人的师资库，组织出版了期货品种系列教材和金融衍生品"5+1"丛书共 33 册。[①] 截至 2018 年 12 月 31 日，在中国期货业协会注册的从业人员数量为 59 999 人，较 2017 年年底增加了 3 658 人，增幅为 6.49%（见表 7.9），较 5 年前增长了 21.78%，为新时代中国期货市场的快速发展提供了人才保障和智力支持。

表 7.9 中国期货市场从业人数

单位：个

类别/年	2013 年	2014 年	2015 年	2016 年	2017 年	2018 年
期货公司	32 149	31 132	29 330	28 574	26 302	31 035
证券公司	17 119	20 233	20 738	23 203	30 039	28 964
合计	49 268	51 365	50 068	51 777	56 341	59 999

资料来源：根据 2018 年《中国期货市场年鉴》和相关资料整理。

---

① 中国期货业协会：《探索人才培养机制 把握期货行业未来——"中国期货业协会四年工作回顾"系列报道之人才培养篇》，载凤凰网，2018 年 9 月 18 日。https://finance.ifeng.com/c/7gI5C3xh7SV.

期货市场国际化

境外市场的发展基础

期货交易所和上市品种的基本情况

1. 证券期货交易所较多

在141个"一带一路"国家和地区（不包括中国大陆）中，拥有证券或期货交易所的国家和地区有112个，这些国家和地区共有证券交易所和期货交易所130家，其中开展期货业务的交易所有50家（见表7.10），包括开展商品期货业务的交易所40家以及开展金融期货业务的交易所33家。

表7.10 "一带一路"国家和地区的交易所

单位：家

国家/地区	数量	交易所
港台地区	2	香港交易所、台湾期货交易所
俄罗斯	2	莫斯科交易所、圣彼得堡国际商品原料交易所
中亚	2	哈萨克斯坦证券交易所、欧亚交易系统商品交易所
东亚和东南亚	11	韩国证券期货交易所、泰国证券交易所、印度尼西亚商品和衍生品交易所、雅加达期货交易所、印度尼西亚证券交易所、越南商品交易所、马来西亚衍生品交易所、金边衍生品交易所、新加坡交易所、ICE新加坡期货交易所、亚太交易所
南亚	9	印度国家商品及衍生品交易所、印度国际交易所、印度多种商品交易所、印度国家证券交易所、孟买证券交易所、巴基斯坦商业交易所、巴基斯坦证券交易所、尼泊尔商业交易所、尼泊尔衍生品和商品交易所

154

续表

国家/地区	数量	交易所
中东欧	7	卢森堡证券交易所、索菲亚商品交易所、布达佩斯证券交易所、白俄罗斯货币证券交易所、华沙证券交易所、乌克兰交易所、乌克兰商业交易所
西亚和中东	10	塞浦路斯证券交易所、伊斯坦布尔交易所、巴林金融交易所、迪拜商业交易所、迪拜黄金和商品交易所、纳斯达克迪拜证券交易所、伊朗商业交易所、伊朗能源交易所、德黑兰证券交易所、特拉维夫证券交易所
南欧	4	意大利证券交易所、雅典证券交易所、马耳他证券交易所、里斯本泛欧证券交易所
非洲	5	塞舌尔证券交易所、尼日利亚商品交易所、约翰内斯堡证券交易所、赞比亚农产品交易所、赞比亚债券和金融衍生品交易所
南太平洋	2	新西兰期货交易所、南太平洋证券交易所
中南美洲	8	加拉加斯证券交易所、萨尔瓦多证券交易所、基多证券交易所、圣地亚哥证券交易所、利马证券交易所、牙买加证券交易所、巴巴多斯证券交易所、多米尼加股票市场

资料来源：彭博数据库。

根据美国期货业协会 2018 年公布的数据，"一带一路"国家和地区共有 23 家交易所跻身全球成交量排名前 53 的期货交易所，占比接近 43.49%（见表 7.11）。

表 7.11 "一带一路"国家和地区的交易所在全球主要交易所中的排名

单位：亿手（单边），%

排名	交易所	2018年成交量	2017年成交量	增长率
2	印度国家证券交易所	37.90	24.65	53.74
8	莫斯科交易所	15.00	15.85	−5.32
9	韩国交易所	14.08	10.15	38.70
11	孟买证券交易所	10.33	6.09	69.51

期货市场国际化

续表

排名	交易所	2018年成交量	2017年成交量	增长率
14	香港交易所	4.81	3.72	29.23
17	台湾期货交易所	3.08	2.66	15.95
19	伊斯坦布尔证券交易所	2.36	1.46	61.78
20	印度多种商品交易所	2.30	1.99	15.97
22	新加坡交易所	2.17	1.78	21.87
24	约翰内斯堡证券交易所	1.91	3.83	-50.20
26	泰国期货交易所	1.04	0.79	32.20
27	特拉维夫证券交易所	0.48	0.47	3.14
30	意大利证券交易所	0.36	0.34	6.11
33	迪拜黄金与商品交易所	0.22	0.17	27.64
34	印度国家商品及衍生品交易所	0.16	0.14	9.95
35	雅典衍生品交易所	0.14	0.19	-28.29
36	马来西亚衍生品交易所	0.14	0.14	-2.06
38	印度都市证券交易所	0.10	0.20	-48.08
42	华沙证券交易所	0.082	0.076	7.09
45	巴基斯坦商业交易所	0.025	0.032	-21.11
47	迪拜商业交易所	0.012	0.016	-21.47
50	新西兰期货交易所	0.0035	0.0031	10.90
52	印度尼西亚商品和衍生品交易所	0.0017	0.0023	-26.65

资料来源：美国期货业协会报告。

2. 上市的品种丰富多样

"一带一路"国家和地区的各类交易所共上市商品期货313种，

金融期货 204 种，各种期权衍生品工具 46 种。其中，商品期货包括农产品期货、金属期货、能源化工期货等，金融期货包括个股期货、利率期货、外汇期货和股指期货等。

3. 各品种成交量参差不齐

从成交量排名看，"一带一路"国家和地区的能源类期货的成交比较活跃。根据 2018 年美国期货业协会发布的统计数据，在全球能源合约成交量排名前 20 的期货品种中，来自"一带一路"国家和地区的期货品种有 3 个，分别是莫斯科交易所的 Brent 原油期货以及印度多种商品交易所的原油迷你期货、原油期货（见表7.12）。在金属合约成交量排名前 20 的期货交易所中，仅有伊斯坦布尔证券交易所的黄金期货入围（第 18 名）。农产品类期货的成交不够活跃，无一入围。

表7.12　"一带一路"国家和地区能源类合约在全球排名

排名	合约	交易所
1	Brent 原油期货	莫斯科交易所
6	原油迷你期货	印度多种商品交易所
16	原油期货	印度多种商品交易所

资料来源：美国期货业协会报告。

期货市场的发展状况

"一带一路"国家和地区既有市场规模大、具有国际影响力的交易所，又有市场规模小、仅在本国或本地区范围内有一定影响力的交易所，此外，部分国家的期货市场尚属空白。根据发展状况可

期货市场国际化

以将"一带一路"国家和地区的期货市场划分为成熟、发展较快、一般和空白四大类。

1. 成熟的期货市场

以新加坡、印度、俄罗斯、中国香港、中国台湾等为代表的国家和地区，期货市场上市品种较多，市场体系较为健全，成交量在全球期货市场中占比较大，在"一带一路"国家和地区属于较成熟的市场。

（1）新加坡

新加坡现有3家交易所，均涉及期货业务。其中，新加坡交易所为证券期货综合性交易所，上市有能源、化工、金属、运费、农产品等商品期货、期权工具；ICE新加坡期货交易所上市有外汇、原油和黄金类期货；亚太交易所主要推出了精棕榈油期货和美元离岸人民币期货（见表7.13）。

在成交量上，新加坡交易所举足轻重，是亚洲主要交易所之一。在2018年美国期货业协会公布的全球53家交易所成交量排名中，新加坡交易所排名第22；其中，铁矿石期货、橡胶期货等品种的交易比较活跃（见表7.14）。

表7.13　新加坡三大交易所的主要衍生品一览表

类别	新加坡交易所	ICE新加坡期货交易所	亚太交易所
商品期货	焦煤、动力煤、精炼油、燃油、天然气、电力、苯、PX、聚丙烯、聚乙烯、苯乙烯、乙二醇、铁矿石、热轧卷板、黄金、干散货定期租船运费、SICOM橡胶	迷你Brent原油、迷你低硫柴油、迷你WTI原油、黄金（1千克）	精棕榈油

续表

类别	新加坡交易所	ICE 新加坡期货交易所	亚太交易所
商品期权	焦煤、铁矿石、干散货定期租船	—	—
金融期货	股指（富时、明晟、日经 225、Nifty、海峡时报）、股息指数（日经股票平均股息点数指数期货）、外汇（涵盖主要外汇类别共 20 余种）、利率（日本政府债券、欧洲美元、欧洲日元等）	美元兑离岸人民币、在岸人民币兑美元、迷你美元指数	美元兑离岸人民币
金融期权	外汇、股指	—	—

资料来源：美国期货业协会报告。

注：Nifty 是日本最大的互联网服务提供商，SICOM= 新加坡商品交易所。

表 7.14　新加坡交易所主要衍生品年度成交量

单位：手

类别	品种	2016 年	2017 年	2018 年	均值
商品期货	铁矿石	11 787 611	12 804 720	10 473 351	11 688 561
	SICOM 20 号标准橡胶	1 349 662	1 407 000	1 749 307	1 501 990
	SICOM 3 号烟片橡胶	64 034	68 422	62 285	64 914
期权品种 S&P	日经 225	5 967 910	8 218 454	11 059 024	8 415 129
	场外铁矿石	3 147 236	2 958 407	2 441 426	2 849 023
	CNX Nifty 指数	189 795	293 407	426 551	303 251

资料来源：美国期货业协会报告，彭博数据库。

注：S&P CNX Nifty 指数是印度国家证券交易所的大型公司领先指数，以下简称 Nifty 50。

ICE 新加坡期货交易所的前身为新加坡商品交易所，2013 年

11月被洲际交易所收购，其原油期货和柴油期货的成交量近年来增长较快（见表7.15）。

表7.15　ICE新加坡期货交易所主要衍生品年度成交量

单位：手

类别	品种	2016年	2017年	2018年	均值
商品期货	迷你Brent原油期货	1 694 092	1 767 406	1 807 071	1 756 190
	迷你WTI期货	187 530	503 621	334 813	341 988
	迷你低硫柴油期货	115 536	7 615	9 663	44 271

资料来源：美国期货业协会报告，彭博数据库。

（2）印度

印度现有5家交易所涉及期货衍生品交易。其中，印度多种商品交易所的商品期货、期权多达30多种，印度国家商品及衍生品交易所的农产品期货多达20多种，印度国际交易所和印度国家证券交易所主要上市金融期货，孟买证券交易所上市有商品期货和金融期货（见表7.16）。

在成交量上，印度5家交易所中有3家进入了全球主要交易所前列。在2018年美国期货业协会公布的全球53家期货交易所成交量排名中，印度国家证券交易所排名第2，孟买证券交易所排名第11，印度多种商品交易所排名第20。其中，印度多种商品交易所能源期货年度成交量如表7.17所示。

第七章 商品期货市场的发展基础

表 7.16 印度 5 家交易所衍生品一览表

类别	印度国家多种商品交易所	印度国家商品及衍生品交易所	印度国际交易所	印度国家证券交易所	孟买证券交易所
商品期货	黄金、迷你黄金、黄金儿尼、黄金花瓣、白银、迷你白银、微型白银、铝、迷你铝、铜、黄铜、迷你铜、镍、迷你镍、锌、迷你锌、原油、迷你原油、天然气、黑胡椒、小豆蔻、蓖麻籽、棉花、天然棕榈油、薄荷油、精制软质棕榈油、橡胶	小麦、鹰嘴豆、秋作玉米、春作玉米、籽棉、29毫米棉花、瓜尔豆籽（1吨）、瓜尔豆籽（10吨）、瓜尔豆胶、蓖麻子、棉籽油饼、大豆、脱胶豆油、精炼大豆油、芥菜籽、毛棕榈油、优质红糖、辣椒、姜黄、茴香、胡荽、铜、黄金	黄金、白银、铜、Brent 原油	黄金、白银	黄金、白银、阿曼原油
商品期权	铜、原油、白银、黄金、锌	—	黄金、白银、铜、Brent 原油	—	—
金融期货	—	—	印度孟买 Sensex 指数、Nifty 50、印度个股、国际个股、欧元/美元即期汇率	Nifty 50、Nifty IT、Nifty 银行、Nifty 中盘股指、Nifty 国有企业股指、Nifty 基础设施指数、个股、央企股指、欧元/卢比、美元/卢比、英镑/卢比、日元/卢比	富时/JSE 南非 40 指数、恒生指数、圣保罗股指、MICEX 股指、美元/卢比、欧元/卢比、英镑/卢比、日元/卢比

161

期货市场国际化

续表

类别	印度国家多种商品交易所	印度国家商品及衍生品交易所	印度国际交易所	印度国家证券交易所	孟买证券交易所
金融期货	—	—	英镑/美元即期汇率、日元/美元即期汇率	卢比、日元/卢比、欧元/美元、英镑/美元、美元/日元	
金融期权	—	—	印度孟买 Sensex 指数、Nifty 50、欧元/美元即期汇率、英镑/美元即期汇率、日元/美元即期汇率	Nifty 50、Nifty IT、Nifty 银行、Nifty 中盘股指、Nifty 国有企业股指、Nifty 基础设施指数、个股、央企股指、美元/卢比、欧元/卢比、英镑/卢比、日元/卢比、欧元/美元、英镑/美元、美元/日元	—

资料来源：相关交易所官网。

注：JSE=南非约翰内斯堡证券交易所，印度孟买 Sensex 指数是由孟买证券交易所发布的一种指数，MICEX=莫斯科银行间货币交易所。

162

表 7.17　印度多种商品交易所能源期货年度成交量

单位：手

品种	2016 年	2017 年	2018 年	均值
迷你原油期货	63 774 948	52 547 664	66 710 512	61 011 041
MCX 原油期货	50 578 824	34 324 876	35 072 168	39 991 956
天然气期货	14 536 998	12 789 498	13 333 080	13 553 192

资料来源：彭博数据库。

注：MCX=印度多种商品交易所。

（3）俄罗斯

俄罗斯现有两家交易所涉及期货业务，分别为莫斯科交易所和圣彼得堡国际商品原料交易所。其中，莫斯科交易所为证券期货综合性交易所，交易的期货有能源、贵金属和农产品类，交易的期权有金属、能源类，此外还有金融期货与期权。圣彼得堡国际商品原料交易所为期货交易所，上市合约主要为原油期货、汽油期货、柴油期货以及基于各油类指数的期货合约（见表 7.18）。

表 7.18　俄罗斯两大交易所主要衍生品一览表

品种	莫斯科交易所	圣彼得堡国际商品原料交易所
商品期货	Brent 原油、轻质原油、原糖	原油、汽油、柴油
商品期权	Brent 原油、轻质原油	—
金融期货	黄金（现金结算）、可交割黄金、白银、铂金和钯金	各油类指数的期货合约
金融期权	黄金、铂金、白银	—

资料来源：美国期货业协会报告。

在成交量上，莫斯科交易所位居全球主要交易所前列。在 2018

年美国期货业协会公布的全球53家期货交易所成交量排名中，莫斯科交易所排名第8。莫斯科交易所近年来主要衍生品年度成交量如表7.19所示。

表7.19 莫斯科交易所主要衍生品年度成交量

单位：手

类别	品种	2016年	2017年	2018年	均值
商品期货	Brent原油	435 468 923	451 643 376	441 379 480	442 830 593
	黄金	22 656 213	23 562 649	14 526 824	20 248 562
	白银	3 823 058	9 155 315	13 838 317	8 938 897
金融期货	美元/卢布	860 140 157	590 260 376	496 225 103	648 875 212
	俄罗斯交易系统指数	204 593 580	134 467 991	118 174 805	152 412 125
	欧元/美元	34 882 762	40 782 844	58 384 706	44 683 437
商品期权	Brent原油	4 513 050	6 652 353	7 660 935	6 275 446
	黄金	35 276	26 579	26 099	29 318
	白银	16 643	16 127	19 186	17 319
金融期权	美元/卢布	30 184 048	36 555 667	32 220 569	32 986 761
	俄罗斯交易系统指数	28 281 676	38 010 457	31 112 682	32 468 272
	MICEX迷你指数	2 293 439	50 445	9 842	784 575

资料来源：美国期货业协会报告，彭博数据库。

（4）中国香港和中国台湾

中国香港和中国台湾现各有一家交易所，分别为香港交易所和台湾期货交易所。其中，香港交易所的子公司香港期货交易所上市的商品期货主要有非贵金属期货、贵金属期货两大类，还有外汇、股指、利率、个股类金融期货和期权；台湾期货交易所上市的商品期货主要有金属期货、能源期货等两大类（见表7.20）。

表 7.20 中国香港和中国台湾交易所主要衍生品一览表

品种类别	香港交易所	台湾期货交易所
商品期货	铁矿石（月度）、铁矿石（季度）、伦敦铝迷你合约、伦敦铜迷你合约、伦敦铅迷你合约、伦敦镍迷你合约、伦敦锡迷你合约、伦敦锌迷你合约、黄金（离岸人民币计价）、黄金（美元计价）、黄金、白银、铝、A级铜、特等锌、原镍、标准铅、锡、铝合金、铝溢价、北美特种铝合金、钢坯、钢屑、钢筋、钴、钼	黄金、新台币计价黄金、Brent原油
商品期权	A级铜、铜成交价平均价、优质原铝、铅成交价平均价、镍成交价平均价、北美特种铝合金、北美特种铝合金成交价平均价、原铝成交价平均价、原镍、锌、特等锌成交价平均价、标准铅、锡	黄金

资料来源：美国期货业协会报告。

在成交量上，香港交易所和台湾期货交易所在全球主要交易所的成交量排名中旗鼓相当。在2018年美国期货业协会公布的全球53家期货交易所成交量排名中，香港交易所排名第14，台湾期货交易所排名第17。其中，香港交易所活跃品种的年度成交量如表7.21所示。

表 7.21 香港交易所主要衍生品年度成交量

单位：万手

类别	品种名称	2016年	2017年	2018年	均值
商品期货	黄金（离岸人民币）	—	11.08	32.67	19.10
	黄金（美元计价）	—	5.54	2.50	6.79
	铁矿石（月度）	—	1.82	0.95	1.39
金融期货	H股指数	3 303.11	2 885.27	5 766.83	4 048.98
	恒生指数	3 231.40	3 148.70	3 745.13	3 311.75
	迷你恒生指数	1 247.76	1 148.72	2 466.44	1 620.97

期货市场国际化

续表

类别	品种名称	2016年	2017年	2018年	均值
金融期权	个股	7 358.21	10 583.92	12 727.91	10 223.35
	H股指数	1 947.57	1 977.79	2 425.81	2 117.06
	恒生指数	935.37	1 012.93	1 271.65	1 073.32

资料来源：美国期货业协会报告，彭博数据库。

注：H股指数即恒生中国企业指数。

同时，与香港期货交易所相比，台湾期货交易所不同品种的成交量波动较大。台湾期货交易所活跃品种的年度成交量如表7.22所示。

表7.22 台湾期货交易所主要衍生品年度成交量

单位：手

类别	品种	2016年	2017年	2018年	均值
商品期货	新台币黄金	101 744	75 442	110 513	95 900
	黄金	10 131	12 933	20 396	14 487
金融期货	台股	34 534 902	34 014 500	46 946 307	38 498 570
	迷你台股	23 864 953	21 552 246	37 268 930	27 562 043
	ETF	1 748 371	1 224 271	1 520 673	1 497 772
商品期权	新台币黄金	73 749	40 075	45 385	53 070
金融期权	台股	167 342 279	186 410 859	194 438 947	182 730 695
	台湾证券交易所金融保险行业指数	234 487	145 482	153 669	216 668
	ETF	330 369	165 967	229 985	188 624

资料来源：美国期货业协会报告，彭博数据库。

2. 发展较快的期货市场

阿拉伯联合酋长国、巴基斯坦、印度尼西亚、马来西亚、泰国、南非、土耳其、乌克兰、匈牙利、新西兰、意大利等11个国家，近年来期货市场发展较快。

（1）阿拉伯联合酋长国

阿拉伯联合酋长国现有两家期货交易所和一家证券期货综合性交易所，分别为迪拜商业交易所、迪拜黄金和商品交易所、纳斯达克迪拜证券交易所。其中，迪拜商业交易所上市的商品期货主要包括能源期货共6种，迪拜黄金和商品交易所上市的商品期货主要包括能源、贵金属、非贵金属三大类共11种，纳斯达克迪拜证券交易所主要交易股指期货等金融期货（见表7.23）。

表7.23 迪拜三大交易所主要衍生品一览表

品种类别	迪拜商业交易所	迪拜黄金和商品交易所	纳斯达克迪拜证券交易所
商品期货	Brent对迪拜（普氏）原油、迪拜原油（普氏）、迪拜原油（普氏）BALMO、中东燃料油180 Cst（标普全球普氏）、中东燃料油380 Cst（标普全球普氏）、阿曼原油	Brent原油、迪拜印度原油双币种合约、WTI原油、迷你WTI原油、黄金、黄金双币种合约、上海黄金、白银、白银双币种合约、现货黄金、铜	—
金融期货	—	—	股指期货

资料来源：美国期货业协会报告。
注：BALMO=Balance of Month，是一种结算方式，意思是该期货按照某个月份的平均价格结算。Cst是燃料油的运动黏度单位。

在成交量上，迪拜黄金和商品交易所、迪拜商业交易所在

期货市场国际化

2018年美国期货业协会公布的全球53家交易所成交量排名中分列第33和第47。两家交易所近年来活跃品种的年度成交量如表7.24所示。

表7.24　迪拜两大交易所主要衍生品年度成交量

单位：万手

交易所	品种	2016年	2017年	2018年	均值
迪拜商业交易所	阿曼原油期货	194.90	148.05	111.57	151.51
	迪拜原油（普氏）期货	—	8.02	5.22	6.62
	Brent对迪拜（普氏）原油期货	0.03	1.46	5.92	2.47
迪拜黄金和商品交易所	黄金期货	44.76	31.02	23.06	32.95
	黄金双币种合约期货	28.12	19.07	21.52	22.91
	WTI原油期货	10.35	6.64	6.68	7.89
	印度卢比期货	1 167.01	1 021.67	1 250.93	1 146.54
	印度卢比双币种合约期货	504.20	264.76	370.52	379.83
	迷你印度卢比期货	106.05	112.05	186.14	134.75
	印度卢比期权	34.25	66.17	18.72	39.71

资料来源：美国期货业协会报告，彭博数据库。

（2）巴基斯坦

巴基斯坦现有两家交易所涉及期货业务，分别为巴基斯坦商业交易所和巴基斯坦证券交易所，前者是期货交易所，后者是证券期货综合性交易所。其中，巴基斯坦商业交易所上市的商品期货主要包括农产品、能源、非贵金属、贵金属四大类（见表7.25）。

表7.25 巴基斯坦商业交易所商品衍生品一览表

类别	品种
农产品期货	棉花、红辣椒
能源期货	Brent原油（10桶）、Brent原油（100桶）、Brent原油（1 000桶）、原油（10桶）、原油（100桶）、原油（1 000桶）、天然气（1 000百万英热单位）、天然气（10 000百万英热单位）
非贵金属期货	铜、铜（25 000磅）
贵金属期货	黄金（1盎司）、黄金（10盎司）、黄金（100盎司）、黄金（澳元兑加元）、黄金（澳元兑日元）、黄金（澳元兑美元）、黄金（瑞士法郎兑日元）、黄金（欧元兑澳元）、黄金（欧元兑加元）、黄金（欧元兑瑞士法郎）、黄金（欧元兑英镑）、黄金（欧元兑日元）、黄金（欧元兑美元）、黄金（英镑兑瑞士法郎）、黄金（英镑兑日元）、黄金（英镑兑美元）、黄金（美元兑加元）、黄金（美元兑瑞士法郎）、黄金（美元兑日元）、迷你黄金、黄金（1 000拖拉）、铂（5盎司）、铂（50盎司）、白银（10盎司）、白银（100盎司）、白银（500盎司）、白银（5 000盎司）、黄金（1拖拉）

资料来源：美国期货业协会报告。

注：拖拉是印地语中称量金银的重量单位，目前市场上的1拖拉黄金等于10克黄金。

巴基斯坦证券交易所是巴基斯坦唯一的证券交易所，交易的期货主要是股票期货、股指期货等。除此以外，上市的主要商品期货品种为原油、黄金期货。部分品种成交活跃，如原油期货和黄金期货（见表7.26）。

表7.26 巴基斯坦商业交易所主要衍生品年度成交量

单位：万手

品种	2016年	2017年	2018年	均值
原油期货（10桶）	114.87	109.86	82.91	102.55
黄金期货（1盎司）	103.26	84.84	54.94	81.01
原油期货（100桶）	34.88	29.65	20.03	28.19

资料来源：美国期货业协会报告，彭博数据库。

（3）印度尼西亚

印度尼西亚现有两家期货交易所和一家证券期货综合性交易所，分别是印度尼西亚商品和衍生品交易所、雅加达期货交易所以及印度尼西亚证券交易所。其中，印度尼西亚商品和衍生品交易所上市的商品期货主要有农产品、非贵金属、贵金属三大类共 8 种；雅加达期货交易所上市的商品期货有贵金属、农产品两大类共 12 种；印度尼西亚证券交易所主要交易金融期货（见表 7.27）。

表 7.27　印度尼西亚三大交易所主要衍生品一览表

类别	印度尼西亚商品和衍生品交易所	雅加达期货交易所	印度尼西亚证券交易所
商品期货	棕榈油、精炼棕榈油、锡、黄金（GR）、黄金（ID）、黄金（UD）、PAMP 黄金（GUD）、UBSG	黄金指数滚动、黄金（250 克）、黄金（100 克）、黄金（10 盎司美元滚动期货）、黄金（100 盎司美元滚动期货）、黄金滚动、黄金（100 盎司固定美元滚动期货）、黄金（1 千克）、阿拉比卡咖啡、可可、油脂（20 吨）、罗巴斯达咖啡	—
金融期货	—	—	金融期货

资料来源：美国期货业协会报告。

注：黄金（GR）是以印度尼西亚卢比计价的黄金，黄金（ID）是以固定美元/印度尼西亚卢比汇率计价的黄金，黄金（UD）是以美元计价的黄金，PAMP 黄金（GUD）是以美元计价的庞博黄金合约，UBSG 是在印度尼西亚 UBS 店铺（和瑞典 UBS 集团无关）实物交割的黄金。

在成交量上，印度尼西亚商品和衍生品交易所、雅加达期货交易所相关商品期货的成交量较大。其中，印度尼西亚商品和衍生品交易所在 2018 年美国期货业协会公布的全球成交量排名前 53 位的交易所中排名第 52。两家交易所近年来部分品种（棕榈油、黄金、锡）成交活跃（见表 7.28）。

表 7.28　印度尼西亚两大交易所主要衍生品年度成交量

单位：万手

交易所	品种	2016 年	2017 年	2018 年	均值
印度尼西亚商品和衍生品交易所	棕榈油	38.30	4.92	3.66	15.63
	黄金（GR）	15.77	13.85	9.89	13.17
	锡	1.26	1.56	1.51	1.44
雅加达期货交易所	黄金（250 克）	17.72	21.03	29.55	22.77
	黄金（100 克）	6.42	8.65	10.94	8.67
	黄金指数滚动	4.48	4.30	4.13	4.30

资料来源：彭博数据库。

（4）马来西亚

马来西亚现有一家证券期货综合性交易所，即马来西亚衍生品交易所，上市的商品期货主要包括农产品、非贵金属、贵金属三大类，商品期权主要为原棕榈油期权。此外，还上市有股指期货、利率期货等金融期货以及股指期权。马来西亚衍生品交易所近年来各品种成交量如表 7.29 所示。

表 7.29　马来西亚衍生品交易所主要衍生品年度成交量

单位：万手

类别	名称	2016 年	2017 年	2018 年	均值
商品期货	原棕榈油	1 141.58	1 191.94	1 040.10	1 124.54
	黄金	0.90	0.25	0.06	0.40
	锡	—	0	0	0

续表

类别	名称	2016年	2017年	2018年	均值
金融期货	富时大马吉隆坡综合指数	275.10	203.42	242.26	240.26
	吉隆坡银行同业3个月拆借利率	0.00	0.01	0	0.0030
商品期权	原棕榈油	4.01	3.89	6.61	4.84
金融期权	富时大马吉隆坡综合指数	1.02	2.03	1.05	1.36

资料来源：美国期货业协会报告，彭博数据库。

（5）泰国

泰国现有一家证券期货综合性交易所——泰国证券交易所，其子公司泰国期货交易所涉及期货业务，上市的商品期货主要包括贵金属、能源、农产品共三大类（见表7.30），此外还有个股、股指、外汇类金融期货以及一个股指期权——SET50股指（由泰国证券交易所上市股票以市值加权计算出的指数）期权。

表7.30 泰国期货交易所商品衍生品一览表

类别	品种
贵金属期货	黄金（10铢）、黄金（50铢）
能源期货	Brent原油
农产品期货	橡胶

资料来源：美国期货业协会报告。

泰国期货交易所近年来成交活跃。在2018年美国期货业协会公布的全球成交量排名前53位的交易所中，泰国期货交易所居于第26位，其近年来主要品种的成交量如表7.31所示。

表 7.31　泰国期货交易所主要衍生品年度成交量

单位：万手

类别	品种	2016 年	2017 年	2018 年	均值
商品期货	黄金（10 铢）	272.18	350.07	409.20	343.81
	黄金（50 铢）	18.22	19.11	16.51	17.94
	黄金（100 克）	0	5.78	10.64	5.47
金融期货	个股	3 382.66	4 748.08	5 533.24	4 554.66
	SET50 股指	3 219.30	2 632.11	4 251.82	3 367.74
	美元	20.45	34.69	68.55	41.23
金融期权	SET50 股指	42.88	108.17	136.25	95.77

资料来源：美国期货业协会报告，彭博数据库。

（6）南非

南非现有一家证券期货综合性交易所——约翰内斯堡证券交易所，上市的商品期货主要有农产品期货、能源期货和金属期货三大类，商品期权基本涵盖主要农产品、能源和金属（见表 7.32）。

表 7.32　约翰内斯堡证券交易所商品衍生品一览表

类别	品种
农产品期货	白玉米、黄玉米、小麦、大豆、葵花籽、高粱、冻牛肉、冻羊肉，以芝加哥期货交易所的大豆、豆粕、豆油、小麦和玉米期货合约为标的的双币种合约
金属期货	以纽约商业交易所的黄金、白银、铜、钯金和铂金为标的的双币种合约
能源期货	以纽约商业交易所原油、柴油、天然气、汽油和燃料油为标的的双币种合约
农产品期权	大豆、葵花籽、小麦、黄玉米、白玉米、高粱，以芝加哥期货交易所的大豆、豆粕、豆油、小麦和玉米期货合约为标的的双币种合约
金属期权	黄金、白银、铜、钯金以及铂金
能源期权	原油、柴油、天然气、汽油以及燃料油

资料来源：美国期货业协会报告，彭博数据库。

期货市场国际化

在成交量上,农产品、能源、金属期货和期权的成交均比较活跃。约翰内斯堡证券交易所近年来主要商品期货和期权的成交量如表 7.33 所示。

表 7.33 约翰内斯堡证券交易所主要衍生品年度成交量

单位:手

类别	品种	2016 年	2017 年	2018 年	均值
商品期货	白玉米	1 122 405	898 611	1 004 457	1 008 491
	黄玉米	505 944	572 696	662 397	580 346
	小麦	417 109	352 627	347 143	372 293
金融期货	美元/兰特	26 217 084	35 692 269	29 720 494	30 543 282
	富时/JSE 南非 40 指数	12 249 981	9 640 472	9 285 641	10 392 031
	富时/JSE 股东加权前 40 指数	8 872 706	9 129 648	5 427 717	7 810 024
商品期权	白玉米	316 144	171 160	224 535	237 280
	黄玉米	78 054	46 489	80 964	68 502
	大豆	35 725	26 883	12 625	25 078
金融期权	美元/兰特	9 785 698	11 691 397	20 847 146	14 108 080
	美元/兰特任一到期日	3 796 016	6 820 519	6 972 787	5 863 156
	富时/JSE 南非 40 指数	2 510 109	2 215 658	1 563 611	2 096 326

资料来源:美国期货业协会报告,彭博数据库所。

(7)土耳其

土耳其现有一家交易所——伊斯坦布尔交易所,该交易所为证券期货综合性交易所,上市的商品期货主要为贵金属和基础金属期货(见表 7.34)。

表7.34　伊斯坦布尔交易所主要衍生品一览表

类别	品种
个股期货	个股
指数期货	BIST30 指数
外汇期货	美元/里拉外汇、欧元/里拉交叉货币、欧元/美元外汇、卢布/里拉外汇
贵金属期货	黄金、美元盎司黄金
电力期货	基础负荷电力、季度与年度基础负荷电力
外国指数期货	SASX10 指数
基础金属期货	钢屑
利率期货	月度隔夜回购利率、季度隔夜回购利率

资料来源：伊斯坦布尔交易所官网。

注：BIST30 指数是在伊斯坦布尔证券交易所上市的前 30 家公司的市值最高的资本加权指数。SASX10 指数是指萨拉热窝证券交易所指数 10。

在成交量上，黄金、电力等商品期货以及部分金融期货的成交比较活跃。伊斯坦布尔交易所近年来相关商品期货和金融期货的成交量如表 7.35 所示。

表 7.35　伊斯坦布尔交易所主要衍生品年度成交量

单位：手

类别	品种	2016 年	2017 年	2018 年	均值
商品期货	黄金期货	3 484 100	4 961 179	19 130 416	9 191 898
	黄金/美元盎司期货	1 195 868	2 037 708	2 614 811	1 949 462
	电力期货	241 754	36 241	21 064	99 686
金融期货	土耳其里拉期货	36 303 324	63 423 756	89 909 208	63 212 096
	BIST30 股指期货	45 606 792	43 809 856	55 022 944	48 146 531
	土耳其/欧元交叉货币期货	2 408 217	1 964 768	4 181 159	2 851 381

资料来源：彭博数据库。

（8）乌克兰

乌克兰现有两家交易所，均涉及期货业务。其中，乌克兰交易所为证券期货综合性交易所，乌克兰商业交易所仅从事期货相关产品的交易。两家交易所上市的衍生品如表7.36所示。

表7.36 乌克兰两大交易所主要衍生品一览表

类别	乌克兰交易所	乌克兰商业交易所
商品期货	黄金、白银、Brent原油	黄金、迷你黄金、白银、迷你白银、铜、迷你铜、原油、迷你原油、燃料油、迷你燃料油、天然气、迷你天然气、大豆、迷你大豆、豆油、迷你豆油、棉花、迷你棉花、小麦、迷你小麦、玉米、迷你玉米、可可豆、迷你可可豆、咖啡、迷你咖啡、白糖、迷你白糖
金融期货	UX指数、比特币汇率	—
金融期权	UX指数	—

资料来源：乌克兰交易所和乌克兰商业交易所官方网站。
注：暂无品种交易的相关数据。UX指数即铀指数。

（9）匈牙利

匈牙利现有一家证券期货综合性交易所——布达佩斯证券交易所，上市的商品期货主要有农产品期货共7种，金融期货主要是外汇、个股等（见表7.37）。

表7.37 布达佩斯证券交易所商品衍生品一览表

类别	品种
农产品期货	饲料大麦、饲料玉米、饲料小麦、高含油量葵花籽、研磨小麦、油菜籽、葵花籽
金融期货	外汇、个股
金融期权	外汇

资料来源：美国期货业协会报告。

在成交量上，饲料玉米等商品期货以及部分金融期货的成交比较活跃。布达佩斯证券交易所近年来相关商品期货和金融期货的成交量如表7.38所示。

表7.38 布达佩斯证券交易所主要衍生品年度成交量

单位：万手

类别	品种	2016年	2017年	2018年	均值
商品期货	饲料玉米	0.15	0.05	0	0.06
	葵花籽	0.08	0.01	0	0.03
	油菜籽	0.02	0	0	0.006
金融期货	欧元兑匈牙利福林	283.24	213.42	292.87	263.18
	美元兑匈牙利福林	227.67	281.94	149.54	219.72
	欧元兑美元	108.31	56.40	66.59	77.10
金融期权	欧元兑匈牙利福林	0.26	0.19	6.49	2.31
	美元兑匈牙利福林	0.10	1.45	0.16	0.57
	欧元兑新土耳其里拉	0.64	0.46	0.30	0.47

资料来源：美国期货业协会报告。

（10）新西兰

新西兰现有一家期货交易所——新西兰期货交易所，上市的商品期货主要包括农产品期货共5种，商品期权主要包括农产品期权共3种（见表7.39）。此外，新西兰期货交易所还上市有股指期货。

表7.39 新西兰期货交易所商品衍生品一览表

类别	品种
农产品期货	无水乳脂、无盐黄油、牛奶价格、脱脂奶粉、全脂奶粉
农产品期权	牛奶价格、脱脂奶粉、全脂奶粉

资料来源：美国期货业协会报告。

在成交量上,新西兰期货交易所的奶粉期货和期权的成交比较活跃。新西兰期货交易所近年来相关商品期货和期权的成交量如表7.40所示。

表7.40 新西兰期货交易所主要衍生品年度成交量

单位:万手

类别	品种	2016年	2017年	2018年	均值
商品期货	全脂奶粉期货	14.77	20.08	19.33	18.06
	脱脂奶粉期货	2.21	3.93	4.10	3.41
	无盐黄油期货	0.38	1.28	1.15	0.94
金融期货	标普/NZX20指数期货	0	0	—	0
商品期权	全脂奶粉期权	1.78	3.97	7.27	4.34
	牛奶价格期权	—	0.01	0.39	0.20
	脱脂奶粉期权	0.03	0.05	0.05	0.04

资料来源:美国期货业协会报告,彭博数据库。
注:NZX=新西兰证券交易所。

(11)意大利

意大利现有一家证券与期货综合性交易所——意大利证券交易所,其前身为米兰证券交易所,2007年被伦敦证券交易所集团收购。意大利证券交易所以公司上市与固定收益业务为主,上市了少量商品衍生品,包括小麦期货与电力期货两种。其上市的金融衍生品包括标普富时意大利指数期货与期权,迷你标普富时意大利指数期货与期权,相关个股期货与期权,以及个股股息期货(见表7.41)。

表7.41 意大利证券交易所衍生品一览表

品种类别	品种名称
商品衍生品	小麦期货、电力期货

续表

品种类别	品种名称
金融衍生品	期货：标普富时意大利指数期货、迷你标普富时意大利指数期货、个股期货、个股股息期货 期权：标普富时意大利指数期权、个股期权

资料来源：美国期货业协会报告。

在成交量上，意大利证券交易所在2018年美国期货业协会公布的全球53家交易所成交量排名中位居第30名。意大利证券交易所近年来相关商品、金融期货和期权的成交量如表7.42所示。

表7.42　意大利证券交易所主要衍生品年度成交量

单位：手

类别	品种	2016年	2017年	2018年	均值
商品期货	电力期货	2 891	1 172	1 475	2 087
	小麦期货	719	174	—	620
金融期货	标普富时意大利指数期货	10 603 083	7 201 735	8 405 118	8 943 399
	迷你标普富时意大利指数期货	4 789 081	3 039 553	3 837 339	4 146 514
	个股期货	3 708 532	2 668 343	3 114 540	3 316 084
	个股股息期货	41 392	76 346	17 810	43 749
金融期权	个股期权	24 091 505	18 518 552	17 061 970	20 272 235
	标普富时意大利指数期权	5 786 699	2 645 143	3 798 540	4 221 587

资料来源：美国期货业协会报告，彭博数据库。

3. 发展一般的期货市场

与其他"一带一路"国家和地区相比，越南、尼泊尔、柬埔寨、哈萨克斯坦、伊朗、以色列、巴林、希腊、波兰、保加利亚、白俄罗斯、塞舌尔、尼日利亚、赞比亚等14个国家的期货市场发展水平一般。

期货市场国际化

(1) 越南、尼泊尔和柬埔寨

越南现有一家期货交易所——越南商品交易所，上市的商品期货主要包括农产品、金属两大类4种。尼泊尔现有两家期货交易所，分别为尼泊尔商业交易所、尼泊尔衍生品和商品交易所，上市的商品期货共10种。柬埔寨现有一家衍生品交易所——金边衍生品交易所，上市的商品期货共4种。3个国家商品期货品种情况如表7.43所示。

表7.43 越南、尼泊尔和柬埔寨交易所商品期货一览表

交易所	品种
越南商品交易所	罗布斯塔咖啡、阿拉比卡咖啡、烟胶片、热轧卷板
尼泊尔商业交易所	棉花、迷你棉花、白糖、小麦、黄金、迷你黄金、白银
尼泊尔衍生品和商品交易所	白糖、小麦、棉花
金边衍生品交易所	黄金、白银、英国原油、美国原油

资料来源：各交易所网站和其他互联网资料。
注：暂无成交量数据。

(2) 哈萨克斯坦、伊朗、以色列和巴林

哈萨克斯坦现有哈萨克斯坦证券交易所和欧亚交易系统商品交易所两家交易所，均涉及期货业务。伊朗现有3家交易所涉及期货衍生品业务，分别为伊朗商业交易所、伊朗能源交易所以及德黑兰证券交易所。巴林现有一家交易所——巴林金融交易所。4个国家交易所期货品种情况如表7.44所示。

表7.44 哈萨克斯坦、伊朗、以色列和巴林商品期货一览表

交易所	品种
哈萨克斯坦证券交易所	金融期货
欧亚交易系统商品交易所	小麦期货、精炼金块期货
伊朗商业交易所	番红花期货、金币期货、金币期权
伊朗能源交易所	现货以及部分期货交易

第七章 商品期货市场的发展基础

续表

交易所	品种
德黑兰证券交易所	金融类期货及期权
巴林金融交易所	黄金期货、白银期货、天然气期货

资料来源：各交易所网站。

注：暂无成交量数据。

（3）希腊、波兰、保加利亚和白俄罗斯

希腊现有一家交易所——雅典证券交易所，主要交易金融期货。波兰现有一家证券期货综合性交易所——华沙证券交易所，无商品期货，仅有金融期货及期权。保加利亚现有一家期货交易所——索菲亚商品交易所，上市的期货均为农产品期货。白俄罗斯现有一家交易所——白俄罗斯货币证券交易所。4个国家交易所期货品种情况如表7.45所示。

表7.45 希腊、波兰、保加利亚和白俄罗斯商品期货一览表

交易所	品种
雅典证券交易所	金融期货（具体未知）
华沙证券交易所	瑞士法郎兑波兰兹罗提期货、欧元兑波兰兹罗提期货、英镑兑波兰兹罗提期货、美元兑波兰兹罗提期货、WIG20指数期货、WIG40指数期货、1月期WIBOR期货、3月期WIBOR期货、长期债券期货、中期债券期货、短期债券期货、WIG20指数期权
索菲亚商品交易所	磨粉小麦期货、饲料小麦期货、啤酒大麦期货、饲料大麦期货、玉米期货、黑葵花籽期货、白豆期货
白俄罗斯货币证券交易所	美元/白俄罗斯卢布汇率期货、欧元/白俄罗斯卢布汇率期货、欧元/美元汇率期货、白俄罗斯政府长期债券利率期货

资料来源：各交易所网站。

注：暂无成交量数据。WIG指数前身为华沙证券交易所指数，是波兰华沙证券交易所最古老的指数。WIBOR=华沙银行同业拆借利率。

181

（4）塞舌尔、尼日利亚和赞比亚

塞舌尔现有一家证券期货综合性交易所——塞舌尔证券交易所，上市的期货品种共5种。尼日利亚有一家交易所——尼日利亚商品交易所，涉及大宗商品和远期合约业务。赞比亚有一家商品期货交易所——赞比亚农产品交易所和一家证券期货综合性交易所——赞比亚债券和金融衍生品交易所，前者上市的商品期货主要有玉米、小麦、大豆及葵花籽4种。上述3个国家交易所期货品种情况如表7.46所示。

表7.46　塞舌尔、尼日利亚和赞比亚交易所商品期货一览表

交易所	品种
塞舌尔证券交易所	天然气期货、美国原油期货、高级铜期货、黄金期货、指数期货
尼日利亚商品交易所	主要为玉米、大豆、豇豆、可可、高粱和芝麻籽现货及远期合约
赞比亚农产品交易所	玉米期货、小麦期货、大豆期货、葵花籽期货
赞比亚债券和金融衍生品交易所	赞比亚克瓦查兑美元、赞比亚克瓦查兑南非兰特的外汇期权和期权

资料来源：各交易所网站。
注：暂无成交量数据。

4. 无期货市场的国家和地区

受经济发展水平较低、市场发展空间有限等因素的制约，目前还有26个"一带一路"国家和地区既无证券交易所，也无期货交易所。此外，81个"一带一路"国家和地区尽管有证券交易所，但仅开展证券业务。整体来看，目前没有期货市场的"一带一路"国家和地区一共有107个（见表7.47）。

表7.47　没有期货市场的"一带一路"国家和地区

类型	国家和地区
证券市场和期货市场均无（26个）	也门、文莱、东帝汶、安提瓜和巴布达、马达加斯加、土库曼斯坦、阿富汗、格林纳达、布隆迪、南苏丹、吉布提、埃塞俄比亚、几内亚、纽埃、塞内加尔、毛里塔尼亚、冈比亚、刚果共和国、乍得、索马里、利比里亚、库克群岛、密克罗尼西亚、赤道几内亚、古巴、中国澳门
有证券市场，无期货市场（81个）	乌干达、坦桑尼亚、肯尼亚、卢旺达、波黑、加纳、喀麦隆、乌拉圭、多米尼克、圭亚那、巴布亚新几内亚、玻利维亚、巴勒斯坦、阿尔巴尼亚、克罗地亚、黎巴嫩、阿曼苏丹国、约旦、叙利亚、菲律宾、不丹、阿塞拜疆、科威特、摩尔多瓦、马尔代夫、北马其顿、蒙古国、沙特阿拉伯、亚美尼亚、佛得角、津巴布韦、安哥拉、纳米比亚、加蓬、莫桑比克、特立尼达和多巴哥、奥地利、巴拿马、黑山、立陶宛、拉脱维亚、爱沙尼亚、孟加拉国、格鲁吉亚、塔吉克斯坦、斯里兰卡、埃及、伊拉克、吉尔吉斯斯坦、老挝、卡塔尔、罗马尼亚、塞尔维亚、斯洛伐克、乌兹别克斯坦、塞拉利昂、科特迪瓦、阿尔及利亚、哥斯达黎加、突尼斯、利比亚、摩洛哥、苏丹、多哥、斯洛文尼亚、捷克、缅甸、委内瑞拉、苏里南、卢森堡、塞浦路斯、马耳他、葡萄牙、斐济、萨尔瓦多、厄瓜多尔、智利、秘鲁、牙买加、巴巴多斯、多米尼加

资料来源：各个国家和地区的政府网站。

境内外期货品种契合度较高

品种是商品交易所生存和发展的基础，也是开展对外合作的重要内容。根据品种相似度和产业关联度，可以将"一带一路"国家和地区开展商品衍生品业务的交易所的品种分为契合度较高、契合度较低和契合度为零三种类型。总体而言，"一带一路"国家和地区与中国已上市的商品期货品种的契合度较高。

契合度较高的期货品种

1. 农产品类期货

在"一带一路"国家和地区各交易所上市的农产品类期货中，小麦、棉花、菜籽油、玉米、大豆、棕榈油、橡胶等商品期货与国内上市品种的契合度较高，如表7.48所示。

表7.48 "一带一路"国家和地区农产品类期货与中国契合度较高的品种

中国期货品种	交易所	期货品种
强筋小麦、普通小麦	印度国家商品及衍生品交易所	小麦
	乌克兰商业交易所	小麦、迷你小麦
	布达佩斯证券交易所	饲料大麦、饲料小麦、磨粉小麦
	约翰内斯堡证券交易所	小麦、高粱、芝加哥商业交易所的小麦
	尼泊尔商业交易所	小麦
	尼泊尔衍生品和商品交易所	小麦
	欧亚交易系统商品交易	小麦
	索菲亚商品交易所	磨粉小麦、饲料小麦、啤酒大麦、饲料大麦
	赞比亚农产品交易所	小麦
	意大利证券交易所	小麦
棉花、棉纱	印度国家多种商品交易所	棉花
	印度国家商品及衍生品交易所	籽棉、29毫米棉花
	巴基斯坦商业交易所	棉花
	乌克兰商业交易所	棉花、迷你棉花
	尼泊尔商业交易所	棉花、迷你棉花
	尼泊尔衍生品和商品交易所	棉花
菜籽油、油菜籽、菜籽粕	印度国家商品及衍生品交易所	蓖麻子、棉籽油饼、芥菜籽
	雅加达期货交易所	油脂（20吨）
	布达佩斯证券交易所	高含油量葵花籽、油菜籽、葵花籽
	约翰内斯堡证券交易所	葵花籽
	索菲亚商品交易所	黑葵花籽
	赞比亚农产品交易所	葵花籽

续表

中国期货品种	交易所	期货品种
玉米、玉米淀粉	印度国家商品及衍生品交易所	秋作玉米、春作玉米
	乌克兰商业交易所	玉米、迷你玉米
	布达佩斯证券交易所	饲料玉米
	约翰内斯堡证券交易所	白玉米、黄玉米、芝加哥商业交易所的玉米
	索菲亚商品交易所	玉米
	赞比亚农产品交易所	玉米
黄大豆1号、黄大豆2号、豆粕、豆油	印度国家商品及衍生品交易所	鹰嘴豆、瓜尔豆籽（1吨、10吨）、瓜尔豆胶、大豆、脱胶豆油、精炼大豆油
	乌克兰商业交易所	大豆、迷你大豆、豆油、迷你豆油
	约翰内斯堡证券交易所	大豆、芝加哥商业交易所的大豆、豆粕、豆油
	索菲亚商品交易所	白豆
	赞比亚农产品交易所	大豆
棕榈油	亚太交易所	精棕榈油
	印度多种商品交易所	天然棕榈油、精制软质棕榈油
	印度国家商品及衍生品交易所	毛棕榈
	印度尼西亚商品和衍生品交易所	棕榈油、精炼棕榈油
	马来西亚衍生品交易所	原棕榈油
天然橡胶	新加坡交易所	SICOM橡胶
	印度国家多种商品交易所	橡胶
	泰国期货交易所	橡胶

资料来源：各交易所网站。

2. 能源化工类期货

在"一带一路"国家和地区各交易所上市的能源类期货中，原油、燃料油、焦煤、动力煤等4类商品期货与国内上市品种的契合度较高，具体情况如表7.49所示。

185

期货市场国际化

表 7.49 "一带一路"国家和地区能源类期货与中国契合度较高的品种

中国期货品种	交易所	期货品种
原油	ICE 新加坡期货交易所	迷你 Brent 原油、迷你 WTI
	印度多种商品交易所	原油、迷你原油
	印度国际交易所	Brent 原油
	孟买证券交易所	阿曼原油
	莫斯科交易所	Brent 原油、轻质原油
	圣彼得堡国际商品原料交易所	原油
	台湾期货交易所	Brent 原油
	巴基斯坦商业交易所	Brent 原油（10 桶、100 桶、1000 桶）、原油（10 桶、100 桶、1000 桶）
	迪拜商业交易所	Brent 对迪拜（普氏）原油、迪拜原油（普氏）、迪拜原油（普氏）BALMO、阿曼原油
	迪拜黄金和商品交易所	Brent 原油、迪拜印度原油双币种合约、WTI、迷你 WTI
	泰国期货交易所	Brent 原油
	乌克兰交易所	Brent 原油
	乌克兰商业交易所	原油、迷你原油
	金边衍生品交易所	英国原油、美国原油
	塞舌尔证券交易所	美国原油
燃料油	新加坡交易所	燃油
	迪拜商业交易所	中东燃料油 180 Cst（标普全球普氏）、中东燃料油 380 Cst（标普全球普氏）
	乌克兰商业交易所	燃料油、迷你燃料油
焦煤	新加坡交易所	焦煤
动力煤	新加坡交易所	动力煤

资料来源：各交易所网站。

新加坡期货交易所上市的聚乙烯、聚丙烯、乙二醇等化工品类期货，与大商所上市的品种高度契合，如表 7.50 所示。

表 7.50　"一带一路"国家和地区化工类期货与中国契合度较高的品种

中国期货品种	交易所	期货品种
聚乙烯、聚丙烯	新加坡交易所	聚乙烯、聚丙烯
乙二醇	新加坡交易所	乙二醇

资料来源：各交易所网站。

3. 金属类期货

在"一带一路"国家和地区各交易所上市的贵金属类期货中，黄金、白银两类商品期货与国内上市品种的契合度较高，具体情况如表 7.51 所示。

表 7.51　"一带一路"国家和地区贵金属类期货与中国契合度较高的品种

中国期货品种	交易所	期货品种
黄金	新加坡交易所	黄金
	ICE 新加坡期货交易所	黄金（1 千克）
	印度多种商品交易所	黄金、迷你黄金、黄金几尼、黄金花瓣
	印度国家商品及衍生品交易所	黄金
	印度国际交易所	黄金
	印度国家证券交易所	黄金
	孟买证券交易所	黄金
	香港交易所	黄金（离岸人民币计价）、黄金（美元计价）、黄金
	台湾期货交易所	黄金、新台币计价黄金
	印度尼西亚商品和衍生品交易所	黄金
	雅加达期货交易所	黄金、黄金指数滚动
	马来西亚衍生品交易所	黄金
	迪拜黄金和商品交易所	黄金、黄金双币种合约、上海黄金
	泰国期货交易所	黄金（10 铢）、黄金（50 铢）

期货市场国际化

续表

中国期货品种	交易所	期货品种
黄金	伊斯坦布尔交易所	黄金、美元盎司黄金
	乌克兰交易所	黄金
	乌克兰商业交易所	黄金、迷你黄金
	约翰内斯堡证券交易所	黄金、以纽约商业交易所的黄金为标的的双币种合约
	尼泊尔商业交易所	黄金、迷你黄金、
	金边衍生品交易所	黄金
	欧亚交易系统商品交易所	精炼金块
	伊朗商业交易所	金币
	巴林金融交易所	黄金
	塞舌尔证券交易所	黄金
白银	印度多种商品交易所	白银、迷你白银、微型白银
	印度国际交易所	白银
	印度国家证券交易所	白银
	孟买证券交易所	白银
	香港交易所	白银
	巴基斯坦商业交易所	白银
	迪拜黄金和商品交易所	白银、白银双币种合约、现货白银
	乌克兰交易所	白银
	乌克兰商业交易所	白银、迷你白银
	约翰内斯堡证券交易所	白银、以纽约商业交易所的白银为标的的双币种合约
	尼泊尔商业交易所	白银
	金边衍生品交易所	白银
	巴林金融交易所	白银

资料来源：各交易所网站。

在"一带一路"国家和地区各交易所上市的金属类期货中，铁矿石、铜、铝、锌、铅、镍、锡期货与国内上市品种的契合度较高（见表 7.52）。

表 7.52 "一带一路"国家和地区金属类期货与中国契合度较高的品种

中国期货品种	交易所	期货品种
铁矿石	新加坡交易所	铁矿石
	香港交易所	铁矿石（月度）、铁矿石（季度）
铜	印度多种商品交易所	铜、黄铜、迷你铜
	印度国家商品及衍生品交易所	铜
	印度国际交易所	铜
	香港交易所	伦敦铜迷你合约、A 级铜
	巴基斯坦商业交易所	铜、铜（25 000 磅）
	迪拜黄金和商品交易所	铜
	乌克兰商业交易所	铜、迷你铜
	约翰内斯堡证券交易所	铜、以纽约商业交易所的铜为标的的双币种合约
	塞舌尔证券交易所	高级铜
铝	印度多种商品交易所	铝、迷你铝
	香港交易所	伦敦铝迷你合约、铝、铝溢价、铝合金、北美特种铝合金
锌	印度多种商品交易所	锌、迷你锌
	香港交易所	伦敦锌迷你合约、特等锌
铅	印度多种商品交易所	铅、迷你铅
	香港交易所	伦敦铅迷你合约、标准铅
镍	印度多种商品交易所	镍、迷你镍
	香港交易所	伦敦镍迷你合约、原镍
锡	香港交易所	伦敦锡迷你合约、锡
	印度尼西亚商品和衍生品交易所	锡
	马来西亚衍生品交易所	锡

资料来源：各交易所网站。

4. 建材类期货

在"一带一路"国家和地区各交易所上市的建材类期货中，热轧卷板、钢筋期货与国内上市品种的契合度较高（见表7.53）。

表7.53 "一带一路"国家和地区建材类期货与中国契合度较高的品种

中国期货品种	交易所	期货品种
热轧卷板	新加坡交易所	热轧卷板
	越南商品交易所	热轧卷板
螺纹钢	香港交易所	钢筋

资料来源：各交易所网站。

5. 商品期权

在"一带一路"国家和地区各交易所上市的期权衍生品中，豆粕、铜期权与国内上市品种的契合度较高（见表7.54）。

表7.54 "一带一路"国家和地区商品期权与中国契合度高的品种

中国期货品种	交易所	期货品种
豆粕	约翰内斯堡证券交易所	以芝加哥商业交易所的豆粕为标的的双币种期权
铜	印度多种商品交易所	铜
	印度国际交易所	铜
	香港交易所	A级铜、铜成交价平均价

资料来源：各交易所网站。

契合度较低的期货品种

在"一带一路"国家和地区各交易所上市的期货中，除聚乙烯和聚丙烯产品外，主要是新加坡交易所上市的 PX、苯、苯乙烯期货与国内上市的品种具有一定关联性（见表 7.55）。

表 7.55 "一带一路"国家和地区农产品期货与中国契合度较低的品种

中国期货品种	交易所	期货品种
PTA	新加坡交易所	PX、苯
聚氯乙烯	新加坡交易所	苯乙烯

资料来源：各交易所网站。

契合度为零的期货品种

1. 农产品类期货

"一带一路"国家和地区部分交易所上市的期货如辣椒、咖啡、奶粉等，目前国内期货市场尚未推出。国内上市的稻类（早籼稻、粳稻、晚籼稻）、苹果、鸡蛋期货也是"一带一路"国家和地区的期货市场上没有的（见表 7.56）。

表 7.56 "一带一路"国家和地区农产品类期货与中国不相关的品种

交易所	期货品种
大商所	鸡蛋
郑商所	早籼稻、粳稻、晚籼稻、苹果、红枣
印度多种商品交易所	黑椒、小豆蔻、蓖麻子、薄荷油
印度国家商品及衍生品交易所	辣椒、姜黄、茴香、胡荽
巴基斯坦商业交易所	红辣椒
雅加达期货交易所	阿拉比卡咖啡、可可豆、罗布斯塔咖啡
乌克兰商业交易所	可可豆、迷你可可豆、咖啡、迷你咖啡
新西兰期货交易所	无水乳脂、无盐黄油、牛奶价格、脱脂奶粉、全脂奶粉
约翰内斯堡证券交易所	冻牛肉、冻羊肉

期货市场国际化

续表

交易所	期货品种
越南商品交易所	罗布斯塔咖啡、阿拉比卡咖啡、烟胶片
伊朗商业交易所	番红花期货

资料来源：各交易所网站。

2. 能源化工类期货

"一带一路"国家和地区部分期货交易所上市的期货如精炼油、天然气、电力等，目前国内期货市场尚未推出。国内期货交易所上市的焦炭、沥青、玻璃期货，也是"一带一路"国家和地区的期货市场上没有的（见表7.57）。

表7.57 "一带一路"国家和地区能源化工类期货与中国不相关的品种

交易所	期货品种
上期所	沥青
上期所	纸浆
大商所	焦炭
郑商所	玻璃
新加坡交易所	精炼油、天然气、电力
ICE新加坡期货交易所	迷你低硫柴油
印度多种商品交易所	天然气
圣彼得堡国际商品原料交易所	汽油、柴油
巴基斯坦商业交易所	天然气（1 000百万英热单位、10 000百万英热单位）
伊斯坦布尔交易所	基础负荷电力、季度与年度基础负荷电力
乌克兰商业交易所	天然气、迷你天然气
巴林金融交易所	天然气
塞舌尔证券交易所	天然气
意大利证券交易所	电力

资料来源：各交易所网站。

3. 金属类期货

"一带一路"国家和地区部分交易所上市的品种如钢坯、钢屑、钴、钼、钯金、铂金等,目前国内期货市场尚未推出(见表7.58)。

表7.58 "一带一路"国家和地区金属类期货与中国不相关的品种

交易所	期货品种
香港交易所	钢坯、钢屑
香港交易所	钴
香港交易所	钼
伊斯坦布尔交易所	钢屑
约翰内斯堡证券交易所	钯金、铂金、以纽约商业交易所的钯金和铂金为标的的双币种合约

资料来源:各交易所网站。

4. 建材类期货

除热轧卷板期货外,国内上市的纤维板、胶合板、线材期货是"一带一路"国家和地区的期货市场上没有的(见表7.59)。

表7.59 "一带一路"国家和地区建材类期货与中国不相关的品种

交易所	期货品种
上期所	线材
大商所	纤维板
大商所	胶合板

资料来源:各交易所网站。

5. 冶金类期货

目前,国内上市的硅铁、锰硅期货是"一带一路"国家和地区的期货市场上没有的(见表7.60)。

表 7.60 "一带一路"国家和地区冶金类期货与中国不相关的品种

交易所	期货品种
郑商所	硅铁
郑商所	锰硅

资料来源：各交易所网站。

6. 商品期权

目前,"一带一路"国家和地区部分交易所上市有黄金、白银、原油等商品期权,而中国期货市场尚未推出这些商品期权品种,如表 7.61 所示。

表 7.61 "一带一路"国家和地区商品期权与中国不相关的品种

交易所	期权品种
新加坡交易所	干散货定期租船运费
印度多种商品交易所	原油、白银、黄金、锌
印度国际交易所	白银、黄金、Brent 原油
莫斯科交易所	Brent 原油、轻质原油
香港交易所	优质原铝、铅成交价平均价、镍成交价平均价、北美特种铝合金、北美特种铝合金成交价平均价、原铝成交价平均价、原镍、锌、特等锌成交价平均价、标准铅、锡
台湾期货交易所	黄金
马来西亚衍生品交易所	原棕榈油
新西兰期货交易所	牛奶价格、脱脂奶粉、全脂奶粉
约翰内斯堡证券交易所	大豆、葵花籽、小麦、高粱，以芝加哥期货交易所的大豆、豆油、小麦和玉米期货合约为标的的双币种期权，原油、柴油、天然气、汽油以及燃料油
伊朗商业交易所	金币

资料来源：各交易所网站。

▶▶ 第八章

合作路径评估

合作对象选择

合作环境评价

"一带一路"国家和地区较多,它们所处的历史阶段、发展水平差异较大,中国通过期货市场与这些国家和地区开展合作,面临着各种风险。因此,根据一定标准对"一带一路"国家和地区的合作环境进行评价,是选择合作对象的基本前提。

1. 评价指标选取

考虑到数据资料的可得性和评价指标的科学性,特选取"一带一路"国家和地区的营商环境、期货市场发展水平,以及与中国的政治关系、经贸联系四个维度的指标对合作环境进行评价。

（1）政治关系

双边政治关系是开展合作的重要前提。根据中国外交部公布的资料，中国将与"一带一路"国家和地区的双边政治关系分为18个层级，这是目前评估中国与"一带一路"国家和地区双边政治关系最权威的标准。中国与"一带一路"国家和地区的政治关系如表8.1所示。总体而言，中国与周边国家和地区的政治关系处于较高层级。

表8.1 中国与"一带一路"国家和地区的政治关系

层级	类别	国家和地区
1	全天候战略合作伙伴关系	巴基斯坦
2	全面战略协作伙伴关系	俄罗斯
3	全面战略合作伙伴关系	越南、泰国、缅甸、柬埔寨、老挝、津巴布韦、纳米比亚、莫桑比克、塞拉利昂、意大利、葡萄牙
4	战略合作伙伴关系	印度、土耳其、斯里兰卡、阿富汗、韩国
5	全方位战略伙伴关系	无
6	全面战略伙伴关系	马来西亚、沙特阿拉伯、印度尼西亚、伊朗、哈萨克斯坦、匈牙利、埃及、蒙古、希腊、白俄罗斯、南非、阿尔及利亚、新西兰、委内瑞拉、瓦努阿图、汤加、库克群岛、斐济、密克罗尼西亚、萨摩亚、秘鲁、厄瓜多尔、智利
7	战略伙伴关系	阿拉伯联合酋长国、伊拉克、波兰、捷克、科威特、卡塔尔、土库曼斯坦、乌克兰、吉尔吉斯斯坦、乌兹别克斯坦、约旦、塔吉克斯坦、塞尔维亚、尼日利亚、安哥拉、摩洛哥、苏丹、哥斯达黎加、玻利维亚
8	创新战略伙伴关系	无
9	更加紧密的全面合作伙伴关系	孟加拉国

续表

层级	类别	国家和地区
10	全方位友好合作伙伴关系	无
11	全方位合作伙伴关系	新加坡
12	全面友好合作伙伴关系	罗马尼亚、保加利亚、马尔代夫
13	全面合作伙伴关系	埃塞俄比亚、肯尼亚、坦桑尼亚、克罗地亚、东帝汶、刚果共和国、赤道几内亚
14	友好合作伙伴关系	匈牙利、塞内加尔
15	合作伙伴关系	阿尔巴尼亚、特立尼达和多巴哥、安提瓜和巴布达
16	友好伙伴关系	牙买加
17	普通外交关系	菲律宾、阿曼、以色列、斯洛伐克、也门、黎巴嫩、斯洛文尼亚、文莱、巴林、吉布提、立陶宛、叙利亚、爱沙尼亚、阿塞拜疆、乌干达、格鲁吉亚、拉脱维亚、亚美尼亚、波黑、摩尔多瓦、索马里、北马其顿、卢旺达、黑山、布隆迪、塞舌尔、巴勒斯坦、南苏丹、奥地利、赞比亚、加纳、喀麦隆、多哥、佛得角、加蓬、科特迪瓦、突尼斯、利比亚、马达加斯加、几内亚、毛里塔尼亚、冈比亚、乍得、巴布亚新几内亚、纽埃、苏里南、乌拉圭、多米尼克、圭亚那、巴拿马、格林纳达、卢森堡、塞浦路斯、马耳他、利比里亚、古巴、巴巴多斯、多米尼加、萨尔瓦多
18	未建交	不丹

注：1.资料来源为中国外交部；2.香港、澳门是中国的特别行政区且澳门经济体量较小，故两者未列入该表。

（2）经贸联系

经贸联系主要包括双边贸易额、直接投资等，通过这两个指标可以综合衡量中国与"一带一路"国家和地区的经贸联系。中国与

期货市场国际化

"一带一路"国家和地区的双边贸易情况如表 8.2 所示。可以看出，中国香港、韩国、越南、马来西亚、泰国、印度、俄罗斯、新加坡、印度尼西亚和沙特阿拉伯位列前 10，除沙阿特阿拉伯之外，其他均为中国周边国家或地区。

表 8.2 中国与"一带一路"国家和地区的双边贸易情况

单位：百万美元，%

国家和地区	2015 年贸易额	2016 年贸易额	2017 年贸易额	3 年平均贸易额	3 年平均贸易额排名	占总贸易额比重
中国香港	269 394	268 225	270 292	269 304	1	15.77
韩国	264 539	246 159	274 572	261 757	2	15.33
越南	73 238	87 225	107 540	89 334	3	5.23
马来西亚	86 382	83 334	92 665	87 461	4	5.12
泰国	78 115	80 918	86 562	81 865	5	4.79
印度	74 988	72 299	88 311	78 533	6	4.60
俄罗斯	68 091	70 156	89 122	75 789	7	4.44
新加坡	68 213	66 150	78 685	71 016	8	4.16
印度尼西亚	49 226	52 057	64 279	55 187	9	3.23
沙特阿拉伯	54 795	43 678	51 485	49 986	10	2.93
意大利	48 153	47 008	52 533	49 231	11	2.88
南非	31 961	36 939	39 367	36 089	12	2.11
智利	33 313	32 588	36 314	34 071	13	2.00
菲律宾	30 937	33 268	36 028	33 411	14	1.96
土耳其	27 827	28 221	27 147	27 732	15	1.62
伊朗	24 960	23 336	27 936	25 411	16	1.49
伊拉克	21 059	18 826	22 579	20 821	17	1.22
秘鲁	17 330	18 009	22 404	19 248	18	1.13
波兰	17 258	18 104	21 802	19 055	19	1.12
安哥拉	18 808	15 153	21 676	18 546	20	1.09

续表

国家和地区	2015年贸易额	2016年贸易额	2017年贸易额	3年平均贸易额	3年平均贸易额排名	占总贸易额比重
巴基斯坦	13 498	15 583	17 188	15 423	21	0.90
新西兰	13 708	14 376	17 121	15 069	22	0.88
阿曼	16 571	13 061	14 621	14 751	23	0.86
科威特	12 576	11 025	14 417	12 672	24	0.74
奥地利	10 813	10 287	11 665	10 921	25	0.64
缅甸	11 672	9 623	10 637	10 644	26	0.62
委内瑞拉	12 996	8 429	9 216	10 214	27	0.60
哈萨克斯坦	10 928	8 461	11 033	10 141	28	0.59
以色列	8 572	9 428	10 727	9 576	29	0.56
匈牙利	8 586	9 333	10 426	9 448	30	0.55
尼日利亚	9 721	7 318	9 238	8 759	31	0.51
阿尔及利亚	8 678	8 728	8 586	8 664	32	0.51
卡塔尔	8 360	7 315	9 762	8 479	33	0.50
乌克兰	7 325	7 153	7 849	7 442	34	0.44
土库曼斯坦	8 690	5 925	6 978	7 198	35	0.42
埃及	10 004	5 083	5 915	7 001	36	0.41
埃塞俄比亚	6 337	6 079	5 013	5 810	37	0.34
斯洛伐克	5 251	5 878	6 060	5 730	38	0.34
柬埔寨	4 592	5 382	6 503	5 493	39	0.32
蒙古	5 113	4 573	6 419	5 368	40	0.31
罗马尼亚	4 503	5 249	6 108	5 287	41	0.31
摩洛哥	3 660	4 353	4 731	4 248	42	0.25
乌兹别克斯坦	4 551	3 841	4 175	4 189	43	0.25
厄瓜多尔	4 502	3 489	4 182	4 058	44	0.24
乌拉圭	4 158	3 489	4 347	3 998	45	0.23
葡萄牙	3 446	3 593	4 451	3 830	46	0.22
肯尼亚	3 661	3 422	3 944	3 676	47	0.22

期货市场国际化

续表

国家和地区	2015年贸易额	2016年贸易额	2017年贸易额	3年平均贸易额	3年平均贸易额排名	占总贸易额比重
加纳	3 353	3 262	3 977	3 531	48	0.21
希腊	3 118	3 484	3 501	3 368	49	0.20
赞比亚	2 514	2 786	4 189	3 163	50	0.19
白俄罗斯	3 412	2 565	3 261	3 079	51	0.18
斯里兰卡	259	4 544	4 259	3 021	52	0.18
约旦	2 928	2 545	3 043	2 839	53	0.17
哥斯达黎加	2 774	2 783	2 876	2 811	54	0.16
巴布亚新几内亚	2 997	2 413	2 936	2 782	55	0.16
多米尼加	2 673	2 609	2 901	2 728	56	0.16
老挝	2 650	2 415	3 018	2 694	57	0.16
古巴	2 764	2 586	2 158	2 503	58	0.15
玻利维亚	2 228	2 030	2 379	2 212	59	0.13
黎巴嫩	2 101	2 118	1 908	2 042	60	0.12
斯洛文尼亚	1 908	1 898	2 119	1 975	61	0.12
加蓬	1 629	1 681	2 590	1 966	62	0.12
突尼斯	1 877	1 957	2 048	1 961	63	0.11
利比亚	2 382	1 282	2 132	1 932	64	0.11
保加利亚	1 832	1 735	2 219	1 928	65	0.11
喀麦隆	1 956	1 442	2 342	1 913	66	0.11
坦桑尼亚	2 231	1 955	1 327	1 838	67	0.11
塞尔维亚	1 669	1 648	2 057	1 791	68	0.10
卢森堡	3 010	1 567	668	1 748	69	0.10
巴林	1 683	1 493	1 779	1 652	70	0.10
吉尔吉斯斯坦	1 086	1 536	1 581	1 401	71	0.08
巴拿马	1 474	1 108	1 305	1 296	72	0.08
赤道几内亚	1 445	794	1 618	1 286	73	0.08

续表

国家和地区	2015年贸易额	2016年贸易额	2017年贸易额	3年平均贸易额	3年平均贸易额排名	占总贸易额比重
阿富汗	1 056	1 097	1 376	1 176	74	0.07
尼泊尔	942	1 270	1 285	1 165	75	0.07
科特迪瓦	1 258	1 086	1 152	1 165	76	0.07
莫桑比克	1 439	898	1 022	1 119	77	0.07
阿塞拜疆	738	1 116	1 432	1 096	78	0.06
几内亚	346	961	1 894	1 067	79	0.06
立陶宛	945	947	1 185	1 026	80	0.06
乌干达	961	924	1 026	970	81	0.06
爱沙尼亚	929	922	1 036	962	82	0.06
萨尔瓦多	899	902	1 035	945	83	0.06
毛里塔尼亚	918	929	960	935	84	0.05
克罗地亚	694	821	982	832	85	0.05
马达加斯加	717	792	985	831	86	0.05
苏丹	732	—	—	732	87	0.04
特立尼达和多巴哥	699	675	815	730	88	0.04
塞内加尔	637	726	777	714	89	0.04
格鲁吉亚	631	600	801	677	90	0.04
文莱	474	555	986	672	91	0.04
叙利亚	651	618	702	657	92	0.04
亚美尼亚	535	631	772	646	93	0.04
马耳他	676	605	602	628	94	0.04
拉脱维亚	607	578	675	620	95	0.04
塞浦路斯	431	650	717	599	96	0.04
阿尔巴尼亚	498	539	649	562	97	0.03
多哥	586	633	414	545	98	0.03
北马其顿	527	466	528	507	99	0.03

期货市场国际化

续表

国家和地区	2015年贸易额	2016年贸易额	2017年贸易额	3年平均贸易额	3年平均贸易额排名	占总贸易额比重
摩尔多瓦	388	418	539	448	100	0.03
索马里	343	437	515	431	101	0.03
塞拉利昂	373	356	529	419	102	0.02
卢旺达	401	412	392	402	103	0.02
塔吉克斯坦	440	405	336	394	104	0.02
牙买加	440	325	385	383	105	0.02
斐济	325	372	398	365	106	0.02
黑山	234	238	318	263	107	0.02
乍得	223	207	348	260	108	0.02
利比里亚	337	206	195	246	109	0.01
马尔代夫	148	286	258	230	110	0.01
圭亚那	163	148	195	169	111	0.01
吉布提	140	158	155	151	112	0.01
苏里南	145	105	119	123	113	0.01
巴巴多斯	110	138	117	122	114	0.01
冈比亚	86	119	135	113	115	0.01
布隆迪	73	106	107	96	116	0.01
萨摩亚	56	50	33	46	117	0.00
塞舌尔	48	40	50	46	118	0.00
佛得角	34	32	43	36	119	0.00
瓦努阿图	39	29	38	36	120	0.00
格林纳达	37	23	32	31	121	0.00
汤加	19	18	15	17	122	0.00

资料来源：彭博数据库。

中国与"一带一路"国家和地区的直接投资情况如表8.3所示。从中可以看出，中国香港、新加坡、卢森堡、俄罗斯、印度尼西亚、哈萨克斯坦、南非、老挝、韩国和巴基斯坦位列前10，除卢森堡和南非外，其他均为中国周边国家或地区，这与双边贸易情况基本相同。从地缘经济的角度看，中国与周边国家和地区是全球最具活力地带和经济增长的主要拉动力量。迅速发展的经济为中国与周边国家和地区的贸易和投资合作提供了基础，同时，中国与周边国家和地区的公共产品和机制建设为贸易和投资合作提供了较为有效的制度支撑。

表8.3 中国与"一带一路"国家和地区的直接投资情况

单位：万美元、%

国家和地区	对外直接投资存量	排名	占对"一带一路"总投资存量比重	占对"一带一路"总投资存量累计比重
中国香港	98 126 568	1	81.10	81.10
新加坡	4 456 809	2	3.68	84.78
卢森堡	1 393 615	3	1.15	85.93
俄罗斯	1 387 160	4	1.15	87.08
印度尼西亚	1 053 880	5	0.87	87.95
哈萨克斯坦	756 145	6	0.62	88.57
南非	747 277	7	0.62	89.19
老挝	665 495	8	0.55	89.74
韩国	598 347	9	0.49	90.24
巴基斯坦	571 584	10	0.47	90.71
缅甸	552 453	11	0.46	91.16
柬埔寨	544 873	12	0.45	91.61
阿拉伯联合酋长国	537 283	13	0.44	92.06
泰国	535 847	14	0.44	92.50
越南	496 536	15	0.41	92.91
马来西亚	491 470	16	0.41	93.32

期货市场国际化

续表

国家和地区	对外直接投资存量	排名	占对"一带一路"总投资存量比重	占对"一带一路"总投资存量累计比重
印度	474 733	17	0.39	93.71
以色列	414 869	18	0.34	94.05
伊朗	362 350	19	0.30	94.35
蒙古	362 280	20	0.30	94.65
委内瑞拉	320 725	21	0.27	94.92
赞比亚	296 344	22	0.24	95.16
尼日利亚	286 153	23	0.24	95.40
新西兰	249 180	24	0.21	95.60
安哥拉	226 016	25	0.19	95.79
巴布亚新几内亚	210 121	26	0.17	95.96
沙特阿拉伯	203 827	27	0.17	96.13
埃塞俄比亚	197 556	28	0.16	96.30
意大利	190 379	29	0.16	96.45
阿尔及利亚	183 366	30	0.15	96.61
津巴布韦	174 834	31	0.14	96.75
塔吉克斯坦	161 609	32	0.13	96.88
加纳	157 536	33	0.13	97.01
肯尼亚	154 345	34	0.13	97.14
土耳其	130 135	35	0.11	97.25
吉尔吉斯斯坦	129 938	36	0.11	97.36
坦桑尼亚	128 030	37	0.11	97.46
中国台湾	127 247	38	0.11	97.57
苏丹	120 156	39	0.10	97.67
刚果共和国	112 606	40	0.09	97.76
牙买加	111 412	41	0.09	97.85
卡塔尔	110 549	42	0.09	97.94

续表

国家和地区	对外直接投资存量	排名	占对"一带一路"总投资存量比重	占对"一带一路"总投资存量累计比重
厄瓜多尔	103 244	43	0.09	98.03
乌兹别克斯坦	94 607	44	0.08	98.11
科威特	93 623	45	0.08	98.18
莫桑比克	87 291	46	0.07	98.26
奥地利	85 149	47	0.07	98.33
秘鲁	83 943	48	0.07	98.40
埃及	83 484	49	0.07	98.46
菲律宾	81 960	50	0.07	98.53
马达加斯加	76 630	51	0.06	98.60
斯里兰卡	72 835	52	0.06	98.66
塞浦路斯	71 869	53	0.06	98.72
萨摩亚	62 755	54	0.05	98.77
特立尼达和多巴哥	62 177	55	0.05	98.82
也门	61 255	56	0.05	98.87
乌干达	57 594	57	0.05	98.92
格鲁吉亚	56 817	58	0.05	98.96
白俄罗斯	54 841	59	0.05	99.01
智利	52 757	60	0.04	99.05
纳米比亚	48 047	61	0.04	99.09
喀麦隆	42 436	62	0.04	99.13
伊拉克	41 437	63	0.03	99.16
玻利维亚	41 349	64	0.03	99.20
乍得	41 225	65	0.03	99.23
波兰	40 552	66	0.03	99.26
阿富汗	40 364	67	0.03	99.30

期货市场国际化

续表

国家和地区	对外直接投资存量	排名	占对"一带一路"总投资存量比重	占对"一带一路"总投资存量累计比重
赤道几内亚	39 597	68	0.03	99.33
加蓬	38 535	69	0.03	99.36
利比亚	36 675	70	0.03	99.39
巴拿马	35 878	71	0.03	99.42
土库曼斯坦	34 272	72	0.03	99.45
孟加拉国	32 907	73	0.03	99.48
匈牙利	32 786	74	0.03	99.50
利比里亚	31 963	75	0.03	99.53
摩洛哥	31 821	76	0.03	99.56
罗马尼亚	31 007	77	0.03	99.58
科特迪瓦	30 368	78	0.03	99.61
保加利亚	25 046	79	0.02	99.63
毛里塔尼亚	23 585	80	0.02	99.65
吉布提	23 286	81	0.02	99.67
塞舌尔	23 127	82	0.02	99.69
尼泊尔	22 762	83	0.02	99.70
文莱	22 067	84	0.02	99.72
塞内加尔	21 430	85	0.02	99.74
乌拉圭	19 868	86	0.02	99.76
塞拉利昂	18 422	87	0.02	99.77
希腊	18 222	88	0.02	99.79
东帝汶	17 417	89	0.01	99.80
塞尔维亚	17 002	90	0.01	99.82
马耳他	16 498	91	0.01	99.83
捷克	16 490	92	0.01	99.84

续表

国家和地区	对外直接投资存量	排名	占对"一带一路"总投资存量比重	占对"一带一路"总投资存量累计比重
苏里南	16 439	93	0.01	99.86
斐济	15 670	94	0.01	99.87
巴巴多斯	11 730	95	0.01	99.88
古巴	11 500	96	0.01	99.89
多哥	11 285	97	0.01	99.90
圭亚那	11 069	98	0.01	99.91
葡萄牙	11 023	99	0.01	99.92
瓦努阿图	10 576	100	0.01	99.93
卢旺达	9 925	101	0.01	99.93
阿曼苏丹国	9 904	102	0.01	99.94
斯洛伐克	8 345	103	0.01	99.95
几内亚	7 639	104	0.01	99.95
巴林	7 437	105	0.01	99.96
约旦	6 440	106	0.01	99.97
乌克兰	6 265	107	0.01	99.97
黑山	3 945	108	0	99.97
克罗地亚	3 908	109	0	99.98
亚美尼亚	2 996	110	0	99.98
阿塞拜疆	2 799	111	0	99.98
斯洛文尼亚	2 725	112	0	99.99
哥斯达黎加	2 602	113	0	99.99
格林纳达	2 507	114	0	99.99
密克罗尼西亚	1 954	115	0	99.99
立陶宛	1 713	116	0	99.99
突尼斯	1 508	117	0	99.99

期货市场国际化

续表

国家和地区	对外直接投资存量	排名	占对"一带一路"总投资存量比重	占对"一带一路"总投资存量累计比重
佛得角	1 463	118	0	99.99
叙利亚	1 031	119	0	100
布隆迪	1 029	120	0	100
汤加	956	121	0	100
安提瓜和巴布达	670	122	0	100
冈比亚	536	123	0	100
阿尔巴尼亚	478	124	0	100
波黑	434	125	0	100
摩尔多瓦	387	126	0	100
爱沙尼亚	362	127	0	100
北马其顿	203	128	0	100
黎巴嫩	201	129	0	100
拉脱维亚	102	130	0	100
巴勒斯坦	4	131	0	100
多米尼加	1	132	0	100
多米尼克	1	133	0	100

资料来源：万得资讯。

注：投资存量单位为万美元，比重单位为%。

将中国与"一带一路"国家和地区的贸易额排名、投资存量排名进行算术平均，可以得到经贸联系排名（见表8.4）。总体而言，中国与周边国家和地区的经贸联系排名比较靠前。同时，中国与"一带一路"国家和地区的大宗商品贸易情况与经贸联系排名比较一致。

表8.4 中国与"一带一路"国家和地区的经贸联系

国家和地区	经贸联系排名	国家和地区	经贸联系排名
中国香港	1	乌干达	69
新加坡	2	乌克兰	70
韩国	3	斯洛伐克	71
俄罗斯	4	赤道几内亚	72
印度尼西亚	5	阿富汗	73
越南	6	巴拿马	74
泰国	7	特立尼达和多巴哥	75
南非	8	保加利亚	76
马来西亚	9	葡萄牙	77
印度	10	牙买加	78
阿拉伯联合酋长国	11	孟加拉国	79
巴基斯坦	12	格鲁吉亚	80
哈萨克斯坦	13	塞浦路斯	81
伊朗	14	古巴	82
沙特阿拉伯	15	科特迪瓦	83
缅甸	16	塞尔维亚	84
意大利	17	尼泊尔	85
安哥拉	18	约旦	86
新西兰	19	毛里塔尼亚	87
以色列	20	萨尔瓦多	88
委内瑞拉	21	哥斯达黎加	89
土耳其	22	萨摩亚	90
柬埔寨	23	斯洛文尼亚	91

期货市场国际化

续表

国家和地区	经贸联系排名	国家和地区	经贸联系排名
尼日利亚	24	乍得	92
蒙古	25	塞内加尔	93
阿尔及利亚	26	巴林	94
津巴布韦	27	文莱	95
菲律宾	28	东帝汶	96
埃塞俄比亚	29	突尼斯	97
老挝	30	几内亚	98
秘鲁	31	利比里亚	99
科威特	32	捷克	100
奥地利	33	马耳他	101
赞比亚	34	多米尼加	102
卢森堡	35	黎巴嫩	103
智利	36	阿塞拜疆	104
卡塔尔	37	塞拉利昂	105
中国台湾	38	吉布提	106
伊拉克	39	克罗地亚	107
刚果共和国	40	多哥	108
肯尼亚	41	立陶宛	109
加纳	42	斐济	110
巴布亚新几内亚	43	塞舌尔	111
波兰	44	索马里	112
埃及	45	亚美尼亚	113
乌兹别克斯坦	46	卢旺达	114
厄瓜多尔	47	苏里南	115

第八章 合作路径评估

续表

国家和地区	经贸联系排名	国家和地区	经贸联系排名
匈牙利	48	爱沙尼亚	116
斯里兰卡	49	圭亚那	117
坦桑尼亚	50	巴巴多斯	118
土库曼斯坦	51	叙利亚	119
吉尔吉斯斯坦	52	黑山	120
白俄罗斯	53	马尔代夫	121
也门	54	瓦努阿图	122
罗马尼亚	55	阿尔巴尼亚	123
摩洛哥	56	拉脱维亚	124
纳米比亚	57	摩尔多瓦	125
玻利维亚	58	北马其顿	126
莫桑比克	59	密克罗尼西亚	127
阿曼	60	格林纳达	128
苏丹	61	布隆迪	129
喀麦隆	62	佛得角	130
乌拉圭	63	冈比亚	131
加蓬	64	汤加	132
利比亚	65	安提瓜和巴布达	133
塔吉克斯坦	66	波黑	134
希腊	67	巴勒斯坦	135
马达加斯加	68	多米尼克	136

（3）营商环境

目前，世界银行每年发布的《世界营商环境报告》[①]已成为各国政府、企业和投资者开展跨国经济活动的重要参考。根据最近3年的《世界营商环境报告》，可以得出"一带一路"国家和地区营商环境排名情况（见表8.5）。从表8.5中可以看出，不同国家和地区的营商环境平均得分差别较大，新加坡、中国香港、北马其顿、中国台湾、爱沙尼亚、拉脱维亚、格鲁吉亚、立陶宛、马来西亚和波兰位列前10，其中，前5个国家和地区的营商环境得分均在80分以上。总体而言，营商环境与经济发展水平正相关，营商环境较好的国家和地区，其经济发展水平也较高，较差的营商环境会给当地经济发展造成负面影响。

表8.5 "一带一路"国家和地区的营商环境排名

国家和地区	2015年营商环境得分	2016年营商环境得分	2017年营商环境得分	3年营商环境平均得分	平均得分排名
新加坡	85.0828	85.6677	85.0500	85.2668	1
中国香港	83.7710	84.2108	84.2100	84.0639	2
北马其顿	79.4391	81.9950	81.7400	81.0580	3
中国台湾	80.8805	80.8876	81.0900	80.9527	4
爱沙尼亚	80.6573	80.6975	81.0500	80.8016	5
拉脱维亚	78.8339	80.3300	80.6100	79.9246	6
格鲁吉亚	77.6255	80.2095	80.2000	79.3450	7
立陶宛	78.1987	78.4312	78.8400	78.4900	8
马来西亚	78.6831	78.6042	78.1100	78.4658	9
波兰	76.7297	77.4933	77.8100	77.3443	10

[①] 主要指标包括执行合同效率、纳税便利度、开办企业便利度等方面。

续表

国家和地区	2015年营商环境得分	2016年营商环境得分	2017年营商环境得分	3年营商环境平均得分	平均得分排名
葡萄牙	76.0300	77.5700	77.4000	77.0000	11
阿拉伯联合酋长国	75.0131	77.0798	76.8900	76.3276	12
捷克	75.9694	76.2549	76.7100	76.3114	13
斯洛文尼亚	75.1529	75.8613	76.1400	75.7181	14
斯洛伐克	75.0925	75.2981	75.6100	75.3335	15
罗马尼亚	74.1452	74.3291	74.2600	74.2448	16
哈萨克斯坦	71.4694	76.1083	75.0900	74.2226	17
亚美尼亚	72.9381	74.4131	73.6300	73.6604	18
白俄罗斯	71.5777	74.8109	74.1300	73.5062	19
保加利亚	73.0627	73.4907	73.5100	73.3545	20
俄罗斯	73.0472	73.0375	73.1900	73.0916	21
匈牙利	72.6675	73.0251	73.0700	72.9209	22
泰国	72.3686	73.2406	72.5300	72.7131	23
克罗地亚	72.4046	72.4501	72.9900	72.6149	24
摩尔多瓦	71.2617	72.5293	72.7500	72.1803	25
黑山	71.1277	71.9147	72.0800	71.7075	26
以色列	71.6271	71.8277	71.6500	71.7016	27
秘鲁	72.1100	71.3300	70.2500	71.2300	28
意大利	68.4800	72.0700	72.2500	70.9333	29
塞尔维亚	68.7817	71.6402	72.2900	70.9040	30
智利	71.2400	71.4900	69.5600	70.7633	31
塞浦路斯	66.5500	71.7800	72.6500	70.3267	32
卢旺达	68.5882	69.6884	69.8100	69.3622	33
希腊	68.6490	68.6350	68.6700	68.6513	34
土耳其	69.1850	69.0887	67.1900	68.4879	35

期货市场国际化

续表

国家和地区	2015年营商环境得分	2016年营商环境得分	2017年营商环境得分	3年营商环境平均得分	平均得分排名
卢森堡	67.6000	68.3100	68.8100	68.2400	36
阿塞拜疆	67.9126	68.0774	67.9900	67.9933	37
蒙古	67.1887	68.3348	68.1500	67.8912	38
巴林	66.5668	68.6237	68.4400	67.8768	39
牙买加	67.7900	67.2700	67.5400	67.5333	40
阿曼苏丹国	65.8263	67.9042	67.7300	67.1535	41
阿尔巴尼亚	60.7718	68.4956	68.9000	66.0558	42
吉尔吉斯斯坦	65.7445	65.8174	65.1700	65.5773	43
不丹	65.0906	65.1075	65.3700	65.1894	44
文莱	62.1174	67.4074	65.5100	65.0116	45
汤加	65.7200	64.1300	63.5800	64.4767	46
卡塔尔	64.8660	63.8410	63.6600	64.1223	47
波黑	63.3092	64.2761	63.8700	63.8184	48
马耳他	62.1100	63.7000	65.0100	63.6067	49
乌克兰	62.5606	63.6803	63.9000	63.3803	50
乌兹别克斯坦	63.0470	63.4360	63.0300	63.1710	51
瓦努阿图	64.6000	61.0800	63.6600	63.1133	52
越南	61.0920	64.1784	63.8300	63.0335	53
萨摩亚	66.1700	60.7000	62.1700	63.0133	54
沙特阿拉伯	62.7240	63.5023	61.1100	62.4454	55
斐济	63.9000	62.5800	60.7100	62.3967	56
多米尼加	61.3700	61.4400	60.2700	61.0267	57
塞舌尔	60.7206	60.9226	61.2100	60.9511	58
肯尼亚	58.4798	62.2111	61.2200	60.6370	59

续表

国家和地区	2015年营商环境得分	2016年营商环境得分	2017年营商环境得分	3年营商环境平均得分	平均得分排名
菲律宾	60.0290	61.0178	60.4000	60.4823	60
印度尼西亚	58.1114	61.2778	61.5200	60.3031	61
科威特	60.3026	59.7307	59.5500	59.8611	62
尼泊尔	60.1806	59.6965	58.8800	59.5857	63
斯里兰卡	58.2830	58.9377	58.7900	58.6702	64
巴巴多斯	60.5700	56.8500	57.4200	58.2800	65
厄瓜多尔	58.8800	57.4700	57.9700	58.1067	66
约旦	57.9992	58.3105	57.3000	57.8699	67
乌干达	56.9610	57.6457	57.7700	57.4589	68
伊朗	56.9605	57.1425	57.2600	57.1210	69
埃及	56.1118	57.5936	56.6400	56.7818	70
黎巴嫩	56.5406	56.3598	55.9000	56.2668	71
印度	55.2231	56.6806	55.2700	55.7246	72
柬埔寨	55.6510	55.8984	54.7900	55.4465	73
塔吉克斯坦	54.0248	55.9031	55.3400	55.0893	74
马尔代夫	54.4778	54.4146	53.9400	54.2775	75
老挝	53.3456	54.2007	53.2900	53.6121	76
坦桑尼亚	50.8703	54.6831	54.4800	53.3445	77
巴基斯坦	50.2040	52.4798	51.7700	51.4846	78
密克罗尼西亚	53.0700	49.6700	49.4800	50.7400	79
布隆迪	48.1344	48.3058	47.3700	47.9367	80
埃塞俄比亚	46.2395	46.6332	47.2500	46.7076	81
伊拉克	45.0378	45.6602	45.6100	45.4360	82
吉布提	44.9778	45.0629	44.5000	44.8469	83
缅甸	44.6048	45.1558	44.5600	44.7735	84

期货市场国际化

续表

国家和地区	2015年营商环境得分	2016年营商环境得分	2017年营商环境得分	3年营商环境平均得分	平均得分排名
赤道几内亚	49.0100	40.0300	39.8300	42.9567	85
利比里亚	46.6100	40.1900	41.4100	42.7367	86
东帝汶	43.9713	42.8205	40.8800	42.5573	87
叙利亚	42.4748	41.0523	41.4300	41.6524	88
孟加拉国	41.1000	41.2404	40.8400	41.0601	89
阿富汗	40.4431	39.9776	38.1000	39.5069	90
也门	39.3093	38.9650	39.5700	39.2814	91
南苏丹	32.9124	32.9158	33.4800	33.1027	92
索马里	20.2399	20.2859	20.2900	20.2719	93

资料来源：《世界营商环境报告》。

注：《世界营商环境报告》并未完全涵盖"一带一路"国家和地区的营商环境得分。

（4）期货市场发展水平

以是否有期货市场（见表7.10）以及期货市场成交量作为主要指标，可以对"一带一路"国家和地区期货市场的发展水平进行衡量（见表8.6）。从表8.6中可以看出，不同国家和地区的期货市场成交量差别较大，同一国家和地区的期货市场不同年份的成交量也存在明显波动。印度、俄罗斯、韩国、南非、中国香港、中国台湾、新加坡、土耳其、泰国和以色列位列前10，经济发展较好的国家和地区，其期货市场的成交量也较大。

表8.6 "一带一路"国家和地区3年期货市场成交量

单位：手

国家和地区	2015年成交量	2016年成交量	2017年成交量	3年年均成交量	年均成交量排名
印度	3 950 673 901	2 974 694 992	3 307 102 809	3 410 823 901	1

续表

国家和地区	2015年成交量	2016年成交量	2017年成交量	3年年均成交量	年均成交量排名
俄罗斯	1 659 441 584	1 950 145 218	1 584 632 965	1 731 406 589	2
韩国	794 935 326	692 990 540	1 015 335 674	834 420 513	3
南非	488 515 433	479 202 245	382 944 302	450 220 660	4
中国香港	359 364 547	344 642 173	372 186 941	358 731 220	5
中国台湾	264 495 660	241 678 556	265 705 669	257 293 295	6
新加坡	183 888 748	174 425 506	180 663 261	179 659 172	7
土耳其	88 880 168	107 253 507	146 122 348	114 085 341	8
泰国	48 538 899	69 576 164	78 990 574	65 701 879	9
以色列	66 054 567	52 097 656	46 641 131	54 931 118	10
意大利	44 372 766	49 023 902	34 151 018	42 515 895	11
阿拉伯联合酋长国	16 215 204	21 619 444	19 015 085	18 949 911	12
希腊	14 653 105	15 470 716	19 447 211	16 523 677	13
马来西亚	14 060 527	14 226 034	14 015 364	14 100 642	14
波兰	8 205 097	7 975 137	7 623 156	7 934 463	15
巴基斯坦	3 890 968	3 481 167	3 156 470	3 509 535	16
新西兰	1 811 241	1 834 170	311 675	1 319 029	17
印度尼西亚	575 896	558 409	234 030	456 112	18

资料来源：美国期货业协会报告。

注：有些国家和地区由于没有期货市场或者期货市场成交量太小，不在美国期货业协会成交量调查报告的交易所排名之列，故未列入该表。

2. 评价方法选择

根据数据资料的特点，我们可以用秩和比法进行评价。秩和比法是指对指标数值的排列秩序进行加权综合的评价方法，基本思路是：首先把具有社会经济意义的各个评价指标的实际数值转化为秩（排名），然后将各指标的秩加权求和，再根据秩和比进行比较与排序，计算公式为：

$$z_i = \sum_{j=1}^{p} w_j r_{ij}$$

其中，Z_i 为第 i 个评价对象的秩和比，p 为评价指标的个数，w_j 为第 j 项指标的权数，r_{ij} 为第 i 个评价对象在第 j 项指标上的秩。由于排列位次为逆向指标，为了便于分析，我们可以用排列位次的逆序来表示秩，将其转换为正向指标。

在权重选择上，由于4个指标均为选择合作对象时要考虑的重要因素，难以评判孰重孰轻，因此在计算秩和比时赋予4个指标同等权重，均为25%。

3. 综合评价结果

基于各评价指标的数据资料，我们用秩和比法计算了"一带一路"国家和地区的秩和比，对它们的合作环境情况进行了排名（见表8.7）。总体而言，中国香港、韩国、俄罗斯、南非、泰国、马来西亚、意大利、哈萨克斯坦、新加坡、新西兰、印度、巴基斯坦、蒙古、沙特阿拉伯、葡萄牙、伊朗以及菲律宾等国家和地区的合作环境排名靠前，为中国与这些国家和地区的期货市场合作提供了良好的基础。

表8.7 "一带一路"国家和地区合作环境综合评价结果

国家和地区	秩和比	排名	国家和地区	秩和比	排名
中国香港	138.75	1	加纳	80.00	71
韩国	134.00	2	巴布亚新几内亚	79.50	72
俄罗斯	133.50	3	斯洛文尼亚	79.33	73
南非	130.33	4	斐济	79.00	74
泰国	130.25	5	塞浦路斯	76.67	76
马来西亚	128.00	6	坦桑尼亚	76.67	75
意大利	125.75	7	瓦努阿图	76.33	77
津巴布韦	125.50	8	约旦	76.00	78
哈萨克斯坦	124.33	9	哥斯达黎加	75.50	79
新加坡	123.00	10	立陶宛	75.33	82
新西兰	122.33	11	克罗地亚	75.33	80
阿拉伯联合酋长国	121.75	12	牙买加	75.33	81
土耳其	121.00	13	汤加	75.00	83
库克群岛	121.00	14	爱沙尼亚	74.00	84
委内瑞拉	120.50	15	北马其顿	71.33	85
越南	120.00	16	拉脱维亚	71.00	86
阿尔及利亚	118.00	17	亚美尼亚	70.67	87
印度	116.50	18	巴林	70.00	88
印度尼西亚	115.00	19	喀麦隆	70.00	89
秘鲁	114.67	20	尼泊尔	69.67	90
巴基斯坦	114.25	21	乌拉圭	69.50	91
蒙古	113.33	22	加蓬	69.00	92
波兰	113.25	23	乌干达	68.67	93
智利	112.00	24	利比亚	68.50	94
沙特阿拉伯	111.00	25	文莱	67.67	95
安哥拉	111.00	26	阿塞拜疆	67.33	96

期货市场国际化

续表

国家和地区	秩和比	排名	国家和地区	秩和比	排名
纳米比亚	110.50	27	马达加斯加	67.00	97
葡萄牙	110.33	28	赤道几内亚	66.67	98
白俄罗斯	110.33	29	也门	66.00	99
莫桑比克	109.50	30	黑山	65.67	101
中国台湾	109.00	31	密克罗尼西亚	65.67	100
尼日利亚	108.00	32	特立尼达和多巴哥	65.50	102
柬埔寨	107.67	33	卢旺达	65.33	103
希腊	107.50	34	孟加拉国	64.67	104
以色列	106.75	35	摩尔多瓦	64.33	105
伊朗	106.67	36	马耳他	64.33	106
缅甸	106.33	37	巴拿马	64.00	107
老挝	104.33	38	多米尼加	61.33	108
卡塔尔	99.00	39	纽埃	61.00	109
斯里兰卡	98.33	40	阿尔巴尼亚	60.67	110
厄瓜多尔	96.67	41	古巴	60.00	111
罗马尼亚	96.33	42	科特迪瓦	59.50	112
埃及	96.00	43	塞舌尔	58.00	114
科威特	95.67	44	东帝汶	58.00	113
吉尔吉斯斯坦	95.33	45	毛里塔尼亚	57.50	116
乌兹别克斯坦	94.67	46	塞内加尔	57.50	115
土库曼斯坦	94.50	47	萨尔瓦多	57.00	117
匈牙利	93.00	48	黎巴嫩	56.33	118
摩洛哥	92.00	49	南苏丹	55.00	119
玻利维亚	91.00	50	乍得	55.00	120
卢森堡	90.67	51	马尔代夫	54.67	121
苏丹	89.50	52	波黑	53.67	122

续表

国家和地区	秩和比	排名	国家和地区	秩和比	排名
捷克	89.33	53	巴巴多斯	53.33	123
塞尔维亚	89.00	54	利比里亚	52.67	124
保加利亚	88.00	55	突尼斯	52.50	125
刚果共和国	88.00	56	几内亚	52.00	126
乌克兰	87.00	57	吉布提	51.33	127
伊拉克	86.67	58	不丹	49.00	128
塞拉利昂	86.50	59	多哥	47.00	129
萨摩亚	86.33	60	索马里	46.00	130
斯洛伐克	85.67	62	叙利亚	45.33	131
肯尼亚	85.67	61	布隆迪	44.67	132
格鲁吉亚	85.33	63	苏里南	43.50	133
菲律宾	85.00	64	圭亚那	42.50	134
奥地利	84.50	65	格林纳达	37.00	135
赞比亚	84.00	66	安提瓜和巴布达	36.50	136
埃塞俄比亚	82.33	67	佛得角	36.00	137
阿富汗	81.67	68	冈比亚	35.50	138
阿曼	80.67	69	巴勒斯坦	33.50	139
塔吉克斯坦	80.33	70	多米尼克	33.00	140

经贸关系评价

通过进一步评价"一带一路"国家和地区中与中国经贸关系比较密切的国家和地区，我们可以大致将其分为三个梯队（见表8.8）。具体情况如下。

一是与中国内地贸易总额在"一带一路"国家和地区中排名前5的品种超过10个的国家和地区，包括韩国、马来西亚、越南、泰国、印度尼西亚、中国香港、印度、菲律宾等 8 个国家和地区。这些国家和地区与中国的经贸联系非常密切，是中国大宗商品贸易的重要来源国。

二是与中国贸易总额在"一带一路"国家和地区中排名前 5 的品种在 2 个以上、10 个以下的国家，包括沙特阿拉伯、新加坡、俄罗斯、南非、哈萨克斯坦、新西兰、巴基斯坦、伊朗、蒙古国、乌克兰、意大利、智利、苏丹、乌拉圭、秘鲁等 15 个国家。这些国家多是能源、矿产、金属类大宗商品的重要供给方，在中国对外贸易中占有比较重要的地位。

三是与中国贸易总额在"一带一路"国家和地区中排名前 5 的品种仅为 1 个的国家，包括赞比亚、马达加斯加、加蓬、孟加拉国、尼日利亚、安哥拉、老挝、阿拉伯联合酋长国、阿曼苏丹国、伊拉克、文莱、科特迪瓦、也门、加纳、乌兹别克斯坦、缅甸、柬埔寨、纳米比亚、古巴等 19 个国家。各国在某些品种上与中国有相对密切的经贸往来，是未来合作的潜在市场。

拟开展合作国家和地区选择

上述对"一带一路"国家和地区的合作环境的评价结果，为中国选择拟开展合作的国家和地区提供了总体参考。

第八章　合作路径评估

表 8.8　"一带一路"国家和地区与中国贸易总额排名前 5 的品种的分布

国家和地区	个数	品种和排名
韩国	34	铜5、锌2、铝2、镍4、白银3、螺纹钢1、线材1、热轧卷板1、燃料油2、沥青2、天然橡胶5、棉花5、白糖3、菜籽油4、油菜籽3、菜籽粕1、PTA1
马来西亚	20	玻璃1、硅铁5、锰硅2、红枣4、玉米1、大豆2、豆粕4、豆油1、纤维板1、鸡蛋3、聚乙烯3、聚氯乙烯3、聚丙烯1、焦炭1、焦煤4、乙二醇2
越南	20	纤维板2、胶合板3、聚氯乙烯5、白银4、螺纹钢5、热轧卷板2、棉花3、水稻1、菜籽粕2、玻璃2、苹果4、棉纱1、红枣1、玉米淀粉2、大豆4、豆粕1

期货市场国际化

续表

国家和地区	个数	品种和排名
泰国	20	铝 2、黄金 4、线材 2、天然橡胶 1、小麦 2、白糖 2、菜籽粕 4、苹果 3、PTA 2、玻璃 5、红枣 2、玉米 4、玉米淀粉 1、豆油 5、棕榈油 5、胶合板 1
印度尼西亚	19	聚乙烯 5、聚氯乙烯 4、聚丙烯 4、热轧卷板 3、螺纹钢 3、线材 5、铝 4
中国香港	14	棕榈油 1、焦煤 1、白银 1、黄金 1、螺纹钢 2、燃料油 3、纸浆 5、白糖 4、菜籽油 1、菜籽粕 3、棉纱 4、苹果 1、PTA 5、玻璃 3、红枣 5、动力煤 1、硅铁 2、玉米淀粉 3、豆油 3、大豆 3、豆粕 3
印度	13	铜 2、铝 1、白银 2、沥青 5、棉花 1、棉纱 2、玻璃 3、硅铁 4、豆粕 2、PTA 4、聚氯乙烯 3、纤维板 3、豆油 4、鸡蛋 1、聚丙烯 2
菲律宾	12	铝 4、螺纹钢 4、线材 3、燃料油 5、小麦 5、白糖 1、动力煤 4、红枣 3、苹果 2、棕榈油 3、胶合板 2、焦煤 3、焦炭 2、铁矿石 2

224

续表

国家和地区	个数	品种和排名						
沙特阿拉伯	8	原油 2	沥青 4	甲醇 3	纤维板 5	聚乙烯 1	聚丙烯 5	焦炭 3	乙二醇 1
新加坡	7	黄金 3	燃料油 1	沥青 3	鸡蛋 2	聚丙烯 3	焦炭 5	乙二醇 4	
俄罗斯	6	镍 1	白银 5	原油 1	纸浆 3	油菜籽 2	动力煤 3		
南非	6	镍 2	黄金 2	硅铁 1	锰硅 1	棕榈油 4	铁矿石 1		
哈萨克斯坦	5	锌 1	铅 1	小麦 1	油菜籽 5	硅铁 3			
新西兰	5	菜籽油 5	红枣 5	甲醇 1	玉米淀粉 5	乙二醇 3			
巴基斯坦	4	热轧卷板 4	水稻 4	油菜籽 4	棉纱 3				

225

期货市场国际化

续表

国家和地区	个数	品种和排名				
伊朗	4	原油 5	甲醇 1	聚乙烯 2	铁矿石 3	
蒙古	4	油菜籽 1	动力煤 2	豆粕 5	焦煤 2	
乌克兰	3	小麦 4	豆油 3	铁矿石 5		
意大利	3	铅 5	镍 5	热轧卷板 5		
智利	3	铜 1	纸浆 2	胶合板 4		
苏丹	2	棉花 4	菜籽粕 5			
乌拉圭	2	纸浆 4	大豆 1			

226

续表

国家和地区	个数	品种和排名											
秘鲁	2	锌 5	铁矿石 4										
赞比亚	1	铜 3											
马达加斯加	1	镍 3											
加蓬	1	锰硅 3											
孟加拉国	1	苹果 5											
尼日利亚	1	黄金 5											
安哥拉	1	原油 3											
老挝	1	玉米 2											
阿拉伯联合酋长国	1	聚乙烯 4											

期货市场国际化

续表

国家和地区	个数	品种和排名
阿曼苏丹国	1	甲醇 4
伊拉克	1	原油 4
文莱	1	鸡蛋 4
科特迪瓦	1	水稻 3
也门	1	玉米 5
加纳	1	锰硅 4
乌兹别克斯坦	1	棉花 2
缅甸	1	玉米 3
柬埔寨	1	水稻 5
纳米比亚	1	锌 4
古巴	1	白糖 5

注：品种后面的数字为该国或该地区该品种与中国贸易总额在"一带一路"国家和地区中的排名，个数为与中国贸易总额排名前5品种的个数。

其他"一带一路"国家和地区均可作为拟开展合作的对象。合作环境评价不仅需要考虑各个国家和地区与中国不同品种贸易总额的占比情况；而且需要考虑它们对于"一带一路"建设的态度。综合以上分析，我们可以初步得出拟开展合作的国家和地区的层级。

第一层级，以韩国、马来西亚、泰国为代表的国家合作环境好，且与中国贸易总额排名靠前的品种均在10个以上，合作的范围和潜力较大。

第二层级，以哈萨克斯坦、巴基斯坦、伊朗为代表的国家合作环境相对较好，且与中国贸易总额排名靠前的品种均在2个以上、10个以下，具有一定合作潜力。

第三层级，以赞比亚、尼日利亚、柬埔寨为代表的国家经济规模较小，自身建立期货市场的成本较大，鉴于这些国家合作环境较好，且与中国贸易总额排名靠前的品种仅有1个，可以将其作为未来的合作对象。

商品期货市场对接

基于"一带一路"国家和地区与中国商品期货品种的情况，通过梳理与中国贸易总额排名前5的品种的情况，我们可以将这些国家和地区的商品期货品种大致分成四类。

在境内外期货市场均已上市

具体而言，这类品种在境内和境外商品期货市场均已上市且现货贸易往来比较密切，期货、现货市场基础比较好（见表8.9）。

期货市场国际化

表 8.9 已上市品种

交易所	品种	交易所
上期所	铜	印度多种商品交易所
		印度国家商品及衍生品交易所
		印度国际交易所
		香港交易所
	铝	香港交易所
	锌	印度多种商品交易所
	锡	香港交易所
		印度尼西亚商品和衍生品交易所
		马来西亚衍生品交易所
	黄金	新加坡交易所
		香港交易所
		泰国期货交易所
		约翰内斯堡证券交易所
	白银	印度多种商品交易所
		印度国际交易所
		印度国家证券交易所
		印度孟买证券交易所
		香港交易所
	热轧卷板	越南商品交易所
	原油	莫斯科交易所
		圣彼得堡国际商品原料交易所
	燃料油	新加坡交易所
上期所	天然橡胶	泰国期货交易所

续表

交易所	品种	交易所
郑商所	强筋小麦、普通小麦	乌克兰商业交易所
		欧亚交易系统商品交易所
	棉花、棉纱	印度多种商品交易所
		印度国家商品及衍生品交易所
		巴基斯坦商业交易所
大商所	菜籽油、油菜籽、菜籽粕	雅加达期货交易所
	棕榈油	印度尼西亚商品和衍生品交易所
		马来西亚衍生品交易所
	聚丙烯	新加坡交易所
	乙二醇	新加坡交易所

已在境内期货市场上市，未在境外期货市场上市

具体而言，这类品种已在境内商品期货市场上市，现货市场贸易往来比较密切，但尚未在境外相关商品期货市场上市。该类品种具备与中国进行现货贸易的基础（见表 8.10）。

已在境内期货市场上市，境外无市场

具体而言，这类品种已在境内商品期货市场上市，现货市场贸易往来比较密切，但境外商品期货市场尚未建立（见表 8.11）。

表 8.10 有现货基础但未上市相关品种的交易所

	上期所品种		郑商所品种		大商所品种
铜	韩国证券期货交易所 圣地亚哥证券交易所 赞比亚农产品交易所	强筋小麦、 普通小麦	香港交易所 泰国期货交易所 乌克兰商业交易所	玉米 玉米淀粉	韩国证券期货交易所 印度尼西亚商品和衍生品交易所 雅加达期货交易所
铝	马来西亚衍生品交易所 泰国期货交易所 越南商品交易所	棉花、棉纱	韩国证券期货交易所 印度国际交易所 印度国家证券交易所		泰国期货交易所 新西兰期货交易所 越南商品交易所
锌	韩国证券期货交易所 欧亚交易系统商品交易所 印度尼西亚商品和衍生品交易所	白糖	印度孟买交易所 香港交易所 印度尼西亚商品和衍生品交易所 雅加达期货交易所 越南商品交易所	黄大豆 1号、2号	韩国证券期货交易所 印度尼西亚商品和衍生品交易所 马来西亚衍生品交易所 越南商品交易所
铅	意大利证券交易所 越南商品交易所 韩国证券期货交易所 欧亚交易系统商品交易所 雅加达期货交易所		韩国证券期货交易所 印度尼西亚商品和衍生品交易所 雅加达期货交易所	棕榈油	印度尼西亚商品和衍生品交易所 泰国期货交易所 约翰内斯堡证券交易所

续表

上期所品种		郑商所品种		大商所品种
镍	韩国证券期货交易所	白糖	泰国期货交易所	韩国证券期货交易所
	莫斯科交易所		韩国证券期货交易所	印度多种商品交易所
	约翰内斯堡证券交易所		香港交易所	印度国家商品及衍生品交易所
	圣彼得堡国际商品原料交易所		莫斯科国际商品原料交易所	印度国际交易所
锡	意大利证券交易所	菜籽油、油菜籽、菜籽粕	圣彼得堡国际商品原料交易所	印度国家证券交易所
黄金	韩国证券期货交易所		巴基斯坦商业交易所	印度孟买证券交易所
	尼日利亚商品交易所		印度尼西亚商品和衍生品交易所	豆粕	印度尼西亚商品和衍生品交易所
	越南商品交易所		马来西亚商品和衍生品交易所	雅加达期货交易所
白银	韩国证券期货交易所		泰国期货交易所	越南商品交易所
	莫斯科交易所		新西兰期货交易所	韩国证券期货交易所
螺纹钢	圣彼得堡国际商品原料交易所	早籼稻、粳稻、晚籼稻	越南商品交易所	豆油	香港交易所、马来西亚衍生品交易所
	韩国证券期货交易所		欧亚交易系统商品交易所	泰国期货交易所
	香港交易所		巴基斯坦商业交易所	乌克兰商业交易所、乌克兰交易所
	印度尼西亚商品和衍生品交易所		金边衍生品交易所	

233

期货市场国际化

续表

上期所品种		郑商所品种		大商所品种	
螺纹钢	雅加达期货交易所	早籼稻、梗稻、晚籼稻	泰国期货交易所	纤维板	韩国证券期货交易所
	越南商品交易所		越南商品交易所		印度多种商品交易所
线材	韩国证券期货交易所	苹果	印度尼西亚商品和衍生品交易所		印度国家商品及衍生品交易所
	印度尼西亚商品和衍生品交易所		雅加达期货交易所		印度国际交易所
	雅加达期货交易所		泰国商品交易所、越南商品交易所		印度国家证券交易所
	泰国期货交易所	红枣	韩国证券交易所		印度孟买证券交易所
	越南商品交易所		泰国期货交易所		马来西亚衍生品交易所
热轧卷板	韩国证券期货交易所		越南商品交易所、新西兰期货交易所		越南商品交易所
	巴基斯坦商业交易所	PTA	韩国证券期货交易所	鸡蛋	韩国证券期货交易所
	印度尼西亚商品和衍生品交易所		香港交易所		新加坡交易所
	雅加达期货交易所		印度尼西亚商品和衍生品交易所		香港交易所
	意大利证券交易所		雅加达期货交易所		马来西亚衍生品交易所
原油	伊朗商业交易所		马来西亚衍生品交易所	乙二醇	马来西亚衍生品交易所
燃料油	韩国证券期货交易所	甲醇	马来西亚衍生品交易所	聚乙烯	韩国证券期货交易所
	马来西亚衍生品交易所		新西兰期货交易所		马来西亚衍生品交易所
	香港交易所				新西兰期货交易所
					韩国证券交易所

第八章 合作路径评估

续表

上期所品种		郑商所品种		大商所品种
沥青				
马来西亚衍生品交易所	甲醇	伊朗商业交易所	聚乙烯	迪拜商业交易所
新加坡交易所		韩国证券期货交易所		迪拜黄金和商品交易所
韩国证券期货交易所		印度多种商品交易所		伊朗商业交易所
印度多种商品交易所		印度国家商品及衍生品交易所		泰国期货交易所
印度国际交易所	玻璃	印度国际交易所	聚氯乙烯	韩国证券期货交易所
印度国家证券交易所		印度国家证券交易所		印度5家商品及证券交易所
印度孟买证券交易所		印度孟买证券交易所		马来西亚衍生品交易所
印度尼西亚商品和衍生品交易所		泰国期货交易所、越南商品交易所		泰国期货交易所
天然橡胶				越南商品交易所
马来西亚衍生品交易所		莫斯科交易所	聚丙烯	韩国证券期货交易所
韩国证券期货交易所	动力煤	圣彼得堡国际商品原料交易所		香港交易所、泰国期货交易所
越南商品交易所		印度尼西亚商品和衍生品交易所、雅加达期货交易所	焦炭	韩国证券期货交易所
雅加达期货交易所		马来西亚衍生品交易所		新加坡交易所

235

期货市场国际化

续表

上期所品种		郑商所品种		大商所品种	
纸浆	香港交易所	硅铁	韩国证券期货交易所	焦炭	印度5家商品及证券交易所
	莫斯科交易所		印度5家商品及证券交易所		马来西亚衍生品交易所
	圣彼得堡国际商品原料交易所		印度尼西亚商品和衍生品交易所、雅加达期货交易所	焦煤	韩国证券期货交易所、印度尼西亚雅加达期货交易所
	雅加达期货交易所		约翰内斯堡证券交易所		印度尼西亚商品和衍生品交易所
	印度尼西亚商品和衍生品交易所		欧亚交易系统商品交易所		马来西亚衍生品交易所
	圣地亚哥证券交易所	锰硅	韩国证券期货交易所	铁矿石	印度多种商品交易所
			马来西亚衍生品交易所		印度国家商品及证券交易所
			约翰内斯堡证券交易所		印度国家证券交易所、孟买证券交易所

注：对于部分国家和地区有多个交易所的情况，如果某一品种已被列入第一类当中，即使该国还有其他交易所上市该品种，也不再列入本表。

236

表 8.11　有现货基础但未建立商品期货市场的国家和地区

上期所品种		郑商所品种		大商所品种	
铜	古巴	强筋小麦、普通小麦	菲律宾	玉米、玉米淀粉	缅甸、也门、老挝
铝	菲律宾	棉花、棉纱	乌兹别克斯坦、苏丹	黄大豆1号、黄大豆2号	乌拉圭
锌	秘鲁、马达加斯加、纳米比亚	白糖	古巴、菲律宾	棕榈油、胶合板	菲律宾
镍	马达加斯加	菜籽油、油菜籽、菜籽粕	蒙古、苏丹	豆粕	蒙古
锡	玻利维亚	早籼稻、粳稻、晚籼稻	科特迪瓦	纤维板	沙特阿拉伯
螺纹钢、线材	菲律宾	苹果	菲律宾、孟加拉国	鸡蛋	文莱
原油	沙特阿拉伯、安哥拉、伊拉克	红枣	菲律宾	聚乙烯、乙二醇	沙特阿拉伯
燃料油	菲律宾	甲醇	沙特阿拉伯、阿曼苏丹国	聚丙烯、焦炭	沙特阿拉伯
沥青	沙特阿拉伯	动力煤	菲律宾、蒙古	焦煤	菲律宾、蒙古
纸浆	乌拉圭	锰硅	加蓬、加纳	铁矿石	秘鲁

已在境外期货市场上市，未在境内期货市场上市

具体而言，这类品种已在境外商品期货市场上市，但尚未在境内商品期货市场上市。该类品种大都具有"一带一路"国家和地区的典型特征，其中很多品种具有一定市场规模，也具备比较好的现货市场基础（见表8.12）。

期货市场国际化

表8.12 已在境外期货市场上市但未在境内期货市场上市的品种

农产品期货	
印度多种商品交易所	黑椒、小豆蔻、蓖麻子、薄荷油
印度国家商品及衍生品交易所	辣椒、姜黄、茴香、胡荽
巴基斯坦商业交易所	红辣椒
雅加达期货交易所	阿拉比卡咖啡、可可豆、罗布斯塔咖啡
乌克兰商业交易所	可可豆、迷你可可豆、咖啡、迷你咖啡
新西兰期货交易所	无水乳脂、无盐黄油、牛奶价格、脱脂奶粉、全脂奶粉
约翰内斯堡证券交易所	冻牛肉、冻羊肉
越南商品交易所	罗布斯塔咖啡、阿拉比卡咖啡、烟胶片
伊朗商业交易所	番红花
韩国证券期货交易所	瘦肉猪
工业品期货	
新加坡交易所	苯、苯乙烯、精炼油、天然气、电力、迷你低硫柴油
印度多种商品交易所	天然气
香港交易所	钢坯、钢屑、钢筋、钴、钼
圣彼得堡国际商品原料交易所	汽油、柴油
巴基斯坦商业交易所	天然气（1 000百万英热单位、10 000百万英热单位）
土耳其伊斯坦布尔交易所	基础负荷电力、季度与年度基础负荷电力、钢屑
乌克兰商业交易所	天然气、迷你天然气
约翰内斯堡证券交易所	钯金、铂金、以纽约商业交易所的钯金和铂金为标的的双币种合约
巴林金融交易所	天然气
塞舌尔证券交易所	天然气
意大利证券交易所	电力

续表

期权工具	
新加坡交易所	干散货定期租船运费
印度多种商品交易所	原油、白银、黄金、锌
印度国际交易所	白银、黄金、Brent原油
香港交易所	优质原铝、铅成交价平均价、镍成交价平均价、北美特种铝合金、北美特种铝合金成交价平均价、原铝成交价平均价、原镍、锌、特等锌成交价平均价、标准铅、锡
莫斯科交易所	Brent原油、轻质原油
台湾期货交易所	黄金
马来西亚衍生品交易所	原棕榈油
新西兰期货交易所	牛奶价格、脱脂奶粉、全脂奶粉
约翰内斯堡证券交易所	大豆、葵花籽、小麦、黄玉米、白玉米、高粱，以芝加哥期货交易所的大豆、豆粕、豆油、小麦和玉米期货合约为标的的双币种，原油、柴油、天然气、汽油以及燃料油
伊朗商业交易所	金币

商品期货品种匹配

影响境内外上市品种对接的主要因素是中国与"一带一路"国家和地区的大宗商品贸易量占中国全球贸易总量的比重，同时还要考虑国家政策限制、进口品与期货的交割品级情况、相关品种在国内期货市场的交易活跃度以及市场基础等因素。

期货市场国际化

"一带一路"国家和地区品种贸易占比

通过分析截至 2019 年 6 月 30 日中国期货市场上品种所涉及的 48 类大宗商品,以及 2017 年中国与"一带一路"国家和地区的这些大宗商品贸易占中国全球贸易总量的比重,并将其从大到小进行排序,我们可以生成表 8.13。

表 8.13 中国与"一带一路"国家和地区上市品种贸易情况

单位:%

排名	品种	全球占比	排名	品种	全球占比	排名	品种	全球占比
1	棕榈油	98.77	17	红枣	70.42	33	铅	47.37
2	甲醇	98.22	18	玻璃	70.14	34	铝	47.33
3	水稻	97.28	19	白糖	68.74	35	锌	44.93
4	苹果	90.38	20	动力煤	65.65	36	纸浆	40.81
5	棉纱	89.08	21	焦炭	61.37	37	白银	36.77
6	鸡蛋	86.88	22	铜	61.16	38	黄金	36.00
7	硅铁	86.31	23	聚丙烯	57.94	39	胶合板	33.09
8	燃料油	85.69	24	纤维板	57.29	40	棉花	31.85
9	原油	85.46	25	锡	57.19	41	豆油	31.07
10	天然橡胶	84.67	26	乙二醇	56.90	42	菜籽油	26.26
11	玉米淀粉	84.65	27	聚氯乙烯	55.67	43	玉米	22.98
12	锰硅	76.46	28	PTA	55.19	44	豆粕	21.58
13	线材	74.97	29	焦煤	55.09	45	小麦	18.98
14	螺纹钢	73.70	30	镍	54.41	46	铁矿石	15.52
15	聚乙烯	70.95	31	热轧卷板	50.98	47	油菜籽	3.79
16	沥青	70.86	32	菜籽粕	49.31	48	大豆	3.53

资料来源:UNCOMTRADE 相关数据。

国家对大宗商品贸易的政策限制

根据《2018年出口许可证管理货物目录》，需要获得出口许可证的大宗商品有：小麦、水稻、玉米、锡、煤炭、焦炭、原油、成品油、铁合金（硅铁、锰硅）、镍、木材、棉花、白银。

稻谷、小麦是关系中国粮食安全的口粮品种，为了守住"谷物基本自给、口粮绝对安全"的安全底线，国家对进出口限制较多，突破相关政策限制的难度较大。

铁合金属于高能耗、高污染产品，总体进出口量较小，与"一带一路"国家和地区开展相关贸易的现实意义不大。

为保护并维持本国食糖市场供需总量平衡和国内食糖价格稳定，无论是发达国家还是发展中国家，均设置了一整套保护政策，把本国市场和世界市场隔离开来。加入世界贸易组织后，中国对食糖进口实行了关税配额管理。

根据国家质量监督检验检疫总局（2018年已撤销重组）《关于进口油菜籽实施紧急检疫措施的公告》，自2009年11月15日起，贸易商签订进口油菜籽合同前，应向国家质量监督检验检疫总局申请办理"进境动植物检疫许可证"。2009年底，中国实行限制主产区进口油菜籽的政策。

2005年，为确保中国焦化行业结构调整的顺利进行，焦炭外贸政策出现了新变化，由过去的鼓励焦炭出口变为严格控制焦炭出口。国家取消了焦炭产品的出口退税，实施配额管理，从严控制焦炭出口。

根据国家标准GB/T 1535-2017的相关规定，部分豆油无法达到进口标准。中国对大豆进口实行自动许可制度：准备开展大豆进口业务的企业，应到中国食品土畜进出口商会办理大宗农产品进口报告企业备案。

综上可知，受到国家贸易政策限制的品种主要有：原油、白银、锡、镍、水稻、硅铁、锰硅、动力煤、白糖、棉花、菜籽粕、小麦、油菜籽、焦煤、纤维板、焦炭、胶合板、豆油、玉米、大豆。

进口品与国内交割品不一致的品种

进口菜籽油是未经过精炼加工的初级油（俗称"毛油"），不符合国家卫生标准，不能进行期货交割。

中国的油菜籽、菜籽粕主要从加拿大进口，与"一带一路"国家和地区进行对接不具有优势，且国家政策明确规定，进口油菜籽、菜籽粕不允许交割。

进口动力煤集中于华南一带且属于低热值产品，与郑商所的动力煤品级不匹配，不能进行期货交割。

进口棉花受到国家的严格管控，配额制、滑准税等制度安排将进口棉花挡在期货市场之外，不能进行期货交割。

进行期货交割的玉米淀粉应是以国产玉米为原料生产的淀粉。

由于来自各国的进口棉纱在价格方面相差较大，为避免进口棉纱的价格冲击，确保棉纱期货平稳起步，我国规定，上市初期，暂不用进口棉纱进行交割。

大商所豆油期货合约的质量标准应以现货企业使用的 2017 年豆油国家标准 GB/T 1535-2017 为蓝本。国家标准规定溶剂残留量应小于或等于 100mg/kg，而目前进口合同采用的溶剂残留量标准为小于或等于 300mg/kg，因此，若要交割进口毛豆油，必须进行二次处理。

综上，进口品与交割品存在不一致的品种主要有：棉纱、苹果、动力煤、玻璃、白糖、棉花、菜籽粕、菜籽油、油菜籽、玉米淀粉、豆油、鸡蛋。

中国商品期货的交易活跃度

交易活跃度可以衡量市场上交易者参与交易的意愿，该指标数值越大，说明交易者参与交易的意愿越强烈，达成交易的可能性也越大，流动性越好。要想评估期货品种的交易活跃度，需要考察流动性方面的因素，通常选用的指标有成交量、持仓量和成交持仓比等。这3项指标均能很好地反映各期货品种的交易活跃度，其中成交持仓比可以看作成交量指标和持仓量指标的综合，故本研究将成交持仓比作为衡量交易活跃度的指标。

从2018年10月中国期货市场各上市品种的年日均成交持仓比来看，各品种的交易活跃度差异很大（见表8.14）。其中，活跃品种（年日均成交持仓比大于2）有原油、燃料油、苹果、棉纱；比较活跃品种（年日均成交持仓比大于1、小于2）有镍、锌、焦炭、焦煤、甲醇、螺纹钢、线材、铁矿石、锰硅、石油沥青、硅铁、大豆；比较不活跃品种（年日均成交持仓比大于0.5、小于1）有热轧卷板、动力煤、聚氯乙烯、橡胶、铅、菜籽粕、PTA、油菜籽、白糖、聚丙烯、鸡蛋、胶合板、玻璃、锡、棉花、铜、水稻、纤维板、聚乙烯、玉米淀粉、棕榈油、菜籽油、豆粕、铝；不活跃品种（年日均成交持仓比小于0.5）有白银、豆油、玉米、黄金、小麦。

期货市场国际化

表 8.14 中国商品期货的交易活跃度情况

品种	年日均成交持仓比	品种	年日均成交持仓比	品种	年日均成交持仓比
原油	7.94	大豆	1.01	棉花	0.63
燃料油	4.02	热轧卷板	0.96	铜	0.62
苹果	2.94	动力煤	0.93	水稻	0.60
棉纱	2.23	聚氯乙烯	0.92	纤维板	0.58
镍	1.67	橡胶	0.91	聚乙烯	0.58
锌	1.53	铅	0.87	玉米淀粉	0.57
焦炭	1.48	菜籽粕	0.82	棕榈油	0.56
焦煤	1.26	PTA	0.8	菜籽油	0.55
甲醇	1.26	油菜籽	0.78	豆粕	0.54
螺纹钢	1.2	白糖	0.77	铝	0.54
线材	1.2	聚丙烯	0.68	白银	0.44
铁矿石	1.18	鸡蛋	0.67	豆油	0.4
锰硅	1.11	胶合板	0.64	玉米	0.37
石油沥青	1.06	玻璃	0.64	黄金	0.37
硅铁	1.03	锡	0.63	小麦	0.20

注：表中所列数据的统计时间区间为 2018 年 10 月。纸浆、乙二醇未列入，水稻包括早籼稻、粳稻和晚籼稻，小麦包括强筋小麦和普通小麦，大豆包括黄大豆 1 号和黄大豆 2 号，棉花是 1 号棉。

与境内交易所上市相同品种的境外交易所

目前，部分期货品种同时在中国商品期货交易所与"一带一路"国家和地区的交易所上市，这给双方开展合作和进行产品对接奠定了良好基础（见表 8.15）。

表8.15 "一带一路"国家和地区与中国交易所上市相同品种的情况

单位：个

中国商品交易所上市品种	"一带一路"国家和地区上市相同品种的交易所数量	中国商品交易所上市品种	"一带一路"国家和地区上市相同品种的交易所数量	中国商品交易所上市品种	"一带一路"国家和地区相同品种的交易所数量
黄金	25	铅	2	棉纱	0
原油	15	镍	2	菜籽粕	0
白银	14	热轧卷板	2	早籼稻、粳稻、晚籼稻	0
铜	9	豆油	2	苹果	0
强筋小麦、普通小麦	10	铁矿石	2	玻璃	0
棉花	7	菜籽油	1	动力煤	0
玉米	6	PTA	1	硅铁	0
白糖	5	甲醇	1	锰硅	0
油菜籽	5	豆粕	1	玉米淀粉	0
黄大豆1号、黄大豆2号	5	聚乙烯	1	纤维板	0
棕榈油	5	聚丙烯	1	胶合板	0
锡	3	焦煤	1	鸡蛋	0
燃料油	3	乙二醇	1	聚氯乙烯	0
天然橡胶	3	螺纹钢	0	焦炭	0
铝	2	线材	0	纸浆	0
锌	2	沥青	0	红枣	0

品种匹配情况

按照国家对大宗商品的进出口限制情况,我们将这些大宗商品分别标记为1和0(1表示有限制,0表示没有限制)。按照进口品与国内交割品标准是否一致的情况,我们将这些大宗商品分别标记为0和1(1表示不一致,0表示一致)。结合上述分析,我们可以得出中国商品期货品种与"一带一路"国家和地区期货品种的匹配情况(见表8.16)。

表8.16 国内外商品期货品种的匹配情况

单位:%,个

中国期货交易所	品种	贸易占比	对进出口是否有限制	进口品与交割品是否一致	国内品种的活跃度	品种相匹配的"一带一路"国家和地区交易所数量
上期所	原油	85.46	1	0	7.94	15
	天然橡胶	84.67	0	0	0.91	3
上期所	燃料油	85.69	0	0	4.02	3
	沥青	70.86	0	0	1.06	0
	线材	74.97	0	0	1.2	0
	螺纹钢	73.70	0	0	1.2	0
	镍	54.41	1	0	1.67	2
	热轧卷板	50.98	0	0	0.96	2
	铅	47.37	0	0	0.87	2
	锌	44.93	0	0	1.53	2
	锡	57.19	1	0	0.63	3
	铝	47.33	0	0	0.54	2
	铜	61.16	0	0	0.62	9
	白银	36.77	1	0	0.44	14
	纸浆	40.81	0	0	—	0
	黄金	36.00	0	0	0.37	25

续表

中国期货交易所	品种	贸易占比	对进出口是否有限制	进口品与交割品是否一致	国内品种的活跃度	品种相匹配的"一带一路"国家和地区交易所数量
郑商所	甲醇	98.22	0	0	1.26	1
	水稻	97.28	1	0	0.6	0
	硅铁	86.31	1	0	1.03	0
	苹果	90.38	0	1	4.02	0
	棉纱	89.08	0	1	2.23	0
	锰硅	76.46	1	0	1.11	0
	红枣	70.42	0	0	—	0
	动力煤	65.65	1	1	0.93	0
	玻璃	70.14	0	1	0.64	0
	白糖	68.74	1	1	0.77	5
	PTA	55.19	0	0	0.8	1
郑商所	菜籽粕	49.31	1	1	0.82	0
	棉花	31.85	1	1	0.63	7
	菜籽油	26.26	0	1	0.55	1
	小麦	18.98	1	0	0.2	9
	油菜籽	3.79	1	1	0.78	5
大商所	棕榈油	98.77	0	0	0.56	5
	玉米淀粉	84.65	0	1	0.57	0
	聚乙烯	70.95	0	0	0.58	1
	焦炭	61.37	1	0	1.48	1
	焦煤	55.09	1	0	1.26	0
	乙二醇	56.90	0	0	—	1
	聚氯乙烯	55.67	0	0	0.92	0

期货市场国际化

续表

中国期货交易所	品种	贸易占比	对进出口是否有限制	进口品与交割品是否一致	国内品种的活跃度	品种相匹配的"一带一路"国家和地区交易所数量
大商所	纤维板	57.29	1	0	0.58	0
	聚丙烯	57.94	0	0	0.68	1
	胶合板	33.09	1	0	0.64	0
	豆油	31.07	1	1	0.4	2
	玉米	22.98	1	0	0.37	6
大商所	豆粕	21.58	0	0	0.54	1
	铁矿石	15.52	0	0	1.18	2
	鸡蛋	86.88	0	1	0.67	0
	大豆	3.53	1	0	1.01	5

服务实体经济状态的品种

1. 特定品种

2012年，为了让境外投资者能够参与境内原油期货交易，国务院法制办会同证监会对《期货交易管理条例》进行了修改。这一修改对境外投资者开了口子。经证监会批准的境外投资者可以参与境内特定期货品种的交易。为此，证监会制定了《特定期货品种管理办法》。通过引入境外交易者参与原油、铁矿石、PTA、20号胶等特定品种的境内期货交易，中国期货市场的定价影响力得到了稳步提升。对特定品种率先实施对外开放，可以使境内外交易者在同一平台上竞价撮合，通过"汇集全球资源、建设全球市场"，形成全球公认的、公开公正的、透明度极高的期货定价基准，进一步增强期货价格的权威性和影响力，有利于进一步服务实体经济，在助力全球贸易发展的同时，可以维护中国的国家利益，保障国家经济安全。[①]

2. 服务实体经济

经过多年的发展，我国已有许多期货品种在服务实体经济方面取得了良好的效果。例如，有色金属类期货（铜、铝、锌、铅、镍等）在优化市场资源配置方面发挥了积极作用。通过发挥期货市场的价格发现功能，中国期货市场为行业提供了有效的定价基准，大幅降低了企业搜寻价格等信息的成本，提高了经济运行的效率。国内期现价格和国内外期货价格均呈高度正相关，越来越多的企业参考期货价格来签订现货合同。又如，甲醇、硅铁、锰硅等品种的远期价格为相关行业指明了投资方向，提高了投资效率。煤电企业根据动力煤价格来安排企业的采购和生产，辅助现货经营决策，提高了企业的供给效率。再如，线性低密度聚乙烯、聚氯乙烯、聚丙烯等品种的期现价格互动良好，而且套期保值功能发挥良好，期货价格为产业客户的投资、生产安排提供了参考，同时为产业客户提供了规避价格风险的有效工具。

另外，铜、大豆、豆油、豆粕、菜籽粕、棕榈油的价格发现功能发挥得很充分，国际影响力相对较强；螺纹钢、甲醇、玉米淀粉、焦煤、焦炭和动力煤等的价格发现功能发挥得比较强，也已经具备区域或国际定价能力，对维护国家经济安全发挥了一定作用。

[①] 中国证券监督管理委员会：《经证监会批准作为特定品种铁矿石期货 将引入境外交易者》，载 2018 年 2 月 7 日《期货日报》。http://www.csrc.gov.cn/shanghai/xxfw/scyw/201802/t20180207_333908.htm.

3. 潜在的优势品种

一些潜在上市品种如成品油、天然气、废钢、辣椒、集装箱运力等都是各交易所近期储备的重要品种，同时具有良好的国际化特性。这些品种所对应的现货市场在国家经济发展中具有重要的地位和作用，期现货市场基础比较好，具备对外开放的条件，并且"一带一路"国家和地区与中国在这些品种上的贸易往来比较密切。因此，未来这些品种的开发、上市以及对外开放，将进一步提升中国期货市场服务实体经济以及维护国家经济安全的能力和水平。

▶▶ 第九章

推进期货市场对外开放的建议

总体思路

期货市场在推动"一带一路"建设、维护国家经济安全方面能够发挥重要作用,因此,在推进"一带一路"建设过程中,很有必要将期货市场纳入国家战略中统筹考虑,全面考察现货市场和期货市场的整体情况,听取监管部门、行业协会和相关实体企业的意见和建议,充分发挥期货市场的作用,加快对外开放,大力推进人民币国际化进程,更好地服务"一带一路"建设,促进"一带一路"国家和地区深化合作、共赢发展。

在社会主义现代化进程中,我们要抓住大宗商品大进大出的有利时机,把握"一带一路"建设的历史机遇,加快推进期货市场对外开放,大力推进人民币国际化进程,尽快形成大宗商品国际定价中心。一方面"引进来",将境外交易者的价格发现和风险管理需求引入我国期货市场,提升我国期货市场发挥国际定价中心功能的能力。另一方面"走出去",推广规则制度、风控体系、技术平台,持续深入开展各类市场培育工作,帮助"一带一路"国家和地区进行产业转型升级，推动经济发展。随着境内外市场主体的参与度的提升，国内期货市场可以为国际市场提供公开透明，具有公信力、影响力和代表性的定价基准，通过与"一带一路"国家和地区开展合作，进一步加强经济联系，实现共赢。期货市场可以保证大宗商品供给充足、价格稳定，为保障国家经济安全做出贡献，在建设开放型世界经济、构建人类命运共同体进程中发挥应有作用。

阶段性安排

短期（2020—2021年，2年）

加快对外开放，推动更多已上市期货品种引入境外交易者，同时上市更多国际化的新品种。出台期货法，完善中国商品期货市场的法律体系。吸引更多境内外投资者参与市场交易，使"中国商品期货价格+升贴水"成为国际贸易的主流定价模式。与"一带一路"国家和地区开展合作，大力培育各类市场，加强跨境监管合作，重点推进监管互认、对等监管、市场准入制度建设等，推进业务、制度、技术等方面的发展与融合。

中期（2022—2025年，3年）

推动中国商品期货市场进一步开放，使核心品种实现期货价格连续、交易成本低、运行效率高、流动性好、安全便捷，具备较强的国际竞争力和影响力。境内外投资者的市场参与度稳步提升，原油、铁矿石、PTA、20号胶等用人民币计价的商品期货价格能够在国际贸易中作为谈判基准被广泛使用。带动"一带一路"国家和地区相关期现货市场的发展，使商品期货市场的经济功能逐步为更多人所了解。确保大宗商品供给充足、价格稳定，进一步维护国家经济安全，促进经济持续健康发展。

长期（2026—2030年，5年）

随着国家治理体系和治理能力的现代化，中国将成为综合国力和国际影响力领先的社会主义现代化强国。到新中国成立80周年之时，国际贸易将以中国期货市场发现的用人民币计价的期货市场价格作为定价基准。在此基础上，中国期货市场将成为多个具有代表性的大宗商品品种的国际定价中心，期货、期权、互换等交易工具齐全，形成期货市场与现货市场、国内市场与国际市场互通的发展格局。中国期货市场将带动"一带一路"国家和地区相关产业的发展，吸引境内外投资者积极参与，为市场可持续发展夯实基础。中国期货市场的国际地位将进一步得到巩固，人民币国际化水平将进一步提升，中国期货市场将从维持大宗商品市场稳定、规避价格波动风险等角度为维护国家经济安全做出贡献。

实施路线图

市场培育路线

西方发达期货市场的经验表明，教育培训和市场营销在市场发展过程中发挥着非常重要的作用。大部分"一带一路"国家和地区处于发展中和欠发达阶段，市场基础薄弱，期货和衍生品市场的发展相对滞后，培训教育显得尤为重要。综合考虑"一带一路"国家和地区的总体合作环境、与中国经贸联系的密切程度，可以将它们大致分成三类，据此可以进一步明确培育对象和范围。

第一类是以韩国为代表的国家。这些国家的合作环境普遍较好，而且主要是与中国贸易总量排名前5的品种超过10个的国家。这些国家基础环境良好，而且与中国经济联系密切，是中国大宗商品的重要来源国。除菲律宾外，它们的交易所都进行商品期货交易，印度、马来西亚的商品期货市场有一定发展基础，但成交活跃的品种远远不够，还需要进一步培育和开发市场。这些国家应当作为市场培育和教育宣传的重点对象，市场培育工作需要更系统和全面。

第二类是以哈萨克斯坦为代表的国家。这些国家基础环境较好，而且主要是与中国贸易总量排名前5的品种有2个以上、10个以下的国家。这些国家有很多是中国能源、矿产、金属类大宗商品的重要供给方，具有比较重要的地位，除俄罗斯、新加坡有比较发达的商品期货市场外，其余国家的商品期货市场仍处于发展阶段，另外，沙特阿拉伯、蒙古尚未建立商品期货交易机构。针对这些国家，需要有重点地选取贸易往来密切的期货品种和地区进行教育培训。

第三类是以赞比亚为代表的国家。这些国家基础环境一般，主要是与中国贸易总量排名前5的品种为1个的国家。这些国家在某一类品种上与中国有相对密切的贸易往来，商品期货市场普遍不够成熟，大部分还没有建立商品期货交易机构。这些国家是未来开展合作的潜在市场，我们可以就贸易往来密切的品种，在当地积极开展教育培训，帮助这些国家利用包括中国在内的其他国家的期货市场进行定价和管理价格波动风险。

期货市场合作路线

在上文中，我们曾将"一带一路"国家和地区的商品期货品种大致分成四类，根据这一分类，我们应该采取不同的合作方式。

第一类，在境内外商品期货市场均已上市的品种。针对这些品种，境内外交易所可以在相关业务上尝试各类合作，为投资者提供跨市场套利便利，同时加强监管合作。

第二类，已在境内商品期货市场上市但未在境外商品期货市场上市的品种。针对这些品种，可以尝试将中国期货市场的成熟经验推广出去，在当地挂牌上市中国现有相关品种的期货合约，或直接吸引境外投资者参与中国期货市场的交易。

第三类，已在境内商品期货市场上市但境外无相关市场的品种。针对这些品种，可以直接吸引境外投资者参与中国期货市场的交易，还可以尝试支持当地商品期货市场建设，在期货市场的论证、建设，交割库设置等方面给予支持，促进其基础设施建设。

第四类，已在境外商品期货市场上市但未在境内商品期货市场上市的品种。针对这些品种，应认真研究，结合中国期货市场的情况和经贸往来情况，推进新品种上市。

品种开放路线

根据现有品种和即将上市品种的期现货市场发展情况，综合考虑中国与"一带一路"国家和地区有关中国已上市和即将上市品种的大宗商品贸易额占中国对外贸易总额的比重，结合"一带一路"国家和地区期货市场的发展状况、国家对大宗商品贸易的政策限制、进口品与交割品的对接情况以及各品种在期货市场上的基本情况，可以确定各品种的开放路线图，分期分批推动落实。

首批已开放的期货品种包括原油、铁矿石、PTA、20号胶。这4个品种是国内3家商品期货交易所对外开放的"排头兵"，原油期货作为第一个国际化品种，已于2018年3月26日上市；铁矿石期货和PTA期货已于同年5月4日和11月30日正式引入境外交易者；20号胶作为特定期货品种已于2019年8月12日上市。后续开放的期货品种需要根据中国与"一带一路"国家和地区的贸易情况、相关现货市场在全球的地位和影响、国家政策的调整和变化，以及是否具备对外开放的条件等各类因素进行选择。总体原则是"成熟一个，开放一个"。与中国贸易往来密切、具备较好现货市场基础的期货品种应率先开放，市场化程度不够、受到一定政策限制、成交量低迷的期货品种可暂缓开放。

相关政策建议

国家层面

1. 促进融合

一是积极应对地缘政治风险。与"一带一路"国家和地区签订双边投资保护协定，使它们为中资企业提供保护。开展与国际法律业务相关的中介服务，鼓励和支持相关中介机构发展，特别是涉及国际贸易、海事海商、国际工程等方面业务的专业法律机构，为企业提供完善的法律服务，进一步加快国内相关机构的国际化进程。

二是积极开展与"一带一路"国家和地区的对话。通过开展高层对话，可以与当地政府保持密切联系，充分发挥当地政府的影响力，推动相关经济活动顺利开展。强化与当地大型企业、协会、组织的合作，深入挖掘当地机构的潜力，建立利益共同体，形成发展合力。

三是加强文化交流和友好往来。针对"一带一路"国家和地区具有民族特色，在宗教信仰、文化背景上与中国存在较大差异等情况，积极推进全方位的文化交流，在尊重各方宗教信仰和历史文化的基础上，谋求共同发展，通过各类文化交流活动，促进中国与"一带一路"国家和地区的相互了解，打好合作基础。

四是积极拓展新的合作领域。结合国际政治经济的发展形势，顺应贸易格局的变化，与"一带一路"国家和地区积极拓展大宗商品合作的新领域，确保中国粮源安全。比如，针对中美贸易摩擦，可以加快与经贸关系稳定的"一带一路"国家和地区开展合作，在积极引入南美洲大豆的同时，扶持中国企业在俄罗斯、乌克兰种植非转基因大豆，完善境外大豆生产、加工和仓储物流体系，并在现货环节给予通关便利和进口补贴；同时，尝试将黄大豆1号期货基准交割地移至黑龙江，将俄罗斯、乌克兰等国的大豆纳入中国期货市场定价体系，建立全球非转基因大豆定价中心；充分发挥中欧班列西、中、东三条线路在促进粮食、电子元器件、食品饮料等贸易中的重要作用，切实保障国内粮食等货源稳定。

2. 完善立法

一是提高期货市场立法层级。推出期货法，补足法律短板，推进期货市场的法治化进程，更好地满足市场交易者的需要，增强对境外投资者的吸引力。加快期货法立法进程，就期货市场的改革开放做好顶层设计，明确期货市场的基础法律关系、民事权利义务和法律责任；明确期货市场功能监管和机构监管的关系，以及内容和重点；加大对正常套保套利和合理投机行为的保护力度，严厉打击操纵市场和内幕交易等扰乱期货市场秩序的违法行为；明确对场外市场的监管和对场外业务创新的法律支持；明确各层级监管职责，防范金融风险，更好地服务国家战略和实体经济。

二是修改现有法律法规以更好地适应期货市场的发展。认真对照和系统梳理现有法律法规，对不合时宜的条款及时进行调整和完善。例如，目前交割仓库已基本具备承担连带责任的条件，可将2003年《最高人民法院关于审理期货纠纷案件若干问题的规定》中关于期货交易所承担交割仓库连带责任的规定，调整为由交割仓库承担连带责任。

三是营造促进期货市场国际化的法律环境，强化司法合作。对市场准入、境外期货交易、境内外投资者保护等问题做出符合国际惯例的规定，积极营造促进期货市场国际化的法律环境。加强与"一带一路"国家和地区在法律方面的沟通，促进监管主体确立、执法权确立、司法权确定等方面的合作。积极布局潜在境外交易者的合规审核，妥善解决"一带一路"国家和地区在开放过程中面临的同类法律问题。

3. 深化改革

一是进一步发挥人民币在"一带一路"建设中的作用，提高人民币的被接受程度。在完善相关的基础设施方面，引导人民币海外清算银行在"一带一路"国家和地区的离岸人民币市场中发挥积极作用。同时，推动人民币跨境支付系统发挥人民币跨境清算的主渠道作用，提升功能与效率。在货币金融合作方面，加强与"一带一路"国家和地区的沟通，积极开展与"一带一路"国家和地区央行（货币当局）的货币合作，深化本币结算合作，进一步提高贸易投资便利化水平；推动人民币同周边国家货币直接清算平盘工作，推动以人民币为中心的区域外汇交易市场建设。在人民币的资产配置功能方面，继续探索与国际金融市场的互通互联机制，方便投资者利用人民币进行投融资活动。

二是适度优化实需交易管理。结合资本项目开放和人民币国际化的总体进程，稳步拓宽交易范围，完善实需交易管理，满足实体经济和金融交易的套期保值需求，逐步扩大外汇市场的投资交易功能。鉴于目前银行柜台市场的远期和期权交易体量仅占全市场总量的 2.5%，[①] 可先将银行柜台远期和期权市场作为"试验田"。在具体操作中，可先将目前银行柜台市场的远期和期权交易中的逐笔审核制度改为年度风险敞口审核制度。在运行一段时间后，若风险可控，再根据资本项目开放和人民币国际化的总体进程，逐步拓展至银行柜台外汇即期交易。同时，积极跟踪包括自由贸易试验区在内的金融改革开放步伐。在人民币尚未实现全面可兑换的背景下，为期货

---

① 根据外管局公布的《2018年中国外汇市场交易概况（以人民币计价）》相关数据测算，在统计表中采用的是银行对客户市场的相关数据。

市场的对外开放探索多样化、可复制、可推广的宝贵经验。

三是建立境内场内外汇衍生品市场。在风险可控的前提下，积极、稳妥发展场内外汇衍生品市场，与场外市场协同发展，提升外汇衍生品市场服务实体经济的效率，解决价格公平性问题，降低实体企业和商业机构的避险成本，提高市场主体汇率风险管理活动的覆盖率。从产品标的的选择来看，鉴于目前美元仍是主流的计价结算货币，可考虑以此作为标的来开发产品。

四是完善特定品种的外汇制度设计，提高境外交易者的积极性。将特定品种的每日换汇制度改为一定额度下的客户意愿换汇制度，换汇仍由会员代为办理，这可以降低境外交易者的换汇成本。在降低境外交易者的资金成本、提升追保时效方面，积极研究和探索将经常项目的"外保内贷"模式移植至特定品种，并依据期货交易特点简化审批流程。[①] 在存管银行设置方面，更多引入外资存管银行，可优先考虑引入大型外资银行来担任保证金存管银行。在境外投资者的资金跨境划转环节，持续跟进监管机构对境外交易者从事境内特定品种交易的外汇管理要求，确保对外开放过程中跨境资金流动的合规性、安全性和便捷性。持续研究异地存管银行的相关配套方案，包括应急处理流程、异地专用结算账户管理、异地存管银行管理以及清算中心等。

4. 提供税收和保险支持

一是出台支持产业发展的税收政策。与"一带一路"国家和地

[①] 即境外交易者将外币入金到存管银行的境外分支机构，同时由境内存管银行为其境内的 NRA 期货结算账户提供一笔相应的人民币贷款，视同入金至境内存管银行。

区签署关税减免协定，给予出口退税支持，针对典型大宗商品，出台相关税收支持政策。

二是推动相关保险产品的开发。统筹推动国内保险公司扩大保险产品的覆盖范围，研究设计信贷、保险、期货组合产品，为与"一带一路"国家和地区有贸易往来的现货企业提供专业、高效的风险管理服务，帮助企业做好项目规划、投融资方案以及风险管理。发挥中国出口信用保险公司等政策性保险公司的优势，尝试在市场基础比较好的"一带一路"国家和地区推进"保险＋期货"试点，推广复制中国的经验，在此过程中，要充分发挥国家在出资、统筹上的主导作用。

5. 推动期货市场定价机制与产业发展相结合

一是将期货价格纳入国内大宗商品定价体系。将原油、铁矿石、PTA、大豆、铜、棉花等市场比较成熟、价格影响力比较大的期货品种的价格纳入国内大宗商品定价体系。例如，推动国家发改委和民航总局在成品油、航煤等定价过程中引入上期所原油期货价格并逐步扩大其所占份额，使成品油价格更能反映国内的供需情况，方便国内企业开展套期保值业务。

二是推动央企、大型国企、有实力的民企等将期货市场价格作为国际贸易的定价基准。受现有管理制度、对套期保值功能的认知、衍生品的高风险性以及社会舆论等因素制约，目前国企参与期货交易的现象还不普遍，因此，期货在国企风险管理中的作用尚未充分发挥。建议国资委推动央企和大型国企充分借鉴国际市场的成熟经验，将国内商品期货市场的价格作为贸易往来的定价基准，使"中国商品期货价格＋升贴水"成为大宗商品贸易的主流定价模式。目前央企境外单位有 9 000 多个，分布在全球 180 多个国家和地区，可以充分发挥央企在境外的技术、资金、管理和人才优势，在参与"一带一路"建设过程中，将定价模式带入当地市场，进而增强中国商品期货市场对"一带一路"国家和地区的代表性。积极引导民企将期货市场价格作为定价基准并据此开展风险管理活动，助力有实力的民企积极参与"一带一路"建设和加快"走出去"步伐。鼓励和支持期货市场、央企、大型国企、有实力的民企"抱团取暖"，一起"走出去"，进一步提升中国大宗商品期货市场的定价话语权和国际影响力。

6. 支持期货市场加快开放进程

一是深化简政放权改革，支持更多商品期货品种对外开放，简化报批流程。充分发挥部委协调工作小组在法律法规、监管制度、交易交割规则等各方面的协调作用，由参与特定品种审批的相关部委统一完善审批流程，以联席会议的方式代替书面征求意见会签，简化特定品种的审批程序，持续扩大特定品种的范围，包括支持相关期权产品挂牌交易和直接对外开放，丰富境外交易者的投资工具，尽快形成品种聚集效应。同时，财政部、国家税务总局应出台特定品种自动适用政策，被证监会确定为特定品种的，自动适用原油、铁矿石期货保税交割业务免征增值税的政策和税票开具管理办法。

二是优化保税交割业务，简化报关操作。在为境外交易者提供便利的框架下，由海关方面重点推动四个方面的工作：以"集中检验、分批核销"为原则，对拟参与保税交割业务的大宗商品进行集中检验，对进口报关的期货交割商品，可采信第三方机构的检验结果进行分批核销，优化"一次报关"操作，便于客户进行因参与交割而发生的尾货贸易结算；探索无进出口资质的境内客户接到保税仓单后进口报关的便利化方式；总结经验，树立保税交割业务模范，向全国推广，进一步扩展保税交割区域；解决境外交易者无法开具增值税发票的问题，提高处理完税仓单业务的效率。

三是规范和完善 NRA 账户的开户流程。根据中国人民银行的相关规定，境外客户申请开立银行结算账户时，需要由指定人员到境内银行柜台办理。目前境外客户开立 NRA 账户的流程较烦琐，费时较久。建议中国人民银行指导商业银行在合规框架内研究如何简化 NRA 账户的开户流程以及利用银行海外网点提供见证服务等，以不同国家或地区的证照制作模板为参照并提供统一培训，研究完善审核境外资金合法合规性的尽调手段。

7. 明确现货交易平台监管职责和确保规范有序运行

一是制定和出台相关法律法规，进一步落实地方政府对现货交易平台的监管职责。在国发〔2011〕38 号、国办发〔2012〕37 号文以及各省人民政府出台的《交易场所监督管理办法》等地方性法规的基础上，加快制定和出台有关现货交易平台的法律法规，明确监管主体和监管职责，建立健全日常监管和防控各类市场风险的机制，通过完善长效管理机制，做好现货交易平台的风险防控工作。

二是采取切实措施，确保现货交易平台规范、有序。抓紧制定现货交易平台的监督管理办法，明确现货交易平台的功能定位——"立足现货、提升现货、服务现货、回归现货"，严禁违规参与、炒作、过度投机期货和衍生品交易。明确现货主体的市场准入条件、业务范围和违法违规处理办法，严厉打击违规炒作、过度投机、非法和变相参与期货交易的行为。重点监测和排查大宗商品现货交易平台的潜在风险。

三是加快推进大宗商品现货交易平台的规划建设。统筹各行业现货交易平台的数量、规模和区域分布，明确各现货交易平台的品种结构，对现有大宗商品现货交易平台进行整合和提升，通过优化股东结构，完善交易系统，打造上规模、高标准的交易平台，做大成交量；引导企业通过收购、兼并、入股等形式盘活现有空壳市场，不断提高市场质量；利用"互联网+"思维，变革现货市场的运营模式，真正实现线上线下无缝对接，提升大宗商品的流通效率。[①]

8. 加强期货行业人才培养和培训

一是根据市场发展的需要，分门别类、精准培养专业人才。考虑在更多高校设置相应的专业课程，加强师资队伍建设，编写能满足我国期货市场要求的专业教材，争取早日解决期货行业对高端人才的需求与现行高等教育的课程安排不完全匹配的矛盾，培养一批专业技术精湛、知识结构合理的期货市场人才。

二是提升期货行业的软实力。加强从业人员管理，将从业人员的素质提升纳入软实力建设体系中，形成良性互动。将合规、诚信、自律的理念逐渐沉淀为期货行业文化的最核心要素，为期货行业文化建设确定主旋律，为期货行业软实力的传承和发展做好铺垫。

---

① 中国电子商务研究中心：《浅析：国内大宗商品电子交易发展现状及存在问题》，载搜狐网，2015年6月9日。https://www.sohu.com/a/18203617_115052。

期货行业层面

1. 证监会和行业协会

一是坚定不移地加快改革开放进程，积极营造良好的环境。简化大宗商品期货、期权品种的上市立项、征求意见、审批等流程，加快新品种的上市步伐，同时引导已上市期货品种做深、做实、做精、做细，使其功能得到真正发挥；协调各交易所持续推进特定品种的审批工作，积极引入境外交易者，由特定品种的开放逐步过渡为品种全面开放；坚持开放常态化，对开放后出现的短期问题做好充分准备，保持足够的容忍度和包容性；不断扩大合作谅解备忘录的签署范围，使更多国家和地区的客户能够参与境内特定品种交易；吸引更多境外交易者进入中国市场，优化适当性管理制度，稳定境外交易者的市场预期，促进交易所之间相关规定的整合、统一和互认，有效解决境外客户开户和参与交易过程中的有关问题。不断加强与国家相关部委的沟通，积极取得相关部委对建立国际定价中心的理解和支持，推动各有关部门协调解决相关问题；结合对外开放进程，全面梳理并完善相关法律法规，推动规则制度的调整优化，在积极防范市场风险的同时，进一步完善适应国际化发展的法规体系。

二是加强监管合作，提高跨境监管效率。加强"一带一路"国家和地区监管机构间的沟通协调，积极传递中国商品期货市场的规则、标准和发展理念，增强法律规范的一致性，明确域外管辖权的界定，在涉及调查境外客户的身份资质、资金来源、实际控制关系账户、现货贸易情况和交易行为合规性等问题时，要通力配合、相互支持。针对大宗商品高度同质化、金融属性强，容易通过商品、汇率、资金等多个链条传导风险并造成国内外汇市、股市、债市等金融市场风险共振的特点，应积极采取有效措施，防止其给中国的金融体系带来系统性风险。

三是做好市场培育工作。积极引导国内期货交易所和相关机构确立市场培育项目，做好国际化人才的培养和储备工作；针对不同的商品期货品种，建立培训专家库，组织行业协会、交易所、期货公司共同制定人员培训规划；与企业携手，大力推进相关机构的市场培育工作，在出入境管理等方面给予帮助，为人员往来提供支持和便利。

2. 交易所

一是加快新产品、新工具的上市步伐，构建完备的品种和工具体系。积极研发、上市符合"一带一路"国家和地区特点的期货品种，以及可促进贸易发展的外汇相关指数等期货品种，同时研究推出商品指数合约、迷你合约、掉期合约、基差合约、区域升贴水合约、场外期权等，利用各类期权品种，实现场内与场外市场的有机对接。发挥大宗商品平台服务"一带一路"建设的功能，将标准仓单交易平台纳入服务范围，对有境外投资者参与的期货品种，积极推出相关的标准仓单交易，研究将"一带一路"国家和地区的相关机构引入仓单交易的可行性。

二是加强制度建设，进一步提升运行效率。积极推行仓单服务制度、做市商制度，推进仓单交易平台建设等，持续推进近月合约活跃和主力合约连续，方便产业客户进行套期保值。主动对接现货市场，优化合约制度设计，持续提升交割、物流、信息等服务能力，最大限度地满足现货市场的需要，完善手续费收取方案，进一步降低市场参与成本。建设满足全天候、多元化需求的交易平台，通过技术升级统一各交易软件接口，实现交易和结算的逐步分离，为更长时间的连续交易奠定基础。充分履行期货交易所的监管职责，全面做好市场监管和风险防范工作，牢牢守住不发生系统性风险的底线。

三是多措并举，提升各个品种的国际化程度。大力推进新老品种的国际化业务，对已上市品种，积极引入境外交易者，对新上市品种，直接实现交易、交割国际化，由目前的特定品种开放逐步过渡为品种全面开放。以更加积极的姿态做好交易所之间规则制度的对接、融合，提高交易所之间规则制度的协同性、包容性，完善交易时间设置，为境外客户的资金使用、换汇等提供便利，推动申请合格中央对手方，根据《金融市场基础设施原则》做好自评估。不断完善对境外客户和境外中介机构的技术支持和服务，提升"一带一路"国家和地区投资者常用的交易、结算、对账系统与国内相关系统的兼容性。提升英文的普及程度，实现交易所中英文网站对规则、公告、通知等的同步更新。

四是加强国际交流合作，实现多样化的对外开放。积极推动与境外交易所、行业协会、期货公司的交流合作，推动建立技术服务节点和英文呼叫中心，提供一站式服务。为"一带一路"国家和地区的专业人士的交流提供政策和制度支持，加大引进国际化人才的力度。探索以股权合作、股权收购、出资共建等多种形式帮助当地发展商品期货市场。通过参与"一带一路"国家和地区商品期货市场的框架设计、制度安排以及交易系统的建设，推广相关规则制度，输出交易、清算、监察、风控、交易接入、行情等技术以及基础技术控件。支持类似普氏能源资讯等在数据和指数方面具有较强竞争力的国内公司的发展，合理利用期货市场在发展过程中产生的数据，编制指数或综合开发数据信息类产品，有针对性地开发服务于"一

期货市场国际化

带一路"国家和地区的数据和指数产品。将"输出"与"引入"相结合,合理引入境外交易所的先进业务、技术和规则。通过开展合作,推出结算价授权、产品合约互挂等业务,建设跨境交易平台,探索实行清算联结。扩展保税交割的品种和范围,支持境内交易所在境外设立交割仓库。

五是扩展境内外投资者的类型,加强与外资银行的合作。通过与监管机构、金融机构协作,创新市场进入机制,为境内外实体企业、金融机构和投机者进入期货市场创造有利条件,形成投资者类型多样、投资行为结构合理、境内境外平衡、功能发挥良好的开放格局。持续引进更多大型外资银行担任交易所保证金存管银行,不断扩展保证金存管银行的类型和数量。

六是加强国内各交易所之间的协调。基于国内期货市场的既有基础,加强国内不同交易所之间的协同配合,在业务、技术层面为国内商品期货市场"走出去"创造条件。加强信息化建设,建立为整个商品期货市场服务的数据中心。

七是开展各类市场培训。邀请"一带一路"国家和地区的相关企业、主要投资机构到中国参观、调研、参加培训,增进其对期货市场的了解;联合国内现货企业,将仓储物流延伸至境外,在当地建设工厂、码头、生产基地的同时,积极开展相关培训。支持在境外举办、赞助会议,提高中国商品期货市场的国际知名度,积极为"一带一路"国家和地区的政府、企业和机构提供各类培训。

八是妥善处理利益诉求不同和文化背景不同带来的冲突。在与"一带一路"国家和地区开展合作时,要权衡境外期货交易所的不同利益追求,尊重其利益关切;尊重不同国家和地区的文化和宗教信仰,通过系统评估,找到最大"同心圆",通过加强沟通和交流,增强包容性,淡化分歧。

3. 期货公司

一是积极进行国际化布局。结合自身资源和优势，在"一带一路"国家和地区设立境外分支机构，取得境外交易所结算会员资格或成为境外二级代理机构，并逐步将境外客户引入国内期货交易所和场外市场，丰富国内投资者结构。加强培养和积极引进具有国际视野、通晓国际惯例、熟悉国际业务、国际营销能力强的人才，用专业和资本构筑核心竞争力。

二是加大业务创新力度，提供个性化风险管理服务。积极争取国家对期货公司开展国际化业务的制度和政策支持，充分发挥期货公司的作用。期货公司应该结合实体企业的具体经营情况，为后者提供经纪、咨询、资产管理、场外、期现、融资等业务，在定价体系、融资模式、风险管理工具、企业运营等方面进行创新，同时向大宗商品交易商转型，成为以服务客户、创造价值为核心的衍生品综合服务提供商，提供从场内到场外、从期货到期权、从商品期货到金融期货、注重利用多种衍生品工具的一揽子风险管理服务。协助实体企业管理价格、利率和汇率风险，为市场提供做市服务，加强与场外大宗商品交易平台的合作。

三是提升研究能力和服务水平。充分发挥风险管理服务和资产管理服务的优势，加强与银行、证券、信托、保险等金融机构的协作，拓宽合作空间。努力构建多层次、全方位的金融服务框架，在全球范围内建立全时差、全品种交易的服务链，全面提升跨境服务能力、跨期现服务能力、个性化定制服务能力、综合风险管理能力。

4. 交易商

培养国际一流的大宗商品交易商，充分发挥其在连接现货市场与期货市场、管理场内和场外市场风险、在全球范围内整合大宗商品产业链等方面的重要作用，加快中国期货市场"走出去"步伐，助推中国成为全球重要的大宗商品定价中心。大力支持央企、大型国企和实力较强的民企参与期货交易，有针对性地开展相关培训，使之成为国际一流的大宗商品交易商。

国际层面

1. 加大对金融基础设施的资金支持力度

针对部分"一带一路"国家和地区的金融市场发展水平较低的情况，支持亚洲与太平洋经济合作组织、上海合作组织、世界银行、亚洲基础设施投资银行、亚洲开发银行、金砖国家新开发银行、丝路基金等国际合作组织加大对金融基础设施的资金支持力度，如建立银行支付体系，以及期货交易、清算机构等，为"一带一路"国家和地区的投资者更好地进入中国期货市场打好基础。

2. 设立专属教育合作项目

鼓励相关国际组织出资设立专属教育合作项目，成立交流合作培训基地。在"一带一路"国家和地区组织开展针对不同类型人才的专项培训，普及期货市场知识、传播中国期货市场的规则与制度。在"一带一路"国家和地区逐步形成一定的人才储备，并"以老带新"，增强当地民众对中国期货市场的认可度。

3. 实现信息共享，有针对性提供投资者服务

上述国际金融机构的主要职责都包括对基础设施和其他生产领域进行投资。在此过程中，上述国际金融机构掌握了大量关于基础性原材料等大宗商品现货的采购方的信息，建议中国与这些国际金融机构积极开展合作，实现信息共享，使期货交易所提供更有针对性的服务。

▶▶ 第十章

相关案例

案例 1：美国战略石油储备

　　石油被称为工业的血液，是第二次工业革命以来最重要的能源和战略资源之一，因为不可再生性和稀缺性，它成为全球政治、经济、军事和外交的重要筹码。由于石油的生产和消费在空间分布上严重不均衡，目前全球约 68% 的石油通过国际贸易进入消费地，其中 90% 以上通过海上运输。这必然涉及石油的买卖方式、定价方式、货币标价和结算方式、运输方式和路线等。因此，石油贸易已不仅仅是经济问题，通常还涉及政治、军事、外交等方面，当今国际石油贸易处处渗透着地缘政治学。

　　目前，美国是世界上经济实力最强的国家，也是消耗石油最多的国家，其人口不足世界总人口的 5%，却消费着世界石油供应量的 20%。20 世纪初以来，美国等西方国家希望在石油市场上占据主导地位，最初是通过合资、控股石油生产国的石油公司来掌控石油资源。但随着各国民族独立运动的兴起和石油生产国国有化战略的实施，美国等西方国家被迫从有形市场中退出。在页岩气革命之前，美国作为全球最大的石油消费国和进口国，石油对外依存度较高。石油是重要的战略物资，美国有强烈意愿保持对石油市场的控制力和影响力，目前主要通过两种市场化手段来实现该目标：一是通过原油期货建立动态库存，二是调节美国战略石油储备。

期货是未来的现货，石油现货的重要性，必然会反映到期货合约的设计上来。1983年，纽约商业交易所推出WTI原油期货，这是石油定价历史上的一个里程碑事件。一方面，它为石油贸易提供了OPEC定价之外的另一种定价基准，另一方面，它让期货市场成为隐藏在美国战略石油储备背后的一个更大的虚拟库存。经过30多年的发展，WTI原油期货已经成为全球最大的原油期货市场，日均持仓量超过200万手，约合20亿桶原油，是美国战略石油储备的3倍。美国的战略石油储备则是一种通过市场化手段来实现国家战略的工具。由于储备量巨大，美国每调整一次战略石油储备，都会直接对全球石油市场造成较大的影响。这是用市场化方式来争夺石油市场的主导权，表面上看是市场竞争，背后则是国家战略的综合考量。

美国战略石油储备的建立

1. 美国战略石油储备建立的背景

早在20世纪初期到20世纪中期，美国国会就陆续通过法律，将美国国内4块可能有丰富油气储藏和3块有大量页岩矿藏的地区划为"海军用油保护区"，只许海军在战时经国会批准后进行开采。美国战略石油储备从酝酿到最终建立经历了长达30多年的"艰苦磨炼"。这一构想可以追溯到二战期间。1944年，美国时任内政部长哈诺德·伊克斯提出了建立国家战略石油储备的构想。1952年，杜鲁门政府明确提出，美国应该建立战略石油供给制。1956年，艾森豪威尔总统在苏伊士运河危机爆发后也曾建议建立战略石油储备。但由于并未发生真正的危机，这一建议并未付诸实施。

美国的战略石油储备是"吃一堑、长一智"的产物。1973年10月，第四次中东战争爆发，阿拉伯主要产油国对支持以色列的美国实行石油禁运。当时，巴以战争导致中东石油供应中断，迫使石油价格猛涨，引发了世界性石油危机，一度造成美国石油进口中断，导致美国国内石油产品供应紧缺，给经济造成了巨大损失，最终使美国经济陷入长时间的衰退。

2. 美国战略石油储备建立的过程

1974年11月，在美国等西方国家的倡导下，国际能源署成立，其主要职能是协调成员国的石油储备行动。1975年12月22日，福特总统签署、美国国会通过了《能源政策和储备法》，其中最重要的内容之一就是决定建立战略石油储备，目的是在此后发生类似事件时，可以对美国的能源市场起到保护作用。按照该法律的要求，美国能源部于1977年2月16日提出了战略石油储备计划，这一计划于当年4月18日生效。美国政府从1977年7月21日正式开始储备石油，由此开始，美国各届政府都将石油储备作为保障石油供给安全的重要措施。美国战略石油储备的建立耗时近10年。美国建立和确保战略石油储备的总体思路是：以最低的成本，储备高质量的原油；在扩大战略石油储备时，把它对国际国内市场的不利影响降到最低。

美国战略石油储备库中的原油，不仅在质量上高于国际市场上的一般原油，而且价格也十分低廉。在 21 世纪初期，美国石油战略储备达到峰值，即使国际石油供应全部中断，美国战略石油储备也可供全国消费 150 多天。根据 2005 年颁布的《新能源法案》，美国能源部最终把战略石油储备增加到 10 亿桶。但随着 2012 年美国页岩气革命的开始，美国页岩油产量快速增长，原油的自给率不断提高，美国现在已经成为全球第一大产油国。截至目前，美国的战略石油储备维持在 6.5 亿桶左右。

通过调节战略石油储备影响世界

事实上，美国战略石油储备已经不仅仅是保障美国能源安全的手段，也是美国调节石油市场供需的手段之一，美国战略石油储备的每一次调整均会对全球石油市场乃至世界政治经济形势产生巨大的影响。

在过去二三十年中，美国政府有过多次释放战略石油储备的行为，按照美国能源部发言人的说法，这只是对储备系统释放以及销售石油能力的测试，而除了应对飓风等自然灾害外，实际上在大多数情况下，同期国际社会上均有较大的政治事件发生（见表 10.1）。

美国首次"试销"储备石油是在 1990 年 8 月的海湾战争期间，当时售出了 400 万桶石油。2011 年利比亚动乱扰乱了国际石油市场，美国再次释放石油储备，此次美国能源部配合国际能源署售出了 3 000 万桶的石油。

2014 年"克里米亚事件"发生后，美国能源部宣布释放 500 万桶战略石油储备，这是美国和俄罗斯自"冷战"之后的又一次对峙，美国前国务卿康多莉扎·赖斯在《华盛顿邮报》上公开表示，俄罗斯政府的财政预算承受不起油价下跌。美国释放战略石油储备的效果立刻在期货市场上显现出来，当天国际原油期货价格应声下跌超过2%。有分析认为美国此举意在向俄罗斯施压，在当时欧美联合制裁俄罗斯的大背景下，油价下跌会让俄罗斯的经济雪上加霜。俄罗斯新闻网报道说，俄罗斯未来3年的预算是按照油价100美元/桶制定的，如果油价在85美元/桶以下，那么俄罗斯的经济衰退将超过2%。美国利用战略石油储备影响期货价格，进而打压对手的做法取得了显著效果。

最近一次是在2018年10月1日至11月30日，美国能源部宣布，两个月内将出售1 100万桶原油，以防止市场价格出现过大波动，而此时已临近美国宣布伊朗石油禁运令的生效日期，在2018年6月特朗普宣布伊朗石油禁运令之后，国际油价涨幅超过20%，此举进一步彰显了美国总统特朗普及其行政团队维稳能源市场价格的决心。

表10.1 美国历次战略石油储备释放

单位：万桶

释放时间	事件	释放量
1985	测试竞争性销售	100
1990	伊拉克入侵科威特	500
1991	美军及其同盟袭击伊拉克	1 730
1996	阿科公司输油管道堵塞	90
1996	支付原油转移和场地退役费	510
1996—1997	减少联邦预算赤字	2 300
1999	玛雅原油交换	250
2000	卡尔克苏通道关闭	50
2002	飓风"莉莉"影响石油运输	10

期货市场国际化

续表

释放时间	事件	释放量
2004	飓风"伊万"袭击墨西哥湾	540
2005	飓风"卡特里娜"袭击墨西哥湾	1 100
2006	萨宾内奇斯航道驳船事故	76
2008	飓风"古斯塔夫"和"艾克"袭击美国	540
2011	国际能源署协调发布，利比亚动乱	3 064
2012	热带风暴"艾萨克"袭击墨西哥湾	100
2014	分销系统测试，克里米亚事件	500
2017	飓风"哈维"袭击墨西哥湾	100
2018	美国制裁伊朗	1 100

思考与总结

石油作为当今世界最重要的能源，已经成为与美元、军事并重的，服务美国国家战略的有力工具。当美国想与中国等石油消费大国搞好关系，而与俄罗斯等产油大国保持距离时，会适当地压低国际油价；反之，当美国想给中国等石油消费大国施压，与俄罗斯等产油大国保持良好关系时，又会适当提高国际油价。截至目前，美国已经超越沙特阿拉伯和俄罗斯，成为全球第一大原油生产国和消费国，在当前并不稳固的国际政治经济局势下，美国对国际原油市场的影响力不可小觑。

案例2：美国的成功与日本的失败

虽然美国期货市场与日本期货市场都有悠久的历史，但二者却有不同的发展轨迹。自1848年芝加哥期货交易所创立以来，美国期货市场发展迅速，上市品种日益丰富，成交量不断增加，近3年成交量均保持在80亿手以上，超过全球成交量的30%，目前已发展成全球名副其实的大宗商品定价中心。反观日本，其期货市场起步较早，也曾在全球占据重要地位。根据美国期货业协会的统计数据，在1955年全球期货期权成交量排名前20的期货品种中，日本多达10个；在20世纪末期，日本商品期货市场经历了一个高速发展的黄金时期，2001年的成交量占全球成交量的31%。但自2003年以来，日本商品期货市场的成交量由2003年高点时的1.54亿手迅速降至2009年的0.34亿手，仅占国际成交量的2%，并在随后的十几年间一直保持低迷，离全球大宗商品定价中心的目标渐行渐远。

为什么美国期货市场能够成为大宗商品国际定价中心，而日本期货市场却逐渐走向衰落？深入研究这一问题，总结美国成功的经验与日本失败的教训，有利于我们更好地建设中国商品期货市场，使其早日成为大宗商品国际定价中心。

日本期货市场由盛而衰和美国期货市场的崛起

1. 日本期货市场的兴衰

日本期货市场是从1730年的大阪堂岛大米市场开始的，此后走过了艰难曲折的道路。日本从1952年重新开设期货市场至今有近70年的历史，其中前40年由于日本政府对期货市场采取了限制发

期货市场国际化

展的政策，日本期货市场停滞不前，市场规模和功能发挥十分有限。

1990年以后，面对经济全球化的趋势，出于参与国际竞争的需要，日本政府重新认识到商品期货市场在经济发展中的重要作用，遂积极调整政策，为期货市场发展创造了有利条件，日本商品期货市场开始进入了高速发展的黄金时期，成交量快速增长。1990年成交量为4460万手，1993年成交量为5448万手，1995年达到6863万手，2000年达到10866万手，首次跨上1亿手的台阶，2001年成交量为12117万手，占全球成交量的31%，期货市场在经济发展中的作用日益增强。从1991年的4203万手到2001年的12117万手，日本商品期货市场的成交量10年间增加了近2倍，年均增长近20%。

然而，日本商品期货市场的成交量在2003年达到峰值1.54亿手后，呈快速下滑态势。2009年，其成交量仅剩下0.34亿手，仅占全球成交量的2%，并在随后的10年间继续缓慢下降，截至2018年，其商品期货成交量为0.24亿手（见图10.1），仅为峰值的15.6%。并且，日本已经没有期货品种能够进入美国期货业协会公布的全球商品期货期权单品种成交量的前20名。

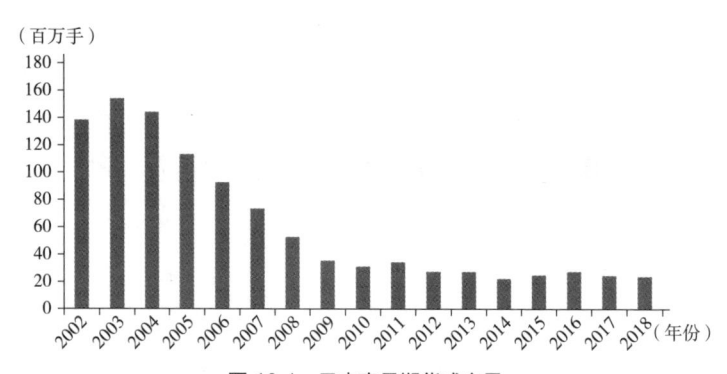

图10.1 日本商品期货成交量

资料来源：日本商品期货振兴协会。

2. 美国期货市场的崛起

美国期货市场有超过100年的历史，它不仅是世界期货市场的发源地，也是世界上现存最古老、规模最大、最规范的期货市场，深刻影响着其他期货市场。

1848年，美国82位商人在芝加哥联合组建了世界上第一个期货交易所——芝加哥期货交易所，它的成立使商品交易方式发生了革命性变化。19世纪中叶，尽管现货交易制度逐渐走上了正轨，但交易者之间的违约现象时有发生，加之当时美国内战爆发，现货交易的风险也很大，为了进一步规范交易活动，芝加哥期货交易所于1865年制定了期货合约的标准化协议《共同法则》，推出了第一个标准化的期货合约，以取代原先沿用的远期合约。随后，芝加哥期货交易所又实行了保证金制度，使交易活动更趋正规化，有效地消除了交易双方不按期履约而产生的诸多矛盾。之后，芝加哥期货交易所又制定了交易所的经营规则，确立了交易的清算和结算程序，极大地扩展了交易的范围。随着这些交易规则和制度的不断完善和发展，期货市场的性质、功能和运作方式等最终实现了质的飞跃。

与此同时，政府和立法机关对期货交易也日益重视。随后，美国制定了《粮食期货交易条例》。美国在1936年制定并在1968年修订了《商品交易条例》，将管理范围扩展到了交易者和经纪公司。1974年，美国制定了《商品期货交易条例》，并据此成立了商品期货交易管理委员会，后者作为新设立的独立机构，负责管理期货市场。自此，美国期货市场真正进入了现代化时期。

20世纪末、21世纪初，期货交易由美国向全世界拓展，新的期货交易所不断涌现，交易品种日新月异，极大地推动了现代期货市场的发展。之后，随着通信和计算机技术的发展，电子化交易方

期货市场国际化

式被逐步应用于美国期货市场，与此同时，以芝加哥商业交易所、洲际交易所为代表的交易所开始实施集团化发展战略，在全球范围内并购交易所，快速做大做强。美国期货市场在全球范围内的影响力越来越大，交易规模逐年上升，成交量占全球成交量的30%以上，全球第一大期货市场的地位越来越巩固（见图10.2）。

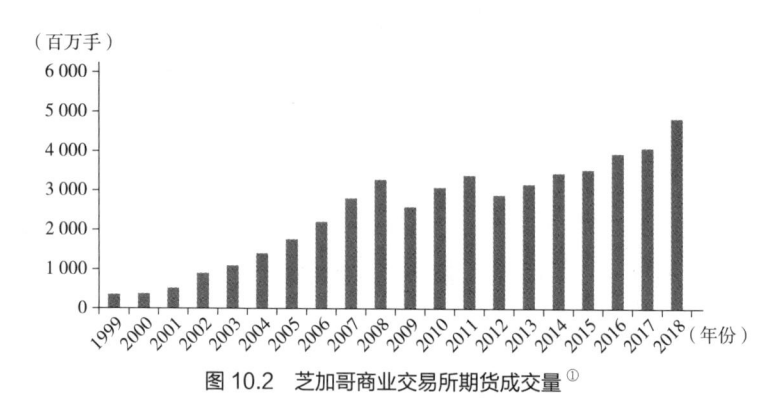

图 10.2　芝加哥商业交易所期货成交量[1]

资料来源：根据美国期货业协会相关数据整理。

日本期货市场失败的教训

在工业化进程中，日本也经历了大量进口大宗商品的阶段，但其期货市场未能发展成大宗商品国际定价中心，原因有：日本监管当局的改革措施不切实际，未能建立起满足市场发展要求的监管体系；产业套期保值需求不足，机构投资者发展滞后，新品种上市困难；新的市场架构要想发挥作用，需要一个渐进的过程，短期内很难达到市场预期的水平。

---

[1] 这里用芝加哥商业交易所的成交量变化趋势来表示美国期货市场的发展趋势；2006年之前，芝加哥商业交易所与芝加哥期货交易所尚未合并，故2006年之前的数据用芝加哥商业交易所与芝加哥期货交易所成交量之和来表示。

1. 改革措施脱离实际

日本商品期货市场的交易者一直以中小散户为主，个人投资者占比过高，呈现远期合约月份活跃的典型投机型市场格局。2004年以前，日本期货市场采取固定佣金率制度，这保证了期货公司的利润率，调动了积极性。2004年固定佣金率制度到期后，日本的经纪公司开始面临巨大的竞争压力，所采取的手法也更加不规范。针对这些问题，日本商品期货业的监管者在同年进行了二战后范围最大的一次期货行业法律修订，决心为投资者建立真正公开、透明、高效的商品期货交易平台，同时从根本上改善投资者结构，以发挥商品期货市场在宏观经济中的功能和作用。

但是，相关法律规定却在一定程度上脱离了日本期货市场的现状，超出了市场的承受能力，给经纪公司的经营带来了较大困难，直接导致市场萎缩，成交量由高点时占全球成交量的31%降至不足2%。具体来看，在行为约束方面，修改后的法律规定，在开发客户时必须尊重客户的意志，不能给客户施加任何诱导；在财务管理方面，经纪公司的净资产比例必须大于140%，如果低于100%，将被停业乃至取消执照。2004年以前，相关政策较为宽松，对期货公司开发客户的方式和净资本没有特别严格的规定，2004年以后，由于规定过严，相关法律束缚了很多经纪公司开发客户的手脚，财务标准对期货公司施加了过大压力，挫伤了经纪公司的积极性。同时，由于规模普遍较小，抗冲击能力不强，在取消固定佣金制度后，很多经纪公司开始面临财务危机，而更严格的法律规定，更是使日本商品期货市场雪上加霜，日本的期货经纪公司经历了艰难的适应过程之后，整体经营状况大不如前，逐渐衰落。

2. 机构投资者发展滞后

作为典型的岛屿国家，日本自然资源匮乏，经济依靠进口，主要大宗商品大部分在本国没有产量或产量甚微。统计结果显示，在日本商品期货市场上市的各个品种当中，除镍、白糖外，其余品种在日本几乎没有产量，各个品种的消费量占全球整体消费量的比例也不是很高。这导致日本期货市场赖以发展的现货市场基础薄弱，产业客户结构相对单一，缺少足够的套期保值需求。

而且，很多与期货品种相关的现货市场相对集中，就拿黄金来说，排名前两位的企业的市场份额已占近三成，10家企业将市场份额全部瓜分完毕，而这些大型垄断企业也是期货市场的主要参与者，这不利于市场流动性的培育。在东京工业品交易所的铝期货交易中，更有现货企业联合起来抵制期货市场，使该品种在上市后受到了压制，成交低迷。另外，日本期货市场的品种相对较少，新品种的审批非常困难，经常受到农协等相关机构的阻挠，这导致日本期货市场不能满足经济发展的需要，难以成为真正的大宗商品国际定价中心。

3. 商品期货市场的新架构不合理

为广大市场参与者建立一个财务制度完善、信誉度高的清算体系关系到日本商品期货行业的成败。但是，这需要完备的信息系统、财务制度和风控体系，以及雄厚的资本实力和持续不断的资本投入。按照修订后的《商品交易所法》的相关规定，日本由现有商品交易所共同出资成立了统一的清算机构——日本商品清算所。但是，日本商品清算所不够完善，财务受限，为结算会员计算浮动盈亏的功能未得到有效发挥。而且，日本没有形成可以有效管理风险的保证金制度，短期内很难达到市场所预期的水平。《商品交易所法》修订后，日本商品期货交易所的大规模收购和合并并不是为了获得规模经济的良性整合，而只是对面临生存危机的交易所的兼并重组。部分商品期货交易所实行了股份制公司改制，但与之相伴的诸如会员投票权利被削弱、功劳金评价制度等一系列问题仍有待解决。

另外，日本衍生品市场一直以来存在着比较明显的市场分割问题，如各类市场分离、纵向监管等。这种管理框架使参与日本期货市场的交易者经常面临各类附加成本。多家交易所和多个监管机构并存的局面，使得投资者不得不花费大量时间、精力来理解多种规则和法律法规。经营的复杂性和适应不同监管制度的合规成本大幅增加，运行效率低下，这些都降低了日本期货衍生品市场的吸引力。

美国期货市场成功的经验

美国期货市场之所以能成为大宗商品国际定价中心，是因为其具有统一的监管机构，建立了有效的结算体系，注重上市品种研发，同时重视法治化建设。

1. 重视市场法律法规建设

美国等西方国家在期货市场管理方面制定了大量法律法规，既有政府制定的专门商品交易法，也有行业协会制定的行业法规，还有各个交易所制定的以自律管理为主的规章。在这些法律法规中，下一层级的法律法规都是依据上一层级的法律法规制定的，而且其中有关处罚的条款比较具体和严厉。各交易所在执行法规方面很认真，一旦发现违法行为，会予以相当严厉的处罚。期货交易所都设有法律部门，这些部门在交易所中居于重要地位，不断对交易规则的实施情况进行调查、研究，适时修改和补充交易规则、规范交易行为，经常对法规文件进行编纂、出版，使期货交易规则得以不断完善和提高，为期货市场的健康运行提供了持续不断的法律保障。

2. 具有统一的政府监管机构

目前，美国政府对期货市场进行监管的机构是依法成立的美国商品期货交易委员会，该机构与美联储、美国货币监理署、美国证监会共同构成了美国金融市场的监管体系。美国商品期货交易委员会的5名委员由总统提名，经参议院通过后，再由总统任命并指定主席。从权限上看，美国商品期货交易委员会按照《商品交易法》的授权独立对衍生品市场进行监管，并与其他部门建立了协商机制。美国商品期货交易委员会总部设在华盛顿，设有强制执行部、经济分析部、交易市场部、咨询办公室、执行董事（行政）办公室和主席办公室。美国商品期货交易委员会在期货交易所比较集中的地区，如芝加哥和纽约等地设有办公室，对期货衍生品市场实行垂直管理。

美国商品期货交易委员会的主要职责包括：制定期货市场相关法规，监督法规的实施；依法对交易所进行审批、注册，审批交易所的规则、上市品种和期货合约；授权美国期货业协会对所有期货经纪公司、场内经纪人和交易员、商品交易顾问、介绍经纪人、经纪商代理人以及商品基金代理人等期货市场参与者进行审批、注册，并实行监督；依法监管市场交易行为、监测市场运行；对交易纠纷进行高层次仲裁；对违规、违法行为进行处理。正是由于美国拥有美国商品期货交易委员会这样统一的监管机构，美国期货市场才得以持续健康发展，并逐步成为大宗商品国际定价中心。

3. 建立了有效的结算体系

美国期货交易的结算业务都是由清算公司来完成的，有的是独立于交易所的清算公司，有的是交易所内相对独立的清算公司，二者的共同特点是：由交易所会员中资信度高、实力雄厚的会员充任结算会员，由结算会员代理非结算会员对成交的合约进行结算。目前，许多清算会员已发展成结算行，形成了分级管理、分级承担、分级防范的风险管理体系，保证了交易结算的有效性，为期货市场的高效运行提供了保障。

4. 注重上市品种的研发

上市品种是期货市场的生命，欧美期货市场之所以经久不衰，重要原因之一是上市品种丰富，而且不断推陈出新。目前，美国的期货品种涉及各行各业：从农产品到工业产品，从易储、易运商品到活猪和活牛，从一般商品到衍生品等。

欧美期货交易所对上市品种的研发也是持之以恒的，它们不仅设有专门机构，还配备较强的力量、投入大量的经费，在品种上市时，更是给予许多优惠政策，投入巨大资本。例如，芝加哥期货交易所对新上市品种免收一年的交易手续费。芝加哥期权交易所则设置一定数量的做市商，给予优惠条件，以保持市场上的人气和一定的成交量等。这保证了欧美期货市场能够不断适应全球经济变化，更有效地保持其在全球衍生品市场中的领先地位。

总结与启示

美国期货市场由于具有独立的监管机构，建立了有效的结算体系，注重上市品种研究开发，重视法律法规建设，经过 100 多年的发展，已发展成名副其实的大宗商品国际定价中心。反观日本，虽然其期货市场起步较早，但由于监管当局的改革措施脱离实际，未能建立起满足市场发展要求的监管体系，产业套期保值需求不足，机构投资者发展滞后，新品种上市困难，商品期货市场的新架构未能有效发挥作用，这些进一步导致日本期货市场对投资者的吸引力逐渐降低，逐步走向衰落，未能成为大宗商品国际定价中心。美国的成功与日本的失败带来了以下几点启示。

1. 抓住历史机遇

20 世纪 90 年代到 21 世纪初，日本的期货市场有着令人艳羡的发展前景，全球都将目光聚焦于日本，认为日本将是亚洲乃至全球的经济和金融中心。然而令人遗憾的是，囿于激进的市场改革、监管机制和其他问题，日本期货市场并未按照人们所预期的轨迹发展，在经历短暂辉煌后逐渐失去了往日风采。相比之下，目前我国商品期货市场蒸蒸日上，交易规模占全球的比重越来越大，建立大宗商品国际定价中心的内外部条件正逐渐成熟，我们要抓住现在的大好时机，吸取日本期货市场失败的教训，根据我国期货市场的实际，营造良好的发展环境，早日确立亚洲乃至全球期货市场的定价中心地位。

2. 加强对期货市场的统一监管

美国期货市场创立于 160 多年前，目前已进入了比较成熟的阶段。中国的期货市场是在引进西方现代期货市场理论和模式的基础上创办的，尚处于成长期。为了发挥期货市场的价格发现功能和风险管理功能，实现与国际市场接轨，早日建成大宗商品国际定价中心，应加强对期货市场的统一监管。加快期货法的立法步伐，解决期货市场发展中的法律问题。同时，要积极学习美国的法规统一、监管分级的监管模式，采用授权式的监管方法，充分发挥交易所在第一线的监管作用。

3. 改革力度要和市场的承受能力结合起来

改革和创新是各国商品期货市场持续发展的原动力，但日本的发展轨迹从一个侧面告诫我们，改革与创新的力度要与市场的承受能力相一致。2004 年，日本监管当局修改《商品交易所法》的初衷是好的，正是为了改善当时期货公司管理效率低、经营方式混乱的情况，它才制定了一系列严厉措施。也正是针对期货交易所交易体系分割、效率低下的状况，《商品交易所法》要求建立统一高效的独立清算机构，但这些措施都超出了市场的承受能力。对客户开发方式的规定严重打击了期货经纪公司的积极性，严格的财务指标给它们施加了巨大压力，佣金制度市场化使它们面临更加激烈的市场竞争，无法正常运营。短期内依靠由发展情况参差不齐的交易所构建起来的商品清算所也面临各种问题，无法满足市场的需要。

日本的一系列改革措施不仅未能推动日本期货市场的发展，反而对市场形成了抑制。同时，原有的产业套期保值需求不足、市场分割等结构性问题充分暴露，使日本商品期货市场的交易规模急剧萎缩。以此为鉴，在制定各项改革措施时，应当紧密结合现实状况，充分考虑市场的承受能力，循序渐进。

4. 保持市场规模与流动性至关重要

一定的规模和合理的结构是商品期货市场赖以生存的原动力，是期货市场正常发挥功能的基础。有了一定的规模，市场才能凝聚人气，被各方所关注，资金、人力、物力才能不断汇聚。而合理的结构能够确保价格的公正、权威，进而提升企业套期保值的有效性，使期货市场的价格发现、风险管理两大功能得到充分发挥。一定的规模和合理的结构能够确保市场的比较优势，发挥积聚效应，形成良性循环，是期货市场生存和发展的根本所在。在多种因素的影响下，日本商品期货市场的交易规模大幅度萎缩，投资者和资金大量离市，人才大量流失，这对期货市场造成了致命打击，且在短期内难以恢复，我们要引以为戒。我们需要在保证市场规模与流动性的基础上，循序渐进地解决面临的各种问题。

案例3：中国原油期货的影响

2018年3月26日，原油期货在上海国际能源交易中心正式上线运行。作为深化改革、探索期货市场对外开放的试点，原油期货确立了"国际平台、净价交易、保税交割、人民币计价"的基本思路。"国际平台"即交易国际化、交割国际化和结算环节国际化。"净价交易"就是计价为不含关税、增值税的净价。"保税交割"就是依托保税油库进行实物交割。"人民币计价"就是用人民币进行计价、结算，同时接受美元等外汇资金作为保证金。

原油期货在上海国际能源交易中心的成功推出，标志着中国期货市场在对外开放进程中又迈出了重要一步。原油期货上市以来，市场运行平稳，参与主体逐步多元化，境外投资者已经顺利开展交易，市场流动性日趋增强，与全球油价保持着较好的联动性，服务实体经济的功能初步显现。

国际原油定价体系的发展演变

国际原油定价体系经历了跨国石油公司的殖民定价、OPEC 的官价、以市场供需为基础的多元定价、以期货市场为主导的石油定价四个发展阶段。

1. 跨国石油公司的殖民定价

20 世纪 60 年代以前，美国等西方国家的跨国石油公司控制着国际油价。西方"七姊妹"跨国石油公司凭借带有殖民主义色彩的"租让协议"控制了中东地区的绝大部分石油资源，如伊拉克、科威特、卡塔尔三国全部国土内的石油开采权均被瓜分，伊朗、巴林、沙特阿拉伯 70% 以上国土内的石油开采权被瓜分。跨国石油公司开采的原油绝大部分被用于本公司的下游产业，生产经营高度一体化，这种自产自销的模式使得原油价格全由这些公司决定，一般不需要第三方参与价格协议。同时，国际原油定价方式在 1945 年以前是美国墨西哥湾加成定价，1945 年以后是阿拉伯湾加成定价，直到 1950 年首次出现了跨国石油公司用以标定来自沙特阿拉伯、卡塔尔和利比亚原油离岸价格的标价。此后，跨国石油公司将由其单方面决定的石油价格强加给中东产油国，因此可以说，二战以前3美元/桶的油价在某种程度上是一种殖民价格。

2. OPEC 的官价

二战以后，中东各国民族主义意识觉醒，开始争取与西方大石油公司进行利润分成，并陆续展开了争夺石油开采权和价格决定权的运动。1960年，OPEC 的成立标志着当时决定西方世界石油成本的控制权开始逐渐向 OPEC 转移。1973年，第四次中东战争的爆发引发了第一次石油危机，以沙特阿拉伯为首的中东国家为抗议美国支持以色列，开始减少石油产量并对美实行石油禁运，当年12月 OPEC 将原油价格从3美元/桶左右上调到10美元/桶以上，触发了二战后全球最严重的经济危机，美国、欧洲和日本的经济均遭受重创。跨国石油公司被迫取消了它们在 OPEC 国家的原油标价，原油价格已变成 OPEC 的官方销售价格，即官价。

3. 以市场供需为基础的多元定价

1980年以后，美国、西欧、日本等石油进口国鉴于石油危机对经济的严重威胁，开始采取一切可能措施减少对石油的需求。同时，高油价刺激了它们在世界各地寻找石油的积极性，从1979年到1985年间，非 OPEC 国家的产量逐渐超过了 OPEC 国家。市场供大于求使得 OPEC 的石油产量从1979年高峰期的每天3 100多万桶削减到1985年夏天的每天1 450万桶左右，这主要是 OPEC 实施"限产保价"政策的结果。然而，限产保价政策并未取得积极效果，沙特阿拉伯阻止油价下降的限产策略被其他成员国连续超配额生产的行动所破坏，油价仍在缓慢地下降。沙特阿拉伯被迫放弃了"限产保价"政策，并采取了以净回值为基础的原油折价方法以提高市场份额。OPEC 其他成员国纷纷仿效，导致 1986 年的油价暴跌至 10 美元/桶以下。石油供应过剩、油价暴跌的"反向石油危机"标志着 OPEC 单方面决定石油价格长达 10 多年的历史已经结束，世界石油市场进入了以市场供需为基础的多元定价阶段。

4. 以期货市场为主导的石油定价

20 世纪 80 年代，国际石油远期合约和期货合约的出现，无疑是西方国家通过建立石油期货市场，完善以市场供需为基础、通过交易形成价格的机制，以削弱 OPEC 国家对油价的控制，从而谋取石油定价权的重大战略举措。20 世纪 70 年代后期，英国推出了 Brent 远期合约，1988 年伦敦国际石油交易所推出了以该远期合约为清算基础的 Brent 期货合约，今天该合约的交易价格已成为中东地区与欧洲原油贸易的定价基准（2001 年，伦敦国际石油交易所被洲际交易所收购）。1983 年，美国纽约商业交易所推出了 WTI 期货合约，今天该期货合约不仅是中东地区与美国乃至整个美洲地区原油贸易的定价基准，而且是全球原油价格最重要的"风向标"和"晴雨表"。

5. 全球原油定价机制的现状和特点

由于原油产地不同，原油的品质也不尽相同。以期货市场为主导定价就是以一种或几种基准原油的价格为基础，再加升贴水，从而确定最终价格，基本公式为：原油结算价格 = 基准价 + 升贴水。

基准价通常并不是某种原油某个时间点的具体成交价，而是根据成交前后一段时间的现货价格、期货价格或某报价机构的报价计算出来的价格。目前，国际原油市场的三大基准原油分别是 WTI、Brent 和迪拜/阿曼原油。北美原油或销往美国的原油一般以 WTI 计价，西非、西北欧原油一般以 Brent 计价，中东、俄罗斯的部分原油以迪拜/阿曼计价。

在上海原油期货推出之前，基准价一般都源于生产方，上海原油期货的推出打破了这一局面，上海原油期货与 WTI 和 Brent 原油期货最大的不同是其代表了消费地的价格，反映的是中国乃至亚太市场的供需关系。

上海原油期货的运行情况

上海原油期货上市已有一年半的时间，总体呈现出"交易平稳、结算流畅、交割顺利、监查严格、风控到位、舆论正面、功能初步显现"的良好态势。截至 2019 年 6 月 30 日，共计 307 个交易日，上海原油期货累计成交 4 659.79 万手（单边，下同），累计成交金额为 21.71 万亿元；日均成交量已超过 15 万手,持仓量超过 2.4 万手；目前，上海原油期货已经成为仅次于美国的 WTI 和欧洲的 Brent 的第三大原油期货。

上海原油期货日均成交量为 10 万手。境外原油期货日均成交量达到 5 万手，WTI 用了约 3 年时间，Brent 用了约 5 年时间。同时，上海能源期货全市场开户数量稳步增长，客户总数已超过 7 万个，境外客户开户数超过 130 个。境外投资者主要来自包括中国香港、中国台湾、新加坡、英国、开曼群岛在内的四大洲 12 个国家和地区。

上海原油期货已初步发挥其功能。一是 2018 年 3 月下旬荷兰皇家壳牌集团与中国国际石油化工联合有限责任公司（以下简称联合石化）签署了总计 600 万桶（每月 50 万桶）的一年期（2018 年 9 月至 2019 年 8 月执行）原油贸易合同。这是第一笔用上海原油期货价格作为基准价的现货原油贸易，消息披露后引起了境内外广泛关注。随着该笔交易的执行及其效果评估，上海原油期货实物交割业务的正常化运行，市场交易规模和持仓规模的同步扩大，预计会有更多原油贸易将上海原油期货价格作为基准价。二是 2018 年 10 月中旬，联合石化出售了 35 万桶以上海原油期货价格作为基准价的原油现货，买方为山东独立炼厂、山东京博石油化工有限公司，计价方式为 2018 年 12 月上海原油期货价格加上升贴水，这是中国石油市场首次以上海原油期货价格作为现货贸易的基准价。三是国际能源署、OPEC 等国际机构都高度关注上海原油期货并给予了客观公正的评价。普氏能源资讯、阿格斯等报价机构已取得上期所网页信息授权，在其发布的产品中增加了上期所原油期货价格数据，同时增加了对上期所可交割油种亚洲到岸价的评估。

上海原油期货的价格是中东原油运送至中国沿海的到岸价，因此上海原油期货价理论上等于"阿曼原油价格 + 运费 + 保险 + 其他杂费"。路透数据显示，2018 年 3 月至 2019 年 6 月，中东至中国沿海的运费平均约 1.3 美元 / 桶，保险费约 0.03 美元 / 桶，两者之和为 1.33 美元 / 桶，明显高于同期上海原油期货与阿曼原油期货 0.73 美元 / 桶的价差，反映了上海原油期货价格是合理的且相对被低估的。

此外，从 2018 年 10 月起，沙特阿拉伯国家石油公司修改了销往亚洲的原油的官价公式，由普氏迪拜原油期货价格和普氏阿曼原油期货价格的均价修改为普氏迪拜原油期货价格和迪拜交易所阿曼

期货市场国际化

原油期货价格的均价，这也是 20 世纪 80 年代以来沙特阿拉伯首次修改定价基准，沙特阿拉伯将期货价格纳入定价公式也表明，期货的定价功能进一步得到了认可。迪拜交易所阿曼原油期货价格与上海原油期货存在高度联动性，随着更多国际投资者参与上海原油期货价格交易和期货功能的逐步发挥，上海原油期货价格成为全球24小时亚洲时区价格基准的补充指日可待。

思考与总结

作为中国第一个对外开放的期货品种，原油期货在扩大金融业对外开放方面积累了成功经验，并为后续的铁矿石、PTA 等期货品种的国际化打下了坚实的基础。在原油期货市场建设取得阶段性成果的同时，我们也应清醒地认识到，全球治理体系和国际秩序正在发生深刻变化，自由贸易体系受到冲击，不确定、不稳定因素的增加使得国际石油市场面临更加复杂多变的现实环境；国内经济虽然整体运行平稳，但稳中有变，长期积累的隐患有所暴露。

在这一背景下，中国期货市场必须紧紧围绕"服务实体经济、防范化解风险、深化金融改革和开放"三大基本任务，在习近平新时代中国特色社会主义思想引领下，坚持"期货市场服务实体经济"的宗旨，加强市场监管，积极推进"穿透式"监管，筑牢风险防范底线。在现有原油、燃料油、沥青、PTA 等能源化工类期货品种的基础上，进一步推动产品创新，着力构建完善的品种体系，统筹规划和有序推进能源系列期货品种的上市，努力建设有全球影响力的能源产品定价中心。

案例 4：有色金属期货市场的作用

有色金属是中国期货市场中功能发挥得最好，市场化程度和国际化程度最高的行业之一。中国有色金属期货市场从无到有、从小到大，已经成为全球仅次于伦敦金属交易所的重要市场。原上海金属交易所于 1992 年上市了铜、铝期货，上期所于 2007 年上市了锌期货，2011 年上市了铅期货，2015 年上市了镍、锡期货，至此，六大基本金属系列期货品种都已上市。2018 年，铜、铝、铅、锌、锡、镍六大有色金属期货品种累计单边成交量为 3.18 亿手，占上期所（含上海国际能源交易中心）总成交量的 24.46%；累计单边成交额 40.08 万亿元，占上期所总成交额的 42.51%。

在有色金属行业与期货市场共同发展的 20 多年里，有色金属企业不断总结经验教训，逐渐摸索出了一套科学运用期货工具的方式、方法，在变幻莫测的经济全球化浪潮中，特别是在 2008 年国际金融危机、2010 年欧债务危机和 2015 年下半年价格断崖式下跌的冲击面前，卓有成效地规避和化解了风险，保障了行业的平稳运行和可持续发展。

有色金属现货市场和期货市场 20 多年的共同成长和"捆绑式"发展的经验表明，有色金属期货市场分别在宏观、中观、微观三个层面发挥了促进国民经济发展的功能：从宏观层面来看，期货市场能够为宏观经济调控、产业政策制定、行业运行监测等提供决策依据。从中观层面来看，期货市场的发展壮大直接支持和推动了中国有色金属行业的发展，经过 20 多年的市场洗礼，有色金属行业已经成为市场化程度最高、最适应国际市场变化、应对国际市场冲击能力最强、最具国际竞争力的行业之一；期货市场促进了有色金属行业的技术进步和产业升级，通过制定和输出标准逐步确立了有色金属行业"中国标准"的全球地位。从微观层面来看，期货市场已经深入到有色金属企业生产经营管理的各个环节。中国的大中型有色金属企业已经普遍参与和利用了有色金属期货市场，套期保值已经成为有色金属企业规避风险、稳定生产经营不可缺少的手段。

期货市场促进宏观经济发展

1. 保障国家经济安全的重要工具

价格是市场经济的核心，而大宗商品定价话语权则是国际贸易的核心，直接决定了国家和企业在国际贸易格局中的利益分配。由于大宗商品的供给和价格稳定是国家经济安全的核心问题，发展商品期货市场，建立国际定价中心，就能够稳定大宗商品价格波动，保障国家经济安全。目前世界上主要大宗商品的价格都是由主要的期货市场决定的，如纽约商业交易所和洲际交易所的原油、伦敦金属交易所的有色金属等。以有色金属、铁矿石、原油为例，中国的大宗商品原材料严重匮乏，对外依存度高，大宗商品价格的剧烈波动超出了中国企业所能承受的限度，严重侵蚀着企业的经营成果。这客观上要求中国通过发展期货市场来建立大宗商品定价中心，在国际贸易格局中掌握利益分配的主动权，实现由生产大国向生产强国的转变，保障国家经济安全。

2. 分散和缓冲宏观经济风险

在出现经济危机时，期货市场能保障实体经济的连续性，为其赢得复苏的时间和空间，成为实体经济的重要"避风港"。2008年国际金融危机对全球金融市场造成了严重冲击，国内外主要大宗商品价格暴跌。其中，有色金属价格的下跌幅度超过了 50% 以上，普遍大于钢铁产品价格的下跌幅度，但是，有色金属行业通过期货市场分散和规避了风险，销售收入的下降幅度小于钢铁行业，行业保持了盈利，而同期钢铁行业出现了全面亏损（见表 10.2 和表 10.3）。由于有色金属行业通过产业链全面深刻地影响着经济运行，它在规避风险的同时也缓和了宏观经济波动。

表 10.2 主要大宗商品价格变动

商品	价格标的	9月1日收盘价	11月28日收盘价	跌幅
期货市场				
铜	上期所	58 110 元 / 吨	27 870 元 / 吨	-52.04%
	伦敦金属交易所	7 305 美元 / 吨	3 620 美元 / 吨	-50.45%
锌	上期所	14 345 元 / 吨	9 560 元 / 吨	-33.36%
	伦敦金属交易所	1 780 美元 / 吨	1 210 美元 / 吨	-32.02%
原油	纽约商业交易所	112.24 美元 / 桶	54.43 美元 / 桶	-51.51%
现货市场				
螺纹钢	钢之家月度参考价	5 122 元 / 吨	3 416 元 / 吨	-33.31%
线材	中国钢铁工业协会报价	5 029 元 / 吨	3 361 元 / 吨	-33.17%

资料来源：上期所、路透数据库、中国钢铁工业协会和钢之家网站。
注：表中数据的统计时间区间为 2008 年 9 月 1 日至 2008 年 11 月 28 日。

表 10.3 2008 年 9—11 月钢铁行业和有色金属行业的经营利润指标

商品	销售收入（亿元）	环比	利润(亿元)	环比
有色金属	5 319	-16.9%	89.6	-73.6%
钢铁	11 050	-23.5%	-60.6	-102%

资料来源：中国国家统计局。

3. 宏观经济调控的重要依据

（1）宏观经济政策传导机制中的有效环节

商品期货市场的金融属性越来越显著，这决定了其运行态势与利率、汇率等金融货币政策密切相关。同时，商品期货市场又是一个国际化程度高、透明度高的市场，可以通过国际贸易连接国内外商品现货市场。商品期货市场能够迅速吸收宏观经济政策的相关信息，通过价格走势将其传递给各个市场主体。由于商品期货市场与利率、汇率和货币供给量等政策传导中介密切相关，本身具备成为货币政策工具的潜在资质，可以将经济政策效应快速有效地传导给行业、市场。商品期货市场是宏观经济与产业政策传导机制中的重要环节。

（2）国家产业政策的依据

商品期货市场的价格和实物交割是联系期货市场与现货市场的纽带，为国家产业政策的制定提供了依据。一是期货市场汇集了各个行业内规模最大、最优秀的企业集团，基本覆盖了所有行业；二是期货市场运行规范、公开透明，期货价格可信，所交割商品质量可靠；三是期货市场传递信息很快，有助于及时跟踪产业政策的成效。

有色金属期货市场对有色金属行业的导向作用已经开始显现。为应对国际金融危机的冲击，减少国内有色金属企业的库存，帮助企业缓解现金流压力，国家物资储备局在2009年1月和2月的两次收储过程中，一是要求收储价格以上期所锌现货月度价格作为定价基准，二是要求收储商品的质量符合上期所的交割标准。收储政策及其执行效果是国家运用期货市场深化政策影响的成功案例。

（3）大宗商品价格变化的重要指标

期货市场价格已成为国家发改委、工信部、商务部等政府部门监测大宗商品价格变化的"风向标"。以有色金属为例，有色金属期货价格与生产资料价格指数（PPI）密切相关，能够提前3~6个月反映工业原材料的市场价格趋势，为经济决策部门提供通膨或通缩的价格信号，上期所有色金属期货价格已经成为国家发改委、工信部、商务部、中国人民银行、中国银保监会等政府部门监测大宗商品价格变化和重点行业动态的指标，为宏观经济决策提供了参考。国家发改委和工信部已与上期所建立了长期合作关系和定期交流机制。

（4）行业运行动态的重要指标

期货显性库存具有公开性、及时性、集中性的特点，为宏观调控、行业管理提供了依据。政府可以通过期货库存了解行业供需情况，通过比较国内外库存的此消彼长，预测国际贸易的物流导向。例如，中国银保监会每月定期采集有色金属等相关行业的价格和库存数据，作为监测重点行业运行动态和向商业银行提示信贷风险的重要指标。

推动了有色金属行业的可持续发展

1. 促进"市场化定价机制"的形成

期货市场公开、透明、连续的交易机制，为有色金属行业提供了定价基准。1995年，原国家计委和原中国有色金属工业总公司发文，将上海金属交易所当月第一个完整交易周的期货合约算术加权平均价作为当月执行国家合同的定价基准，此后国内铜、铝现货的交易开启了以期货价格作为基准价的定价方式。

期货市场改变了有色金属企业的定价方式,破解了定价难题。有色金属企业将期货价格作为原材料采购和产品销售等现货贸易活动的定价基准,引入了点价和均价方式,以"只规定产品质量、数量、加工费(或升贴水)和合同执行方式与期限"的中长期贸易合同替代了传统的现货买卖合同,实现了以中长期合同为主体的现代企业营销方式,促进了现货贸易活动中定价行为的透明化和市场化。企业在合同期限内可根据期货价格自行点价,一方如果觉得价格波动对其不利,还可以利用期货市场来对冲风险。

2. 推动技术进步和产品升级

期货市场通过交割商品的品牌注册,以市场化手段贯彻落实国家的产业政策和产品标准的相关要求,推动了有色金属行业的技术进步和产品升级。

通过品牌升贴水制度和实施高纯阴极铜标准,期货市场进一步提高了产品质量。新中国成立后,在期货市场成立之前,不同电解铜生产企业的产品质量存在较大差异。上期所通过实施品牌升贴水制度,对高品质的铜品牌给予升水,对符合标准但市场反应不佳的铜品牌给予贴水,激发了生产企业改进技术的热情。以江西铜业集团有限公司(以下简称江西铜业)为例,其阴极铜的质量曾经有所波动,一度被列为贴水。公司高度重视,通过技术攻关、引进设备,完成了脱砷技术改造,产品质量脱胎换骨,一举注册为升水铜。随后,江西铜业又成为国内第一家在伦敦金属交易所注册的铜企业,完成了在伦敦金银市场协会和上期所的黄金品牌注册。2008年,江西铜业成为伦敦金属交易所注册铜的测试工厂,中国也成为有伦敦金属交易所注册铜测试工厂的第 13 个国家。经过多年的发展，目前上期所绝大多数注册铜的产品质量已经达到高纯阴极铜标准，整个行业的质量标准迈上了一个新的台阶，领先全球同行业水平。

锌期货的上市推动了锌行业的产品升级。在 2007 年 3 月锌期货上市之前，国内 0# 锌（含锌量不低于 99.995% 的未锻轧锌）占国内锌产量的比重相对较小。其后，上期所广泛征求行业意见，根据行业发展趋势，将 0# 锌确定为期货合约的交割标准。随着锌期货市场的稳步发展，国内锌生产企业通过加强生产管理，调整主导产品方向，0# 锌的市场份额迅速增加。目前在上期所品牌注册企业中，0# 锌的产量已经超过了锌产量的 90%，这充分说明了期货市场对产品的升级换代有推动作用。

3. 淘汰落后产能和提升环保水平

期货市场注重以市场化手段落实国家的相关产业政策，合理制定期货合约的规则和交割标准。以 2011 年铅期货上市为例，品牌注册企业必须符合"铅锌行业准入条件"（新建或扩建项目的产能为 5 万吨以上，环保部"清洁生产标准"三级工艺以上）；注册铅锭必须符合国家标准 GB/T 469-2005 规定的 #1 铅 Pb99.994 牌号标准（高于伦敦金属交易所 BS EN 12659:1999 标准规定的 99.97 牌号标准）。期货市场通过制度安排，可以淘汰竞争力差、污染严重、浪费资源的落后产能（如烧结锅、烧结盘、简易高炉等落后的炼铅工艺和设备，未配套建设制酸和尾气吸收系统的烧结机炼铅工艺等）。期货市场通过制定室内存储规范，逐步引导企业在生产、流通环节将铅锭存放于室内，提升了行业的环保水平。

4. 促进产业结构优化

在品牌注册过程中，期货市场为企业生产规模和产品质量设定了准入门槛，如注册铜的最低年产量要达到 4 万吨以上，电解铝要达到 10 万吨以上，铅锌要达到 5 万吨以上，这客观上促使有色金属企业进入了"品牌和规模"时代。另外，期货市场可以促使优秀企业做大做强，加速大企业的集团化进程。企业可以利用期货市场锁定成本和利润，保证生产经营的稳定性和连续性，避免在危机爆发时因原材料断供、销售困难或现金流转问题而突然停产或倒闭。更重要的是，期货市场还可以为企业赢得复苏的时间和空间，为优秀企业调整发展战略、实施兼并收购和扩大市场份额奠定基础。例如，深圳市中金岭南有色金属股份有限公司（以下简称中金岭南）在 2008 年金融危机期间通过套期保值稳定了现金流，在 2009 年年初大宗商品价格低迷时以 2 亿元人民币收购了澳大利亚铅锌矿企业佩利雅 50.1% 的股权，佩利雅未经审计的总资产为 7.57 亿澳元（约合人民币 41 亿元），股东权益为 3.82 亿澳元（约合人民币 21 亿元），这使得中金岭南成为企业利用期货市场进行兼并收购的典型案例。

5. 提升国际竞争力

期货交易所已经成为企业参与国际竞争的舞台和建立国际定价中心的场所，期货市场的国际影响力和企业的国际竞争力密切相关。有色金属行业在 1997 年"株冶事件"之后，重视套期保值制度的建设，严格控制风险，至今没有出现一起金融衍生产品风险事件。经过 20 多年的市场洗礼，加上商品期货市场作用的有效发挥，有色金属行业已成为最适应国际市场变化、应对国际市场冲击能力最强的行业之一，成为风险控制能力最强的行业。

推动了管理模式的转变

有色金属企业通过套期保值规避了价格波动风险，烫平了利润周期，将经营利润稳定在（略高于或低于）核心利润上下，有效地防止了在经济危机时期快速跌落至破产边缘。企业可以用期货市场指导生产经营，锁定成本和利润，提前安排生产，在可预见的时间内，保持生产的连续性；企业不会因为外部经营环境的突变，在短时间内因原材料断供、销售困难或现金流转问题而突然停产或倒闭，这为企业应对危机和调整发展战略提供了宝贵的时间（见图10.3）。

有色金属企业的管理模式已经由简单的"压缩成本生产、争取高价销售"向"有效运用期货市场指导企业开展生产经营活动、管理风险、锁定成本和利润，保障企业持续、稳定、快速发展"的现代模式转变。期货市场发挥着"看不见的手"的作用，优化了社会资源配置。期货理念已经渗透到企业原材料采购、生产销售、公司治理、生产计划、成本控制、质量管理、存货管理、绩效考核、财务安排、兼并收购等生产经营管理的方方面面，有色金属企业的生存和发展已经离不开期货市场。

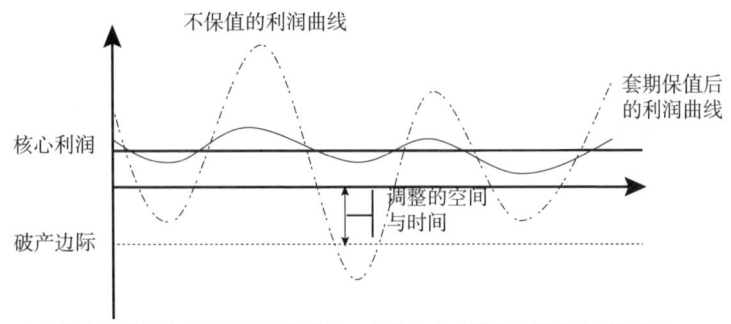

注：虚线代表不进行套期保值的利润曲线，实线代表套期保值以后的利润曲线。

图 10.3　套期保值对企业经营稳定性影响的示意图

案例 5：铁矿石定价机制的演变

　　2008 年国际金融危机的到来改变了铁矿石市场的供需格局，矿商和钢铁企业之间的矛盾开始显现，这使得运行近 30 年的长协年度谈判机制被打破，铁矿石现货市场进入了指数定价时代。但是，指数价格的不透明、不公正和不可交易等特性使得指数定价方式存在严重的缺陷。为了规避该问题，中国在 2013 年推出了铁矿石期货，铁矿石金融衍生工具在维护国内钢厂的利益以及构建更加公平、公正的国际贸易新秩序方面逐渐发挥作用。2016 年，中国开始推行铁矿石基差贸易试点，基差定价的方式开始在国内推广。中国迈出了指数定价向期货定价转变的关键一步，优化了铁矿石贸易的定价机制。

铁矿石定价机制的演变历程与发展现状

1. 全球铁矿石定价机制的演变历程

（1）第一阶段：从现货贸易到年度长协谈判

1950年以前，全球铁矿石贸易以现货为主。进入20世纪60年代，随着全球钢铁行业的迅猛发展，日本对铁矿石的需求激增，成为澳大利亚铁矿石的主要购买方。期初，由于日本钢厂多采用计划生产模式，双方开始签订1至2年的短期合同，并在20世纪60年代后期逐步发展成长期合同。20世纪70年代，欧美市场对钢铁的需求增加，借鉴日本的经验，相关市场主体通过签订长期合同大量进口铁矿石。1975年，巴西淡水河谷公司、澳大利亚力拓集团、必和必拓公司认为长期合同不利于维护自己的利益，遂联合成立了铁矿石输出组织，意欲与钢厂进行价格博弈，改签长期合同为短期合同。

1980年，全球钢铁行业的供需结构发生了变化，表现为供给集中化和需求分散化。从供给端看，在经历了一系列并购之后，巴西淡水河谷公司、澳大利亚力拓集团、必和必拓公司成为全球三大矿商，出口份额占全球铁矿石出口总量的一半左右，铁矿石的供给端呈现高度集中的态势。从需求端看，铁矿石的需求方不断增加，主要表现为韩国粗钢产量快速增加，成为东亚继日本之后第二个产钢大国。与日本的情况相似的是，韩国钢铁企业同样高度依赖铁矿石进口，是全球范围内继日本、西欧之后新的铁矿石需求大国。供需结构的变化迫切要求用新的定价方式取代以往签订长期合同的定价方式，以更好地维护各方利益。最终，在日本钢铁企业的推动下，年度长协定价机制形成，并平稳运行了近30年。

具体而言，年度长协定价机制的基本框架为：每年年初，由全球主要铁矿石供应商与其主要客户进行谈判，决定下一财年该客户进口铁矿石的年度基准价，价格一旦确定，未来一年内的铁矿石交易都以此价格为准。铁矿石的供应商主要包括巴西淡水河谷公司、澳大利亚力拓集团、必和必拓公司，铁矿石需求方由亚太地区、欧洲和美洲地区的代表组成，分别是日本新日铁公司、法国阿赛勒集团与美国美钢公司，只要上述三家公司中的任意一家与三大矿商中的任意一家就下一财年的铁矿石价格达成了一致，该年度的铁矿石价格谈判便宣告结束，进而国际铁矿石供需双方均接受此价格，这一谈判模式即"首发-跟风"模式。同时，定价基准为铁矿石离岸价，同一品质的铁矿石各地涨幅一致，即"离岸价、同涨幅"。长期以来，日本垄断了亚洲地区铁矿石贸易的国际定价话语权。但从 2002 年开始，中国的铁矿石进口量不断上升，并在 2003 年取代日本成为全球最大的铁矿石进口国，此后宝钢集团开始代表中国参与国际铁矿石年度长协谈判。

（2）第二阶段：从年度长协谈判到指数定价

在年度长协谈判中，供给方得以长期占据市场，需求方则可以获得稳定的供货渠道。在铁矿石供需稳定的情况下，年度长协定价机制较好地维护了供需双方的利益。但是，随着中国铁矿石需求量的迅猛增长，全球范围内的供需矛盾导致现货价格远远高于长协价格，这成为年度长协定价机制解体的导火索。2008—2010 年，年度长协定价机制逐步瓦解。2008 年，在巴西淡水河谷公司谈定首发价后，澳大利亚力拓集团单独争取到了更大涨幅，"同涨幅"规则被打破。2009 年，在日韩钢厂与三大矿商确认了"首发价"后，中国与三大矿商之外的福蒂斯丘金属集团达成了价格略低的协议，"首发-跟风"规则被再次打破。2010 年 3 月，巴西淡水河谷公司率先将原有的年度定价改为季度定价，澳大利亚力拓集团、必和必拓公司与多数亚洲客户以到岸价为基础达成协议，至此，铁矿石年度长协定价机制正式瓦解。

此后，铁矿石定价机制的灵活程度不断提高。2010年年底，必和必拓公司开始推行月度定价。2011年6月，澳大利亚力拓集团也放弃了季度定价，转向更灵活的定价策略，包括按季度、月度甚至每天进行定价。同时，指数定价在年度长协定价机制瓦解后应运而生。目前，普氏价格指数是国际矿商和下游采购方在定价过程中最常用的现货价格指数（见表10.4）。

表10.4 铁矿石定价机制演变

时间	定价机制
1950年之前	现货贸易为主
20世纪60年代	短期合同出现，并发展为长期合同
1975年	铁矿石输出组织成立，改长期合同为短期合同
1980年	年度长协定价机制形成
2008年	"首发－跟风"模式被打破，澳大利亚力拓集团单独定价
2009年	"首发－跟风"模式被再度打破，中国未接受33%的跌幅，年度长协定价机制正式瓦解
2010年	三大矿商改年度定价为季度定价，定价基准由离岸价变为到岸价，指数定价模式产生
2011年之后	月度定价甚至每天定价，指数定价模式渐成趋势

资料来源：根据公开资料整理。

2. 全球铁矿石定价机制的现状和特点

目前，铁矿石的国际贸易方式主要分为两种，分别是长协贸易和现货贸易，两者均采用指数定价模式。长协贸易自 20 世纪 80 年代以来，经历了"年度定价—季度定价—月度定价"的演变过程，其定价基准也由最初的离岸价变为现今流行的到岸价。在 1950 年之前，现货贸易是全球铁矿石贸易的主要方式，随着长协贸易的兴起，现货贸易在铁矿石贸易中所占比重逐渐下降。目前，铁矿石现货定价机制呈现出以下两个特点。

一是铁矿石贸易仍采用指数定价模式，衍生品定价中心尚未形成。在铁矿石年度长协定价机制瓦解之后，国际市场上出现了三大铁矿石现货指数，分别是美国普氏能源资讯的普氏价格指数、英国环球钢讯的 TSI 价格指数以及英国金属导报的 MBIO 价格指数。三种定价方式各不相同，TSI 价格指数主要是新加坡交易所和芝加哥商业交易所等进行铁矿石掉期交易结算的依据，被衍生品市场广泛使用，而普氏价格指数则被广泛用于季度长协定价、月度长协定价以及铁矿石现货市场。2011 年 6 月，普氏价格指数收购了环球钢讯集团，后者拥有 TSI 价格指数和环球钢讯两项主营业务。2017 年，铁矿石 TSI 价格指数和普氏价格指数的编制方法趋同，合而为一，普氏价格指数在价格指数市场的垄断地位得到进一步强化。

二是国内铁矿石现货贸易开始以期货价格为基准，采用基差点价的方式进行定价。在年度长协定价机制瓦解后，铁矿石市场转向了指数定价模式，其间各类铁矿石衍生品陆续推出。2009 年，新加坡交易所推出了铁矿石掉期，标志着全球第一个铁矿石衍生品的诞生，随后芝加哥商业交易所和上海清算所的铁矿石期货、期权、掉期等产品相继上市。不同于原油、大豆等大宗商品，铁矿石衍生品上市时间较晚，市场处于定价基准的转换阶段，由于没有可以利用的成熟期货市场，无法选择公正透明的期货价格，市场便转向了指数定价模式。但是，指数定价只是一种过渡性的定价基准，国际主要大宗商品如原油、大豆、铜等均采用期货定价模式，期货定价模式才是大势所趋。

随着中国铁矿石期货的上市以及市场功能的逐步发挥，由于具备透明、公平、公正的优点，期货价格已经获得各类市场主体的广泛认可，并被应用于铁矿石贸易。2014年7月23日，日照钢铁控股集团有限公司、浙江永安资本管理有限公司、中信寰球商贸（上海）有限公司在日照签订了铁矿石基差贸易合同，这也是国内首个铁矿石基差贸易合同。2016年，大商所在"发挥期货功能，推动期货价格更好地融入现货贸易体系，服务实体企业，引导上下游贸易模式不断优化"的原则指导下，开始推行铁矿石基差贸易试点，并得到了实体企业的积极响应。同年11月，1万吨PB粉（产于澳大利亚的一种铁矿粉）以大商所铁矿石期货主力合约价格加基差的定价方式在北京铁矿石交易中心成交，这标志着首单铁矿石点价交易的完成。2018年8月初，作为国有大型钢铁企业和国际大型贸易商的代表，河钢集团北京国际贸易有限公司与嘉吉公司签订了200万吨铁矿石基差贸易合同，成为铁矿石基差贸易史上规模最大的订单。总体来看，国内铁矿石基差贸易在经历2016年的萌芽、2017年的快速发展后，目前已经初具规模。

铁矿石期货市场的作用

相较于国际上其他成熟的大宗商品期货品种，如原油、铜和大豆等，铁矿石衍生品推出的时间明显较晚。但是自年度长协定价机制瓦解之后，包括掉期、期货和期权等在内的各类铁矿石衍生品相继推出，并在铁矿石定价机制的演变中扮演着越来越重要的角色。中国期货市场推出铁矿石期货后，凭借交易和交割机制、"五位一体"的监管体系等显著优势，在国际铁矿石市场上的影响力不断提升，并在优化铁矿石贸易的定价机制、维护实体企业利益等方面发挥了重要作用。下面，我将从铁矿石价格影响力的变化以及功能的发挥两个层面进行具体分析。

1. 铁矿石期货逐渐成为定价基准

作为目前铁矿石贸易中最常用的定价基准，普氏价格指数以中国港口含铁量为62%的粉矿作为标的物，由普氏能源资讯编制并于2008年6月推出，主要通过电话问询等方式向矿商、钢厂和贸易商等采集数据。虽然推出的时间并不长，但由于铁矿石期货市场起步较晚，且存在合约不连续活跃以及投资者结构不完善等问题，普氏价格指数逐步发展成被买卖双方普遍接受的定价基准。由于普氏价格指数只关注作为矿商销售手段之补充的现货矿成交价格，以长协方式采购的大量铁矿石并不计入定价样本的采集范围。但对国内钢厂来说，现货贸易的样本还要作为长协矿的定价依据，这相当于剥夺了国内钢厂在指数定价中的话语权。与此同时，中国铁矿石期货于2013年上市，与境外其他已上市的铁矿石衍生品不同，中国铁矿石期货采用实物交割，并结合现货贸易特点，创造性地设计出了贸易商厂库交收制度，能够有效降低交割成本，使期现货基差回归合理水平。期货市场的参与者包括矿商、钢厂、贸易商以及金融机构等在内的各类投资者，这其中有长协矿的交易者，也有现货矿的交易者。因此，期货价格能够准确反映现货市场的整体供需状况，这使得期现货价格相关性长期保持在0.95以上，中国铁矿石期货上市之后迅速成为铁矿石现货市场普遍采用的定价基准。

在上市近6年的时间里，中国铁矿石期货的价格逐步成为现货贸易的定价基准,并在维护国内钢铁企业利益方面起到了积极作用。

具体而言,2013 年,在供需矛盾不断加剧的背景下,国内钢铁价格呈微弱下跌走势,但以不透明、不公正的普氏价格指数为定价基准的铁矿石现货价格却一路高企,大大侵蚀了钢铁企业的利润。据统计,2013 年 1—10 月,钢铁主业利润为 5.54 亿元,平均吨钢生产利润仅为 0.84 元。中国铁矿石期货上市后,对普氏价格指数产生了明显的引导作用,改变了其"易涨难跌"的特点。2017 年下半年,钢材价格再度回升至 2013 年年初的水平,但同期铁矿石价格仅为当时的一半,吨钢生产利润增至 800 元左右,使中国钢铁企业在很大程度上摆脱了"剪刀差"困扰。2017 年,中国进口铁矿石 10.74 亿吨,在中国铁矿石期货对普氏价格指数产生正向引导的情况下,中国钢铁企业节约了采购成本,利益得到了有效维护。

2. 基差点价方式开始被市场接受

2013 年,大商所铁矿石期货上市,由于市场运行稳定,功能发挥良好,其价格逐渐成为现货市场普遍接受的定价基准。2014 年 7 月,日照钢铁控股集团有限公司、浙江永安资本管理有限公司、中信寰球商贸(上海)有限公司在日照签订了国内首个铁矿石基差贸易合同。2016 年,大商所开始推行铁矿石基差贸易试点,得到了相关市场主体的积极响应,基差定价模式逐步在铁矿石现货贸易中得到推广。而且,自 2018 年开始,国内钢铁企业对基差贸易的热情明显高涨。其中,具有国资背景的铁矿石贸易商山东经发实业有限公司与民营钢企广西盛隆冶金有限公司开展了基差点价贸易,并基于传统的基差贸易模式,在点价周期、货品替代和区域价差三个方面进行了创新。河钢集团北京国际贸易有限公司作为特大型国有

期货市场国际化

钢铁企业的代表,也以基差定价的模式向大型国际贸易商[①]采购铁矿石,这是国有企业在铁矿石基差贸易上做出的重要尝试,对钢铁行业相关主体起到了良好的示范和带动作用。据不完全统计,2018年行业内利用铁矿石期货价格开展的基差贸易超过1 000万吨,约为2017年的两倍。

在此情况下,被作为部分现货贸易定价基准的中国铁矿石期货的作用主要体现在以下两方面。

一是进一步优化了铁矿石贸易的定价机制。目前,铁矿石贸易中应用最广泛的定价基准是普氏价格指数,在指数定价模式下,周期长、风险点多等问题导致国内钢厂和贸易商在铁矿石进口贸易中经常处于劣势。当不透明、不公正的指数定价模式难以在产业链间实现合理的利润分配时,打造更加公允的铁矿石定价基准日益迫切。与此形成鲜明对比的是,中国铁矿石期货以人民币计价,铁矿石基差贸易采用"期货价格+基差"的定价方式,使矿商、钢厂、贸易商、金融机构等多元化的境内外市场主体在同一平台上进行交易,形成的是具有国际代表性和公信力的铁矿石价格。虽然目前基差贸易方式仅限于国内,但由于期货市场的发展符合实体企业的利益,双方相互配合,将会有力推动铁矿石国际贸易全面采用以人民币计价的铁矿石期货价格作为国际贸易的定价基准,从而推动铁矿石现货市场由指数定价模式向期货定价模式转变,进一步优化铁矿石的定价机制,有效提升贸易的公平、公正性,构建新型国际贸易体系。

二是降低了钢厂的风险管理成本,改变了贸易双方互相博弈的局面,实现了共赢。相较于传统的场内套期保值,基差贸易方式更贴近现货贸易习惯,便于企业理解和操作。基差贸易的合同与普通

---

① 主要是国际贸易商在境内的主体参与,且贸易类型仅局限于现货矿。

现货贸易合同相似，只是将以往"一口价"的定价方式改为基差定价，不涉及任何保证金问题。因此，企业不再面临内部合规和审核方面的压力，而且钢厂可以在不直接参与期货市场的情况下，采用更加公平、公正的期货价格。以 2019 年 8 月河钢集团北京国际贸易有限公司和嘉吉公司签订的基差贸易合同为例，后者在期货盘面进行操作时，前者便不需要开立期货账户、交纳期货保证金，只需要支付 15% 左右的保证金给交易对手方，就可以采购一批现货，这在很大程度了降低了资金占用率，降低了风险管理的成本。同时，在用基差贸易方式采购港口现货的过程中，由于以人民币计价，企业还可以规避汇率波动风险。

在铁矿石贸易中，钢厂作为买方，需要采购成本最优的铁矿石，也需要更便利的付款方式和账期，贸易商作为卖方，则需要在实现利润最大化的同时，稳定与钢厂的关系。基差贸易为双方提供了更加灵活的贸易方式和更透明、更公正的参考价格。在基差贸易中，钢厂作为点价方，可以抓住有利时机，降低采购成本，卖方则可以在期货盘面进行相应的套期保值操作，规避价格波动风险，获取合理的利润，同时提前完成销售，拓宽贸易渠道。综合而言，基差贸易方式打破了以往买卖双方互相博弈的局面，提高了谈判效率，稳定了买卖关系，使买卖双方实现了共赢。

思考与总结

中国经济的崛起需要公开、公平、公正的国际价格新体系，以及合理的国际贸易新秩序。期货价格是透明、公正和市场化程度最高的价格。优化铁矿石的价格形成机制、更好地维护相关主体的利益是中国期货市场的一项历史使命。目前，中国铁矿石期货已经在优化现行定价机制方面发挥了作用，成了国内铁矿石基差贸易中的定价基准。未来，随着中国铁矿石期货国际化程度和国际影响力的提升，期货市场的功能将得到进一步发挥，从而更好地服务实体经济，助力构建更加公平、公正的国际贸易新秩序。

案例6：两次"大豆地震"的影响

油脂油料行业是中国市场化最早、开放最早的行业之一，大豆压榨企业在大豆进出口贸易中，经历了两次"大豆地震"。经过危机的洗礼后，国内大豆压榨企业通过接受国际市场先进的生产经营理念，加大对价格波动风险的管理力度，不断完善风险管理模式，竞争力得到了显著提升。两轮优胜劣汰后，国内大豆压榨行业的格局发生了变化，大豆压榨产能由东北向沿海扩展，并进一步向内陆延伸。市场格局由内资企业主导转变为外资企业主导，再向国企、民企和外资企业三足鼎立的格局转变，形成了稳定的新局面。大豆压榨企业将期货作为现货的一个经营环节，将风险管理理念向下游贸易和饲料养殖企业传递，促进了下游行业的整合，显著提升了下游企业的经营能力。

中国大豆产业格局变迁及发展趋势

1. 2001年以前：从自给自足到大量进口

改革开放以来，由于需求的增加，中国的大豆产量呈不断上升趋势。根据国家统计局和中国海关总署的数据，1978年中国人均占有大豆 8.1 千克，到 1990 年缓慢上升至 8.8 千克，1995 年是 11.1 千克，2000 年是 20.4 千克。与此同时，中国大豆种植面积由改革开放初期的 720 万公顷左右增加至 2001/2002 年度[①]的近 950 万公顷，产量由 750 万吨左右增加至 2001/2002 年度的 1 540 万吨。在 1995/1996 年度，中国由大豆净出口国转变为净进口国，进口量快速增加，并在 2000/2001 年度首次超过 1 000 万吨。

中国对大豆的需求由豆制品转向豆粕和豆油，加工企业以国企和民企为主，并逐步朝规模化方向发展，产业布局由产地逐步向沿海扩展。改革开放初期，中国对大豆的需求主要是豆制品，占大豆总需求的 80% 以上。中国人民对肉、蛋、奶的需求拉动了对蛋白粕的需求，2000 年，以油粕为主的大豆压榨需求占总需求的 70%。1995 年以前，中国大豆压榨企业规模不大，以国企为主，豆制品加工则以小型民营作坊为主。随着大豆进口量的增加，中国大豆压榨企业开始初步形成规模。1990 年以前，中国的大豆压榨企业主要位于大豆生产区，销售区位于南部和东南部地区。在这种情况下，大豆的价格呈北低南高的态势。在开始进口大豆之后，沿海地区建设了许多大豆压榨工厂，形成了"北粮南运"的流通模式。

2. 2001 年以后：对外依存度提高

加入世界贸易组织以后，中国的大豆产量逐渐下降，大豆进口量迅猛增加，对外依存度快速提高。中国的大豆产量由 2002/2003 年度的 1 650 万吨下降至 2015/2016 年度最低的 1 178 万吨，随着

[①] 因大豆的市场年度跨年份，故采用此表示方法，本书中此种表示方法均为大豆的市场年度。

农业供给侧结构性改革的推进，大豆产量在2017/2018年度恢复至1 420万吨。与此同时，大豆进口量以每年17%的速度增长，进口量由2 142万吨增加至9 400万吨，对外依存度由61%提升至89%。大豆进口来源国由以美国为主向以巴西为主转变，2005年，中国从美国和巴西进口的大豆分别占进口总量的41%和30%，2017年，中国从两国进口的大豆分别占进口总量的34%和53%。

中国大豆压榨产能快速增长，压榨行业加速整合，外资企业的进入倒逼国内企业提升经营能力。自1999年开始，东南沿海地区新建了一批以使用进口大豆为主的大豆压榨企业，一些跨国公司也到国内投资建厂，2003年全年中国总加工能力达到5 100万~5 700万吨。据统计，2004年年初中国民企所占市场份额超过了50%，国企的市场份额为14%，外资或合资企业的市场份额约35%。2004年"大豆地震"爆发，民企损失惨重，引发了行业大重组。2005年，外资企业的市场份额达到50%，而民企的市场份额下降至不足10%，外资企业一举占据了国内大豆压榨业的半壁江山。

国内企业在2004年沦陷后，开始逐渐转变生产经营理念，向外资企业学习，重视运用期货工具。期货成为压榨微利时代的重要生存工具。目前，国企、民企和外资企业形成了三足鼎立的局面。主要国企有中粮集团有限公司、九三粮油工业集团有限公司、中国储备粮管理集团有限公司，其压榨产能占全国产能的33%左右，外资企业有益海嘉里金龙鱼粮油食品股份有限公司、嘉吉公司、邦吉集团、路易达孚公司等，压榨产能占全国产能的25%左右。民企的压榨产能普遍不足。

3. 中美贸易摩擦以来：开拓新的进口来源国

中美贸易摩擦以来，中国从美国进口的大豆大幅减少，在加大力度从巴西和阿根廷进口大豆的同时，中国开拓了俄罗斯和乌克兰两个进口来源国。未来，为保障国内大豆供应，降低进口来源国过于集中的风险，中国将提高对"一带一路"国家和地区的大豆资源的利用率。乌克兰和俄罗斯在向中国供应大豆方面有很大潜力。2016/2017年度乌克兰和俄罗斯的大豆产量分别为429万吨和313万吨，出口量分别为290万吨和38万吨。虽然乌克兰和俄罗斯的大豆产量和绝对出口量不大，但它们近10年来大豆产量的年均增速均超过15%。

大豆企业参与期货市场的历程

1. 2004年以前：缺乏避险意识

自1996年取消大豆进口配额之后，中国进入了大豆进口量快速增长的阶段。在国际贸易中，大宗农产品的定价方式是基差定价。中国的大豆进口和压榨企业被迫改"一口价"的定价方式为基差定价。但是，由于对期货市场认识不深，仅有26家大型国企具有境外期货投资资格，绝大多数企业并没有在境外期货市场直接参与交易的资格，在国际贸易中缺乏有效的风险管理工具。同时，大豆企业对国内期货市场的参与度也不高，即便有企业参与期货交易，也往往由套期保值变成了投机。

2. 2004—2007 年：参与套期保值

在 2003—2004 年国际大豆价格暴涨暴跌的过程中，中国的大豆进口和压榨企业盲目增加大豆进口量，拉高了投机需求和库存需求，在价格高点点价，而到货时或货物在途时，国际大豆价格已经大幅下跌，国内大豆企业由原先的盈利变为亏损。2004 年以后，企业的风险管理意识得到了提高，这得益于国内形成了油脂油料全产业链期货品种体系，油脂油料企业开始用期货价格来指导现货经营，并通过国际、国内两个期货市场形成了压榨利润套期保值模式。

3. 2008—2011 年：经受考验

2008 年下半年国际金融危机爆发，国际、国内油脂油料价格剧烈波动。不过，由于国内压榨企业的风险管理意识和对期货市场的认识得到了提高，且已经具有更加纯熟的市场操作经验，相比于 4 年前的"大豆地震"，在 2008 年国际金融危机中，多数企业经受住了考验，并在恶劣的市场环境下存活下来。

4. 2012 年至今：大步向前

2012 年，基差贸易方式在油脂油料行业被普遍采用，基差定价方式的应用，进一步提高了企业规避风险的能力和管理风险的水平。在原来的压榨利润套期保值模式下，企业面临期货与现货价格波动不一致带来的基差风险。因此，大豆压榨企业积极推行基差定价方式，将压榨利润完全锁定，饲料企业也可以通过基差贸易方式灵活掌握货权。例如，某大豆压榨企业在 2017 年 3 月 14 日以

3 400 元 / 吨的成本进口大豆,并在大商所分别以 2 800 元 / 吨的价格和 6 800 元 / 吨的价格卖出豆粕和豆油期货,其预期压榨利润是 104 元 / 吨。但由于现货价格的下跌幅度大于期货价格,该企业在 4 月份分别以 2 600 元 / 吨和 6 600 元 / 吨的价格卖出豆粕和豆油现货,而以 2 700 元 / 吨和 6 700 元 / 吨的价格将期货平仓,企业最后仅盈利 6 元 / 吨。采取基差定价模式后,该企业在大商所分别以 2 800 元 / 吨和 6 800 元 / 吨的价格卖出豆粕和豆油期货,同时以 50 元 / 吨和 50 元 / 吨的基差卖出豆粕和豆油现货,通过基差贸易方式,该大豆压榨企业将豆油和豆粕的现货价格锁定为 2 850 元 / 吨和 6 850 元 / 吨,利润锁定为 153 元 / 吨,无论后期现货价格如何波动,都不会影响企业利润。

两次"大豆地震"的影响

1. 第一次"大豆地震"

2002 年,大豆市场的形势发生了变化。当年下半年,在转基因大豆相关政策的不断调整中,国内大豆供应紧张,缺少原料的中小油厂面临前所未有的挑战,最终纷纷停工。2003 年年底,中国和美国大豆收获季节到来,在大豆减产、消费需求持续增长等因素的影响下,大豆价格反季节上涨。芝加哥期货交易的大豆期货价格于 2004 年 4 月初创出 1 064 美分 / 蒲式耳高点后,从 4 月中旬起快速下跌,至 11 月份跌至 500 美分 / 蒲式耳,下跌超过 500 美分 / 蒲式耳,跌幅为 52%。而国内大豆期货价格从 3 月底的 3 820 元 / 吨跌至 8 月初的 2 580 元 / 吨,下跌 1 240 元 / 吨,跌幅为 32.5%。大豆进口成本随之从 4 月中上旬的 4 300 元 / 吨跌至 10 月的 2 730

元/吨，下跌1 570元/吨。中国东北地区大豆现货的平均价格从3 450元/吨跌至2 200元/吨，下跌1 250元/吨，跌幅为36%。此次剧烈的价格波动被称为"大豆地震"。

在本次"大豆地震"中，国内民企损失惨重。业内人士估计，当年中国整个油脂油料行业的损失估计达到80亿元，其中山东依赖大豆进口的企业几乎全军覆没，一些企业用"180天大流血"来形容当时中国大豆压榨企业的惨状。实际上，第一次"大豆地震"的更重要的影响是行业格局的重大调整。

2. 第二次"大豆地震"

受国际金融危机的影响，2008年上半年以来，原油价格在创出147美元/桶新高后跌落，自2006年开始一直受生物能源概念影响而价格持续攀升的芝加哥期货交易所的大豆期货合约，于7月初创出1 654美分/蒲式耳的高价后大幅下跌，至10月中旬最低跌至825美分/蒲式耳，跌幅达50%。受美盘价格巨幅下挫的影响，7月初中国大豆期货价格在创出5 330元/吨新高后下挫，至12月初已跌至2 980元/吨，跌幅为44%。在中国现货市场，大豆的进口成本从7月份的5 950元/吨大跌至10月份的3 080元/吨，下跌2 870元/吨，跌幅为48%。

2008年9月至10月中旬的45天成为历史上油脂油料价格跌幅最大的一个时期，其间大豆、豆粕和豆油的现货价格的跌幅分别达到37.5%、34.38%和61.88%。这一时期如果从美国进口一船大豆，以9月底4 300元/吨的价格、船的载重为6万吨计，船一靠岸即亏损7 200万元。根据中国商务部的统计数据，2008年9月中国大豆进口量为410万吨，按照45天的船期倒推，其大部分是按照芝加哥期货交易所的 7 月份大豆合约 5 950~4 700 元 / 吨的价格进行点价的，由于 10 月下旬后现货价格跌至 3 080~3 300 元 / 吨，理论上的行业损失可达近百亿元。即使按最小跌幅 1 400 元 / 吨（进口成本按最低价、到岸成本按较高价）计算，现货市场的理论损失也高达 57.4 亿元。而实际上，据业内人士估算，第二次"大豆地震"导致的损失实际上未超过 14 亿元，远低于 2004 年国内大豆压榨行业的损失。从地区和企业类别看，此次价格波动淘汰掉了一些小企业，对外资企业和大型企业集团的冲击较小，价格波动对整个油脂行业的影响有限。一个重要原因在于，企业利用期货市场较为有效地规避了此次价格波动风险（见图 10.4）。

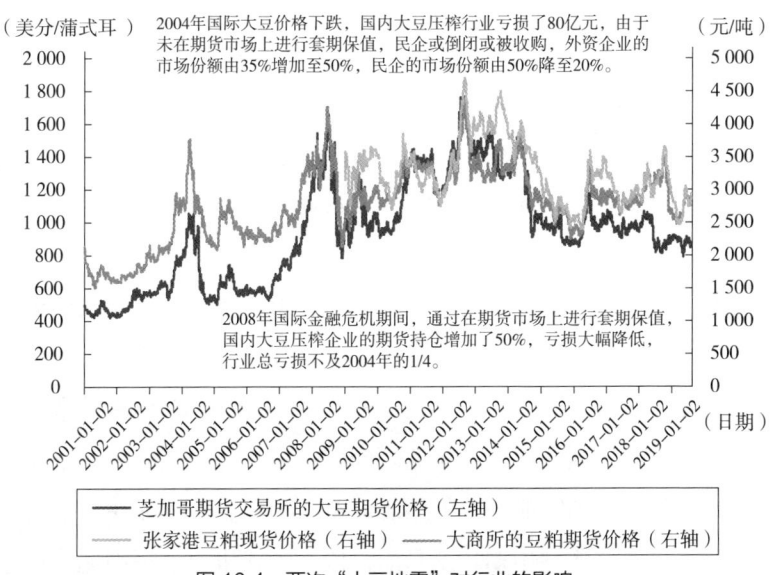

图 10.4 两次"大豆地震"对行业的影响

资料来源：万得资讯。

期货市场对大豆产业的影响

大豆产业与期货市场是相互成就、相互促进的。现货市场的发展促进了期货市场功能的发挥，使期货市场成了产业转型升级的重要工具。期货市场已经成了大豆产业的一个环节，而非独立的市场。在期货市场与现货市场的发展过程中，企业可以有效管理远距离运输带来的价格波动风险，提前锁定利润并实现持续经营，提升行业集中度，加强产业上下游的联系，稳定大豆产业，进而为国家粮油安全提供保障。

1. 转变经营方式

中国大豆压榨企业经历了由粗放经营到集约经营再到系统性经营的发展阶段。在 2004 年以前，中国大豆压榨产能较低，而市场需求增长较快，只要建好工厂就能实现盈利，根本不需要进行风险管理，也完全没有风险管理的意识。2004—2008 年，中国大豆压榨企业通过一场"大豆地震"认识了期货市场，并开始通过期货市场进行采购，企业只要能很好地控制采购成本和销售节奏，就能在市场中生存下来。2008 年以后，中国大豆压榨产能迅速提升，产能过剩导致行业利润微薄，企业之间的竞争更加激烈，只有依靠采购、销售、生产和物流环节的系统性竞争力，企业才能在市场竞争中存活下来，企业利用期货工具的手段和形式也更加精细化。在这个过程中，大豆压榨企业的经营方式与期货市场形成了互促共生的关系。

2. 促进产业结构升级

两次"大豆地震"是一个优胜劣汰的过程，促进了产业结构升级。中国大豆压榨行业的格局由小而分散转向大而集中；压榨产能的分布由北向南、由东向西，由生产地向消费地延伸，有利于降低运输成本，提高市场效率；行业由内资主导到外资主导，再到国企、民企和外资企业三足鼎立。同时，企业也经历了从无序进口带来的剧烈波动，到有序进口为行业带来稳定利润的过程。1999—2004年，大豆压榨利润的波动非常明显，1999—2000年压榨利润从600元/吨逐步回落至100元/吨左右的正常水平，2001—2002年，出现小幅亏损，2003—2004年经历了巨盈到巨亏的冰火两重天。2005—2014年是期货市场与现货市场融合的10年，在此期间,受产能扩张、融资进口等的影响，中国大豆压榨利润波动剧烈，行业经常亏损至400元/吨以下，甚至亏损800元/吨。但2014年以后，随着压榨行业参与期货市场程度的提高，以及利用期货工具能力的提升，中国大豆压榨行业的利润稳定性明显增强，行业压榨利润多数时间为正，少数亏损时期最大亏损额也只有200多元/吨。

3. 减少价格波动

从进口大豆的月度到港数量来看，2004年以前的到港量不够稳定，受价格波动的影响较大：如果国际市场上大豆价格持续上涨，国内企业的采购数量就会明显增加，如果国际市场上大豆价格出现大跌，国内企业的采购量就会锐减。例如，2004年大豆价格暴跌期间，5月份大豆到港量只有83万吨，而前后一个月的到港量为120万~150万吨。这主要是因为2005年以前大豆的采购周期一般为3个月左右，通过期货市场进行套期保值的企业较少，企业的运营方式差别不大，从整个作物年度来说，很难把大豆的成本锁定在低位区间。另外，进口大豆数量的剧烈波动也会令油粕产品的供应极不稳定，价格易大幅涨跌。

2005年以后，月度进口大豆数量的波动明显缓和，大豆进口渐趋稳定，这主要是因为企业普遍开始利用期货市场对原料的采购成本进行锁定，使采购周期延长至6个月以上，一方面可以确保未来数月大豆原料持续不断地到港，另一方面可以保证豆油、豆粕的供应稳定，降低终端市场价格大幅波动的概率。

大豆期货如何服务"一带一路"建设

1. 提供定价基准

经过多年的发展，随着交割制度的不断完善，中国黄大豆期货市场的功能逐步提升。黄大豆1号的国际化，可以为俄罗斯和乌克兰的大豆贸易提供定价基准，并给双方大豆企业提供管理价格波动风险的工具。通过在"一带一路"国家和地区建立交割库，可以促进国内压榨企业进入国际市场，提升产业链价值，统筹利用国内外资源，在全球范围内实现大豆产业布局，形成稳定的产业链关系，为国内粮油供应提供保障。

2. 提高人民币影响力

大宗商品贸易以人民币计价结算是实现人民币国际化的一个重要抓手。在中国与俄罗斯、乌克兰等国家进行大豆进出口贸易过程中，如果将以人民币计价的大豆期货作为定价基准，就会引导当地企业利用人民币进行贸易结算，拉动"一带一路"国家和地区对人民币的结算需求和储备需求，进而增强人民币的影响力。

3. 促进金融基础建设

在大豆期货成为中国与"一带一路"国家和地区大豆贸易的定价基准后，中国可以对外输出金融基础服务，推动"一带一路"国家和地区的期货市场建设，并进一步延伸至金融市场建设，积极参与"一带一路"国家和地区资本市场的框架设计、制度安排，交易系统和法律法规的建设，开展人才培训等，加强交易所、登记结算机构间的双边业务和股权合作，探索建立面向"一带一路"国家和地区的区域性交易市场，盘活区域内的资金和项目资源。

案例 7：天然橡胶期货的国际化之路

天然橡胶兼具农产品、工业品的属性和金融属性，是备受各国政府关注的战略物资，被广泛应用于国防军工、航天航空领域。20世纪 50 年代，中国制定了"一定要建立我们自己的橡胶生产基地"的发展战略。随着天然橡胶现货市场的长足发展，中国天然橡胶期货市场也取得了相应进展。1993 年，上期所上市了天然橡胶期货，交割标准品为国产全乳胶以及进口 3 号烟胶片。经过 20 多年的发展，天然橡胶期货市场运行平稳，总体风险可控，较好地发挥了价格发现和套期保值功能，为产业发展做出了贡献。随着天然橡胶工业化生产的改造升级，20 号胶产量持续增加，已成为主要的现货品种，这对商品期货市场的发展提出了新的要求。

历史与现状

目前，天然橡胶种植已遍及亚洲、非洲、大洋洲、拉丁美洲的40多个国家和地区。种植面积较大的国家包括泰国、印度尼西亚、马来西亚、中国、印度、越南、尼日利亚、巴西、斯里兰卡、利比亚等。虽然天然橡胶的种植与生产在世界范围内分布广泛，但东南亚地区在天然橡胶种植和生产方面占据着世界总额的80%以上，实际控制着全球天然橡胶的供给。

马来西亚天然橡胶种植始于1876年。当时，英国人将橡胶树从巴西引入马来西亚进行种植，经过多年的经营与发展，橡胶种植业成了马来西亚除锡矿以外的另一支柱产业。二战结束后，马来西亚天然橡胶的种植面积和产量都有稳步增长，在20世纪90年代以前一度是全球最大的橡胶生产国。但1990年以后，马来西亚天然橡胶的种植面积和产量都呈现下降趋势，如今在种植、生产方面分别位列世界第4、第5。

泰国天然橡胶种植始于1899年。首先由旅泰华人许心美将橡胶树苗从马来西亚引入，并在泰南董里府开始种植。起初天然橡胶的经济价值并未得到广泛认可，在很长一段时间里种植面积较小。直到二战和朝鲜战争爆发后，全球对天然橡胶的需求急剧上升，泰国的橡胶种植业才得到了快速发展。1960年以后，得益于泰国政府对橡胶种植业的重视和世界银行对泰国橡胶树翻种计划的资金支持，泰国天然橡胶的产量和出口量进入了快速增长阶段，随后成了全球最重要的天然橡胶生产国之一。如今，泰国已经成为世界最大的天然橡胶生产国、第二大天然橡胶种植国。

印度尼西亚天然橡胶种植始于1902年。印度尼西亚最初在爪哇建立了首个橡胶种植园，从此开始了天然橡胶的大规模商业种植。初期，印度尼西亚的橡胶园多为荷兰、英国、比利时等西方殖民者所有。早在1910年，印度尼西亚天然橡胶种植面积就多达11.1万公顷。二战前夕，印度尼西亚的天然橡胶种植面积和产量的增长幅度较大，随后受战争和政局动荡等因素影响，天然橡胶种植面积和产量逐渐下滑。二战结束后受国际市场价格和世界经济发展的影响，印度尼西亚的天然橡胶产业出现过几次起伏，但始终保持着天然橡胶主产国的地位。目前，印度尼西亚拥有世界最大的天然橡胶种植园，同时是世界第二大天然橡胶生产国。天然橡胶已成为印度尼西亚最重要的经济作物之一，在社会经济发展中发挥着关键作用。

越南于1897年引进天然橡胶种植，直到1906年才开始在东南部地区建成了第一个橡胶种植园。1923年，越南开始进行大规模商业化种植，并在20世纪60年代得到了较快发展。1965年，越南的天然橡胶种植面积达到10万公顷。但是，在20世纪70年代，越南天然橡胶种植面积反而缩减为7万多公顷，天然橡胶年产量仅为4万吨。20世纪80年代中期，越南天然橡胶种植面积增加到20万公顷。20世纪90年代，越南开始实行"革新开放"政策，为天然橡胶产业的发展提供了契机，加之石油价格上升造成的合成橡胶价格高涨，越南天然橡胶产业进入了高速发展时期，并一直保持着强劲的发展势头。目前，越南已成为世界第五大天然橡胶种植国、第三大天然橡胶生产国。

缅甸、柬埔寨、老挝和菲律宾等国早在20世纪第一个10年就开始种植天然橡胶，但大规模种植较晚，在种植规模方面与泰国等主要产胶国差距较大。例如，在二战前，缅甸天然橡胶种植面积为4.4万公顷，年产量为1.4万吨。在此后相当长的一段时间内，缅甸天然橡胶种植面积和产量没有显著增加，天然橡胶产业发展缓慢。21世纪以来，在国际橡胶市场的旺盛需求和新技术的推动下，得益于马来西亚、泰国等国的经验，柬埔寨、老挝和菲律宾等国在橡胶树培育、种植和天然橡胶生产方面少走了很多弯路，橡胶种植业得到了长足发展，天然橡胶种植面积和产量得到大幅提升，成为东南亚新的经济增长点。

中国天然橡胶种植始于 1904 年。当时，刀安仁在新加坡购买 8 000 余株巴西橡胶实生苗，引种在云南省盈江县新坡凤凰山。在新中国成立之前的很长一段时间内，中国天然橡胶产业发展缓慢。1949 年，全国天然橡胶种植面积为 2 800 公顷，年产天然橡胶 199 吨。1951 年，中共中央提出了"一定要建立我们自己的橡胶生产基地"的发展战略，决定在广东、广西、云南、四川大力培植橡胶树。经过半个多世纪的发展，中国天然橡胶种植面积和产量得到了大幅提升，已成为世界第三大天然橡胶种植国、第四大天然橡胶生产国，年产天然橡胶近 80 万吨。

价格发现功能和套期保值功能

1999 年，上期所上市了天然橡胶期货，目前交割标准品为国产全乳胶以及进口 3 号烟胶片。该期货上市以来，交易规模稳居全球第一，为天然橡胶产业的套期保值提供了充裕的流动性。2013—2018 年，上期所天然橡胶期货成交量从 7 244 万手减少至 6 185 万手，减幅为 15%，约是东京工业品交易所的 42 倍，新加坡交易所的 61 倍。成交额从 14.5 万亿增加至 14.7 万亿，增幅约 1%。

上期所的天然橡胶期货与现货价格、境外天然橡胶期货价格联动性高，有效发挥了价格发现功能。2013—2018 年，上期所天然橡胶期货与东京工业品交易所天然橡胶3号烟胶片期货的相关系数约为0.92，与新加坡交易所天然橡胶3号烟胶片期货的相关系数约为0.95，与国内现货的相关系数约为0.98，价格联动性高。目前，上期所天然橡胶期货价格已成为国内现货市场的主要定价基准。

上期所天然橡胶期货的交割量、法人客户参与度、套期保值参与度显著提升，有效发挥了套期保值功能。2013—2018年，上期所天然橡胶期货的交割量从14.61万吨增长至22.28万吨，年均增幅约11%，累计交割13.13万吨；年均法人客户持仓比例从30.82%增长至36.23%，年均增幅为9%；套期保值日均持仓量从8.56万吨增长至47.26万吨，年均增幅为57%。

根据中国天然橡胶现货市场的发展情况，上期所积极拓展天然橡胶指定仓库及存放点，增加交割品牌，切实服务于实体经济发展。上期所天然橡胶期货采用仓库交割、到期交割与期转现交割相结合的实物交割方式，境内交割品实行品牌注册管理制，境外交割品实行产地认证制。境内交割注册品牌包含海南天然橡胶产业集团股份有限公司（以下简称海南橡胶）、云南农垦集团有限公司（以下简称云南农垦集团）、中化国际（控股）股份有限公司（以下简称中化国际）、广东省广垦橡胶集团有限公司（以下简称广垦橡胶集团）、西双版纳曼列橡胶有限公司（以下简称曼列橡胶）5家企业的8个品牌。2013—2018年，上期所新增天然橡胶指定仓库及存放点17个，新增库容50.6万吨，新增2家企业的2个交割注册品牌。截至2018年年底，天然橡胶指定交割仓库及存放点共26个，分布于上海、青岛、天津、海南和云南等地，交割库容共计68.6万吨。

期货市场国际化

产业格局变化催生套期保值需求

中国的主要天然橡胶企业有海南橡胶公司、云南天然橡胶产业集团有限公司、云胶集团、广垦橡胶集团、中化国际。在推进国内现有天然橡胶种植加工基地项目、保持良好运营和盈利能力的同时，四大天然橡胶企业根据发展需要，在"一带一路"国家和地区积极开展了国际化布局。现货产业格局的变化催生出发展风险管理市场的迫切需要。

海南橡胶产业集团股份有限公司成立于2005年3月，由海南省农垦集团有限公司控股，经营天然橡胶业务，于2011年在A股上市。目前拥有胶林353万亩，加工产能为36万吨，年产量约21万吨。近年来，该企业正积极向东南亚布局。继2012年参与收购全球最大橡胶贸易公司之一的新加坡R1公司（年贸易量约为120万吨）的股权后，相继在东南亚和非洲布局，目前在非洲拥有橡胶和水稻种植项目。2017年，其母公司完成了对印度尼西亚最大的天然橡胶加工贸易企业PT Kirana Megatara Tbk.（以下简称KM公司）45%股权以及新加坡ART橡胶贸易公司62.5%股权的收购。其中，KM公司天然橡胶年产能约为72万吨，在印度尼西亚占有约18%的市场份额。

云南农垦集团成立于1996年。自实行属地化管理后，胶林被下放到地方，实行承包制。目前，云南农垦集团拥有胶林400多万亩。云南农垦集团的下级单位云胶集团通过发挥其区位优势，在国家相关部门和云南省政府的支持下加快了"走出去"步伐。云南农垦集团确定了以老挝为重点，以缅甸、柬埔寨、越南等新兴橡胶产业国为基点，与泰国、印度尼西亚、马来西亚等老牌橡胶产业国积极展开竞争的全球化橡胶资源竞争策略。当前，云南农垦集团已分别在老挝、缅甸种植天然橡胶10万亩和15万亩，建成投产橡胶加工厂4座，实际掌控当地橡胶资源约3万吨。建设橡胶良种苗木基地1 063亩，累计供应苗木1 200万株。云南农垦集团老挝工厂20号胶产能约5万吨，缅甸工厂20号胶产能约1.5万吨。

同期，广垦橡胶集团积极布局海外橡胶种植园，增强了资源控制能力。自2004年实施"走出去"战略至今，广垦橡胶集团在泰国、马来西亚、印度尼西亚等国开展了天然橡胶种植与加工的国际化布局，在东南亚已初步形成了集橡胶种植、管理、采割、加工于一体的橡胶产业体系。目前，广垦橡胶集团拥有境外加工企业9家、种苗培育及种植企业7家、橡胶贸易企业2家，土地约100万亩，境外20号胶年加工能力约50万吨，年产销量达60万吨。2016年，广垦橡胶集团成功收购泰国的泰华（树胶）大众有限公司，天然橡胶年加工能力达150万吨，橡胶种植面积达200万亩。2017年，广垦橡胶营业收入超过100亿元。

中化国际立足国内，放眼全球，通过并购整合进行国际化布局，生产加工、销售能力居全球前三。自2007年以来，中化国际通过收购整合境内外天然橡胶加工厂和种植园，参与并购国际天然橡胶龙头企业，搭建起海外资源平台，形成了业务遍及12个国家和地区，覆盖种植、加工和流通环节的产业链布局。目前，中化国际在非洲和东南亚的天然橡胶种植面积近150万亩，收购了泰国知名天然橡胶加工企业德美行公司。自2016年收购整合新加坡上市公司合盛农业集团后，20号胶年加工能力达到约100万吨，年销售近150万吨，居全球前列。

目前，国内天然橡胶龙头企业均已参与套期保值，采用上期所天然橡胶期货对所生产的全乳胶进行套期保值；而对于海外布局的20号胶产能，它们皆表示希望采用20号胶期货进行套期保值。

天然橡胶期货的国际化之路

随着全球天然橡胶生产工艺的改造升级，天然橡胶行业的主力军已经发生了变化。20号胶已经取代烟胶片，成为天然橡胶产业最主要、最具代表性的品种，是橡胶产业未来的发展趋势。立足中国天然橡胶的庞大现货贸易体量和已有天然橡胶期货市场（全乳胶期货）的交易规模，结合现货企业"走出去"的需要，上期所于2019年8月12日在上海国际能源交易中心挂牌上市了天然橡胶期货的国际化品种——20号胶期货。

1. 上市20号胶期货具有重要意义

（1）助力供给侧结构性改革

一是20号胶期货或可促使国内天然橡胶生产格局发生结构性变化，达成供给侧结构性改革的目标。20号胶期货上市后，随着市场的平稳运行，其功能不断显现，国内天然橡胶生产企业为直接参与20号胶期货交易和成为上海国际能源交易中心20号胶期货的可交割品牌，不断提质增效、扩大产能。在中国未来天然橡胶的生产格局中，20号胶产能的增长可能会挤出全乳胶的过剩产能，促进天然橡胶产业健康有序发展。

二是20号胶期货将改变现货市场的需求结构，在减少市场对混合胶的需求的前提下，优化现货市场结构。

（2）推动"一带一路"建设

在中国-东盟自贸区《货物贸易协议》中，天然橡胶被列为高度敏感产品，是中国与东盟国家贸易往来的重要物资，为中国与东盟国家搭建了沟通的桥梁。20号胶是全球天然橡胶生产、消费、贸易的主流产品，在所有天然橡胶产品中占比超过50%，是中国与东盟国家的主要贸易品种，20号胶期货有助于加深中国与东盟国家的政经往来和金融合作，促进中国企业在东南亚进行投资，推动"一带一路"建设和中国多边外交战略。

（3）助推人民币国际化

商品期货市场作为连接实物贸易和金融市场的桥梁之一，可以承担推动人民币国际化的历史使命，而用人民币计价是人民币国际化的主要路径。中国大量进口20号胶，在东南亚主要产胶国有很强的购买力，这使得20号胶期货成为推动人民币国际化的重要载体。20号胶期货采用"国际平台、净价交易、保税交割、人民币计价"的上市模式，有助于增强天然橡胶人民币报价在东南亚市场的影响力，吸引东南亚客户，拓展人民币在中国与东南亚国家的实物贸易和金融市场中的结算规模，使人民币的影响力辐射东南亚地区，继而吸引更多市场主体参与20号胶期货交易，推进天然橡胶期货市场对外开放，建设天然橡胶国际定价中心。

（4）推进中国期货品种的国际化

全球经济金融一体化势不可挡，中国资本市场、期货市场对外开放刻不容缓。原油期货作为中国第一个国际化的期货品种，为期货市场和资本市场的进一步开放积累了经验，也为加快金融业开放、加快期货品种国际化奠定了坚实基础。20号胶期货采用"国际平台、净价交易、保税交割、人民币计价"的上市模式，有助于继续推进中国期货品种的国际化尝试，深化对期货合约交易模式的探索。

（5）改善投资者结构

由于20号胶是轮胎企业的主要用胶，符合天然橡胶市场的未来发展趋势，20号胶期货的上市可以促使国内天然橡胶企业转型升级，鼓励国内企业向东南亚橡胶市场投资，推进"一带一路"建设，也可以吸引更多的轮胎企业进入期货市场，从而优化期货市场的投资者结构，使其服务于实体经济。

2. 天然橡胶期货的国际化

上期所拟采用"上市20号胶期货—境外设库"的路线图来打造天然橡胶国际定价中心。

一是挂牌上市20号胶期货。20号胶期货采用的是"国际平台、净价交易、保税交割、人民币计价"的上市模式。全球约70%的天然橡胶被用于制造轮胎，其中约80%是20号胶。作为全球天然橡胶生产、消费、贸易的主流产品，20号胶的价格决定了全球50%以上的天然橡胶价格，是全球天然橡胶的定价基准。

二是未来5年，在条件具备的情况下，可以在境外设置20号胶的交割仓库。2016—2018年，上期所赴泰国与中国驻泰国大使馆、泰国证监会、泰国期货交易所、泰国橡胶协会、泰国橡胶管理局、泰国天然橡胶生产企业和仓储企业洽谈，从政策、法律、准入、监管、危机处理等方面论证了设置20号胶期货交割仓库的可行性。研究表明，目前条件尚不完全具备。未来上期所将继续跟踪研究在泰国设置交割仓库的可行性，同时研究在新加坡、马来西亚、印度尼西亚设置20号胶交割仓库的可行性，在条件具备的情况下，可以在境外设置20号胶交割仓库。

案例 8：PTA 期货帮助企业渡过难关

PTA 是重要的大宗有机原料，是原油产业链的下游产品，也是化纤的前端产品，被广泛用于化纤、轻工、电子、建筑等领域。PTA 生产处于化工产业链的中游，其上游产品主要是 PX，下游产品主要是 PET，包括长丝、短纤、瓶片等。中国是全球最大的 PTA 生产国和消费国，截至 2018 年年底，中国 PTA 产能达 4 578 万吨，产量为 4 056 万吨，表观消费量为 4 048 万吨。

自 2006 年 12 月在郑商所上市以来，PTA 期货的价格的影响力逐渐增强，目前 90% 的 PTA 生产和贸易企业、80% 的 PET 企业都参与了 PTA 期货交易。作为全球 PET 市场唯一的期货品种，PTA 期货的产生和发展经历了一个由被反对到被接纳进而被积极利用的不平凡过程。尤其是在 2008 年国际金融危机中，国内相关企业积极利用 PTA 期货市场，化"危"为"机"，不仅渡过了难关，而且开始向更深、更广的领域延伸发展。

中国 PTA 现货市场发展历程

1. 起步和发展（2002—2006 年）

随着 2001 年中国成功加入世界贸易组织，中国纺织业开始急速扩张，这带动了化纤产业及其上游 PTA 产业的快速发展。2002—2006 年，受产能基数小、供应增速有限、需求量大且增长较快等因素的影响，PTA 市场的缺口不断扩大。这一时期，中国 PTA 产能快速扩张，但依然无法满足国内新增需求，中国 PTA 消费量增加了 912 万吨，但产量仅增加了 465 万吨；同时，中国 PTA 进口量快速攀升，自给率不足50%。至2006年，中国PTA产能为945吨，产量为670万吨，净进口量为700.4万吨，对外依存度约51%。

2. 市场整体供需平稳（2007—2011年）

经过近5年的快速发展，中国PTA产量在2007年首次超过了进口量。2008年，在国际金融危机的冲击下，PET产量下降，导致PTA消费量随之下降，这直接在当年产量和进口量的小幅回落中得到了体现。2008年国际金融危机爆发后，为确保经济增长，我国出台了一系列经济刺激政策并取得了显著成效。此后，随着中国经济逐渐回暖，国内PET产量和PTA消费量继续保持较快增长。2008—2011年，PTA新增消费量与新增产量基本一致，净进口量略有下降，供需整体平稳。

3. 产能出现爆发式增长（2012—2014年）

随着中国经济的快速发展，PTA产能出现了爆发式增长，PTA产量继续快速增长。2012年，中国PTA新增产能1 260万吨，总产能扩大至3 200多万吨，较2011年增长了60%。2013年，中国PTA产能继续增长至4 100万吨，约为2009年的2.7倍。至2014年，中国PTA产能已经达到4 342万吨，开始出现过剩苗头，当年过剩率为8.85%。随着PTA产能的迅速扩张，行业利润率逐渐下降。这一时期，市场竞争加剧，经营风险加大，对企业的风险管理提出了更高要求。

4. 产能扩张速度明显放缓（2015年至今）

经过急速扩张后，2015年以来，PTA行业的增速明显放缓。产能增速已由2015年的8%下降至2017年的7.8%。截至2018年年底，中国PTA总产能约为4 578万吨，较2017年下降了551万吨。2015年以来，我国经济进入了供给侧结构性改革的新阶段，政府意欲通过淘汰落后产能实现产业结构升级。在此期间，PTA行业结构不断优化，市场集中度明显提升，库存大幅下降，行业景气度回升，企业整体盈利状况好转。

利用PTA期货应对发展危机

1. 国际金融危机的冲击

2008年国际金融危机使全球大宗商品市场遭遇了自亚洲金融危机以来最严重的冲击，大宗商品价格出现了新一轮大幅下跌。金融市场的危机蔓延至实体经济，最终导致了全球经济下滑，宏观经济系统性风险急剧上升。在此背景下，中国纺织品、服装等的出口呈现负增长态势，市场对PET产品的需求明显下降，PET上游原料价格明显下降。在此期间，PTA价格极不稳定，出现了快速暴涨45%、两周内暴跌20%的极端情况，期货主力合约价格最低跌至4 250元/吨，给企业的生产经营和行业发展造成了明显冲击。

2. 化解行业风险

面对此次危机，中国企业积极利用PTA期货进行风险管理，

期货市场国际化

取得了显著效果。其中，翔鹭石化股份有限公司（以下简称翔鹭石化）和厦门象屿股份有限公司（以下简称厦门象屿）的套期保值操作较为典型。

（1）翔鹭石化利用期货市场巩固市场龙头地位

国际金融危机爆发前的 2008 年第二季度，翔鹭石化没有如期收到客户的预付款。通过调研后发现，客户的库存水平已接近历史高位。结合现货市场情况和期货盘面价格走势等信息，翔鹭石化判断 PTA 价格将会下跌。

据此，翔鹭石化在期货市场上建立了空头头寸，注册了标准仓单，进行了卖出套期保值操作。与此同时，PTA 期货市场的部分参与者仍在盲目做多。虽然此后一段时间内出现了短暂的上涨行情，但随着国际金融危机的爆发，PTA 现货价格迅速下跌，短短半年时间内，连续跌破 8 000 元/吨、7 000 元/吨、6 000 元/吨、5 000 元/吨大关，在最低点时仅略高于 4 300 元/吨，折算后的 PX 现货价格处于历史低位。此时，翔鹭石化根据多年生产经验，认为 PTA 价格已经明显超跌，后市看好。由于翔鹭石化自有的 PET 工厂需要买入 PTA 作为原料，为规避 PTA 价格上涨风险，翔鹭石化决定在现货市场上买入 PX 的同时，在期货市场上对 PTA 进行了卖出套期保值操作。翔鹭石化通过期货市场进行套期保值，成功规避了 PTA 价格波动风险，稳固了行业龙头的市场地位。

（2）厦门象屿利用期货市场规避价格波动风险

2008 年国际金融危机期间，厦门象屿及时识别市场风险，通过 PTA 期货加大套期保值和定价力度，有效规避和转移了价格波动风险，扩大了定价话语权。与传统低买高卖、赚取差价的贸易方式不同,厦门象屿主要为上下游企业在资金、信息、物流等方面提供全方位服务。例如,在PTA产业链服务上,厦门象屿通过串联起PTA产业链的不同环节进行套期保值操作。上游生产商生产的PTA产品,下游企业可能不会全部接纳,这会增加上游生产商的资金占用成本,此时,厦门象屿可以让中间商接手,通过卖出空头合约进行套期保值。当PTA价格下跌时,上游企业会产生回购需求,此时,可以让中间商按"期货价格+升贴水"的定价方式将产品卖给上游生产商,同时在期货市场上进行平仓操作,从而规避风险,提前锁定成本和利润。

3. 风险管理的经验

(1)坚持风险管理理念

厦门象屿从20世纪90年代开始逐渐重视风险管理,形成了"风险第一、利润第二、规模第三"的企业文化,并成为全国首家提出对预付款风险进行投保的企业。同时,为规避宏观经济的系统性风险以及大宗商品原材料的价格波动风险对生产经营产生的不利影响,厦门象屿以风险管理为出发点,根据农产品、金属材料、能源化工等主要业务的特点,通过有针对性地开展期货套期保值等业务,有效地规避了风险。

(2)严格遵守制度

厦门象屿制定了《套期保值业务管理制度》,在对高风险业务的监督管理上,严把审核关口,审慎使用各种经营模式,加强操作的规范性,有效防范了经营风险。在具体业务流程上,贸易风险管理委员会根据各子公司和事业部的经营目标,审批、授权子公司和事业部的期货操作权限。然后，由商品衍生品事业部综合部负责监控各子公司和事业部的日常操作情况，若出现超权限的操作行为，商品衍生品事业部综合部会及时向贸易风险管理委员会汇报，进而根据贸易风险管理委员会的指示意见，采取不执行指令或强制平仓等措施。

（3）制定有针对性的方案

在对拟开展的各项业务进行实需分析、产品风险评估和专项风险管理制度认知的基础上，厦门象屿有针对性地选择了相应的期货衍生品工具，确定了套期保值额度、交易品种、止损限额以及不同级别人员的业务权限，根据《套期保值业务管理制度》，制定了完善的业务流程和操作规范。在具体操作中，坚持套期保值原则，确保与现货的品种、规模、方向、期限相匹配。

（4）用好国内外两个市场

随着业务的快速发展，厦门象屿开始积极利用国内、国际两个市场开展套期保值业务。其期货业务模式主要是为配套现货进行套期保值，境内套期保值业务平台主要包括上期所、郑商所和大商所，境外套期保值业务平台主要包括英国金属交易所、洲际交易所、纽约金属交易所、芝加哥期货交易所、纽约商业交易所、马来西亚衍生品交易所、东京工业品交易所、新加坡交易所以及经过贸易风险管理委员会审批核准的其他交易平台。境外套期保值具体由香港拓威贸易有限公司和新丝路发展有限公司进行操作，套期保值工具包括商品期货、期权。通过开展境外套期保值业务，一方面可以控制由美元定价的库存的价格波动风险，另一方面可以将国外期货市场价格作为现货贸易的定价基准，为客户提供更为灵活的定价服务。

（5）加强人才队伍建设

翔鹭石化为了顺利开展期货业务，一方面从公司现货部门调拨人手，加大培训力度，培养熟悉期现货市场的综合人才；另一方面加大外部人才引进力度，在较短时间内实现了团队转型，初步构建起一支较为专业的期货团队。早在 20 世纪 90 年代，厦门象屿就与中国有色矿业集团有限公司共同投资成立了象屿期货有限责任公司，成为国内成立最早、运作最规范的期货公司之一，并且拥有一批高素质的专业人才，为开展相关业务提供了支持。

思考与总结

1. PTA 期货的发展历程

从 2006 年 12 月在郑商所上市至今，PTA 期货已经走过了近 13 年的发展历程。从上市之初企业反对、观望到现在的离不开，PTA 期货 10 多年的发展道路并不平坦。10 多年前，不少石化企业反对 PTA 期货上市，当时它们主要担心期货会助涨助跌，而企业又不希望价格大起大落，因为这对企业的经营发展不利。

经历了 2008 年国际金融危机的洗礼，不少石化企业开始积极利用 PTA 期货对冲价格波动风险，锁定经营利润，降低经营成本，并从中尝到了甜头。从 2013 年开始，浙江逸盛石化有限公司、恒力石化（大连）有限公司、翔鹭石化等参与 PTA 期货交易的力度逐渐加大，加上 2015 年以来 PTA 产能趋于过剩，行业竞争日趋激烈，PTA 企业参与期货市场的范围越来越广，积极性越来越高，PTA 期货对于现货市场的影响也越来越大。

2. 掌握国际定价话语权

由于 PTA 是基于原油加工而得到的下游产品，其价格缺乏独立性，通常随着国际原油价格的波动而大幅震荡。但 PTA 现货价格与国际原油期货价格的联动性又比较低，以 2004 年 5 月至 2006 年 12 月为例，在此期间，两者相关系数不足 0.5，国际原油期货也不宜作为规避风险的工具。这一时期，企业对 PTA 产品的价格波动问题一直没有很好的解决方案，迫切需要寻找更合适的期货产品来规避风险。

PTA 期货在郑商所上市后，企业主动学习用 PTA 期货来发现价格和管理风险，从此以后，PTA 行业有了更市场化的定价基准。目前，大多数石化企业的订货、销售价格都以期货价格作为基准，这省略了讨价还价的过程，缩短了产品的销售周期，提高了企业的效益。我国是世界上唯一上市 PTA 期货的国家，也因此牢牢掌握了 PTA 的国际定价话语权。

3. 进行套期保值操作

对产业客户来说，PTA 期货是风险管理工具，特别是 2013 年以来，PTA 行业的产能明显过剩，相关企业利用 PTA 期货进行套期保值的需求大幅上升。对于石化企业而言，由于 PTA 期货价格快速上升，生产效益不断提高，亏损收窄，甚至出现盈利，企业的套期保值意愿不断增强，交易所仓单急速增加。对于 PTA 外贸企业而言，出口是有周期性的，周期可能是一个月、两个月甚至半年，为了规避价格波动风险，企业需要利用 PTA 期货进行套期保值。因此，利用 PTA 期货进行套期保值可以做到不赔，这是对市场主体经营预期的重要保障。例如，2007年10月16日，浙江某化纤企业根据以往经验，断定PTA现货价格将下跌，为了规避经营风险，它决定在PTA0801卖出开仓3 300吨，开仓均价为8 000元/吨。经过7天的运行，PTA期货价格下跌至7 500元/吨，此时，该企业的期货账户已盈利丰厚，其选择部分对冲平仓，以7 500元/吨的价格对冲头寸2 200吨，共盈利110万元。

4. 使上下游企业实现共赢

经历了2008年国际金融危机的洗礼，中国石化企业的决策者认为，单纯依靠捕捉行情做生意短期内可行，但是不能长久，一旦环境发生变化，就有可能遭受重创。例如，厦门象屿积极进行战略转型，通过整合资源打造供应链，并提供相关的资金、物流、仓储服务等整体解决方案，历经三年多的阵痛，逐步发展成专业的供应链服务运营商。2008年国际金融危机也使厦门象屿对PTA期货市场有了更加深刻的认识。PTA等期货不仅彻底改变了整个市场业态，使市场价格变得更加透明，也使整个产业链的上下游企业实现了共赢，其功能也逐渐得到了认可。据不完全统计，2017年厦门象屿利用PTA期货市场进行套期保值的业务占其总业务量的70%。

5. 机构投资者进行资产配置

随着PTA现货产业的不断壮大，贸易和消费区域渐趋集中，仓储体系不断完善，加之良好的市场流动性，越来越多的机构投资者将目光转向了PTA期货的投资和资产配置领域。例如，私募机构经常把PTA期货作为大类资产配置的标的之一，以获取单边价

345

期货市场国际化

差或对冲收益。又如，一些机构投资者专注于 PTA 期货跨期套利交易，在正向套利和反向套利之间寻找投资机会。再如，期货公司风险管理公司主要进行 PTA 期现套利交易和仓单贸易。此外，专业交易者和投机者也是长期保持 PTA 期货市场活力的重要力量，他们为市场提供了充足的流动性。

相关启示

从反对 PTA 期货上市到积极利用期货市场管理经营风险，PTA 产业经历了一个认识转变的过程，目前 PTA 期货已成为国内绝大多数相关企业必不可少的风险管理工具。相关企业利用 PTA 期货市场平稳渡过 2008 年国际金融危机的例子，为企业通过期货市场进行风险管理树立了典型，对一个行业甚至产业的发展都具有重要的借鉴意义。

1. 牢固树立风险管理的发展理念

风险贯穿企业发展的始终，牢固树立风险管理的发展理念是企业进行风险管理的基本前提，对企业实现可持续发展至关重要。从成立之初至今，厦门象屿始终保持着对市场的敬畏之心，积极学习和利用期货市场来防范和规避市场风险。厦门象屿始终坚持风险管理发展理念的做法值得同业学习借鉴。

2. 建立健全业务管理制度

期货市场是经济发展的高级阶段，具有法治化和风险性高的特点。因而，对于拟通过期货市场进行套期保值的企业而言，建立健全期货市场业务管理制度对确保其开展期货交易、将损失降至最低具有重大意义。为此，可以针对拟开展期货业务的具体类型，明确套期保值的额度、止损限额、业务权限、业务流程，完善相关部门的监督机制。

3. 利用期货市场进行风险管理

期货市场是企业进行风险管理的重要工具。随着上市品种的增加，期货市场的功能也会不断完善，企业在进行风险管理时也会越来越离不开期货市场。在相关期货品种上市之前，企业可以积极参与交易所的市场调研和可行性论证；在相关品种上市之后，企业应该通过期货市场进行套期保值操作，达到规避经营风险和管理价格波动风险的目的。

4. 利用好国内和国外两个市场

在经济全球化背景下，企业在"走出去"过程中，会不可避免地受到国际环境变化的影响。因此，如何充分利用好国内、国外两个市场就成为企业面临的重要问题。企业可以根据自身实际，在平衡好国内期货市场相关业务的基础上，积极参与境外期货市场交易；在条件具备时，也可以设立境外分支机构，为参与境外期货交易提供便利。

5. 完善组织架构，提供人才保障

期货市场的专业性极强，这对相关企业提出了较高要求。在组织架构上，企业可以成立类似于厦门象屿那样的贸易风险管理委员会或大宗商品衍生品事业部，专门负责期货市场的日常决策和交易操作。在条件具备时，企业也可以成立期货经营机构或直属的期货及衍生品研究机构，不断提高风险管理决策的科学性和实战操作的专业性。在专业人才培养上，企业应制定长远的发展规划，为期货市场业务提供充足的人才保障。

参考文献

[1] 姜洋.发现价格：期货和金融衍生品［M］.北京：中信出版社，2018.

[2] 彼得·弗兰科潘.丝绸之路：一部全新的世界史［M］.浙江：浙江大学出版社，2016.

[3] 黄群慧，李芳芳等.中国工业化进程报告(1995—2015)［M］.北京：社会科学文献出版社，2017.

[4] 国家开发银行."一带一路"国家法律风险报告(上、下)［M］.北京：法律出版社，2016.

[5] 国家开发银行，联合国开发计划署，北京大学."一带一路"经济发展报告［M］.北京：中国社会科学出版社，2017.

[6] 雷家骕.国家经济安全理论与分析方法［M］.北京：清华大学出版社，2011.

[7] 刘伟，张辉.一带一路：区域与国别经济比较研究［M］.北京：北京大学出版社，2018.

[8] 罗伯特·吉尔平.世界政治中的战争与变革［M］.北京：中国人民大学出版社，1994.

[9] 全国人大常委会法制工作委员会.中华人民共和国国家安全法释义［M］.北京：法律出版社，2015.

[10] 王耀辉，苗绿.中国企业全球化报告(2016)［M］.北京：社科文献出版社，2016.

[11] 张晓涛.中国与"一带一路"国家和地区国家经贸合作国别报告(东亚、中亚与西亚篇)［M］.北京：经济科学出版社，2017.

［12］中国证监会，中国期货业协会.中国期货市场年鉴(2016)［M］.北京：中国财政经济出版社，2017.

［13］中国证监会，中国期货业协会.中国期货市场年鉴(2017)［M］.北京：中国财政经济出版社，2018.

［14］何茂春，田斌."一带一路"战略的实施难点及应对思路——基于对中亚、西亚、南亚、东南亚、中东欧诸国实地考察的研究［J］.人民论坛·学术前沿，2016，5.

［15］霍颖励.人民币在"一带一路"中的作用［J］.中国金融，2017，14.

［16］李正强.期货市场服务供给侧改革［J］.中国金融，2017，4.

［17］李正强，刘岩.中美衍生品市场发展路径［J］.中国金融，2017，23.

［18］廖英敏.金融危机背景下中国期货市场的发展及启示［J］.发展研究，2009，5.

［19］柳辉.扩大内需：我国经济安全的战略选择［J］.华东经济管理，2001，4.

［20］娄须光.一带一路：国家战略生存空间的拓展与延伸［J］.卷宗，2016，7.

［21］庞昌伟."马六甲困局"之化解路径［J］.新疆师范大学学报(哲学社会科学版)，2018，9.

［22］史忠良.参与经济全球化必须注意国家经济安全［J］.经济经纬，2002，1.

［23］苏展，刘墨渊.国家经济安全与经济自主性［J］.当代经济研究，2014，10.

［24］德米特里·阿纳托利耶维奇·梅德韦杰夫，阎洪菊.俄罗斯经济安全问题［J］.国外社会科学，1991，1.

［25］汪玲玲，赵媛.中国石油进口运输通道安全态势分析及对策研究［J］.世界地理研究，2014，3.

［26］王明伟.四载寒暑，元亨利贞——期货市场四年发展成就［J］.中国期货，2018，4.

［27］殷勇."一带一路"中的人民币国际化［J］.中国金融，2017，13.

［28］中国证监会期货监管部.2018年上半年全球衍生品市场回顾［J］.期货研

究前沿，2018，18.

［29］朱伟一.MiFID Ⅱ：欧盟证券监管的新利器［J］.清华金融评论，2018，6.

［30］陈建平，卢庆杰，陆洁，许涛.美国期货市场大户报告制度研究［N］.期货日报，2013-05-20(4).

［31］国纪平."一带一路"倡议5周年：构建人类命运共同体的伟大实践［N］.人民日报，2018-10-04(1).

［32］刘文财.借鉴国际经验教训 对冲油价波动风险［N］.中国证券报，2015-01-12(A04).

［33］刘文财，李莹."一带一路"战略下的人民币外汇期货市场建设对国内金融改革和实体经济发展具有深远意义［N］.期货日报，2015-09-29.

［34］陆娅楠.一带一路5年货物贸易额超5万亿美元［N］.人民日报，2018-8-28.

［35］习近平.在中央国家安全委员会第一次会议上的讲话［N］.人民日报，2014-4-16.

［36］中国证监会.实现期市全面统一的穿透性监管［N］.证券日报，2017-09-29.

［37］中国证监会期货监管部.为中国期货市场走出一条成功之路［N］.中国证券报，2017-09-28.

［38］国务院.国务院关于建立粮食生产功能区和重要农产品生产保护区的指导意见［EB/OL］.(2017-04-10)［2018-11-08］.http://www.gov.cn/zhengce/content/2017-04/10/content_5184613.htm.

［39］郭晓利.期货监管者同市场操纵者的博弈［EB/OL］.(2003-06-10)［2018-11-06］.http://finance.blog.techweb.com.cn/archives/1192.html.

［40］新华网.中国人民银行有关部门负责人谈近期中日金融领域相关成果［EB/OL］.［2018-05-11］.http://www.xinhuanet.com/fortune/2018-05/11/c_1122819093.htm.

[41] 金十数据.中国原油期货成交额突破8.5万亿！这弹丸小国想夺走原油定价权？［EB/OL］.［2018-11-12］.http://finance.ifeng.com/a/20181113/16568858_0.shtml.

[42] 马爽.完善法制体系，提高我国期货市场核心竞争力——专访人民大学教授叶林.［EB/OL］.［2018-08-27］.http://www.cs.com.cn/zzqh/01/201808/t20180827_5863756.html.

[43] 王姣.期现协作 奏响服务实体经济华美乐章.［EB/OL］.［2018-05-18］.http://www.cs.com.cn/zzqh/201805/t20180518_5805657.html.

[44] 中国建设银行，亚洲银行家."一带一路"助力人民币国际化——2018人民币国际化报告［EB/OL］.［2018-05-25］.http://www.ccb.com/cn/ccbtoday/mediav3/20180525_1527237619.html.

[45] 中国期货业协会.中国期货业协会年报(2011)［EB/OL］.［2012-05-07］.http://www.cfachina.org/XHJS/xhnb/.

[46] 中国期货业协会.探索人才培养机制 把握期货行业未来——"中国期货业协会四年工作回顾"系列报道之人才培养篇［EB/OL］.［2018-09-18］.https://finance.ifeng.com/c/7gI5C3xh7SV.

[47] 中国人民银行.2017年人民币国际化报告［R/OL］.［2017-10-23］.http://www.askci.com/news/chanye/20171023/090437110191.shtml.

[48] 中国银行.人民币国际化白皮书：金融市场双向开放中的人民币［R/OL］.［2018-01-31］.http://www.sohu.com/a/220117409_556378.

[49] BIS.International banking and financial market developments[R/OL].[2016-05-18].https://www.bis.org/publ/qtrpdf/r_qt1612.pdf.

[50] Will Acworth.2017 Annual Volume Survey[R/OL].[2018-03-19].https://www.fia.org/articles/2017-annual-volume-survey.

[51] PwC.The long view: how will the global economic order change by 2050?[R]. The World in 2050，2017.

附 录

附录1 "一带一路"国家和地区基本情况

序号	国家和地区（中文）	国家和地区（英文）	首都（中文）	首都（英文）	面积（万平方公里）	人口（万人）	GDP（亿美元）	GDP同比（%）	人均GDP（美元）	贸易额（亿美元）	进口（亿美元）	出口（亿美元）
1	中国香港	HongKong	—	—	0.11	745.10	3 629.93	3.02	48 717.29	11 967.58	6 275.17	5 692.41
2	中国台湾	Taiwan	—	—	3.62	2 358.89	5 899.97	2.62	25 026.00	6 222.42	2 863.33	3 359.09
3	中国澳门	Macau SAR	—	—	0.00	63.16	545.45	4.71	86 355.41	126.72	111.62	15.10
4	蒙古	Mongolia	乌兰巴托	Ulaanbaatar	156.65	317.02	130.10	6.94	4 103.70	128.87	58.75	70.12
5	俄罗斯	Russia	莫斯科	Moscow	1709.82	14 447.81	16 575.54	2.25	11 288.87	6 930.63	2 490.55	4 440.08
6	哈萨克斯坦	Kazakhstan	努尔苏丹	Nur Sultan	272.49	1 827.65	1 705.39	4.09	9 331.05	934.90	325.34	609.56
7	吉尔吉斯斯坦	Kyrgyzstan	比什凯克	Bishkek	19.99	631.58	80.93	3.50	1 281.36	66.72	49.07	17.65
8	乌兹别克斯坦	Uzbekistan	塔什干	Tashkent	44.74	3 295.54	505.00	5.13	1 532.37	285.24	173.06	112.18
9	塔吉克斯坦	Tajikistan	杜尚别	Dushanbe	14.31	910.08	75.23	7.30	826.62	36.56	24.47	12.09
10	土库曼斯坦	Turkmenistan	阿什哈巴德	Ashgabat	49.12	585.09	407.61	6.19	6 966.64	125.00	25.00	100.00

期货市场国际化

续表

序号	国家和地区（中文）	国家和地区（英文）	首都（中文）	首都（英文）	面积（万平方公里）	人口（万人）	GDP（亿美元）	GDP同比（%）	人均GDP（美元）	贸易额（亿美元）	进口（亿美元）	出口（亿美元）
11	韩国	Korea	首尔	Seoul	10.00	5 163.53	16 194.24	2.66	31 362.75	11 400.62	5 352.02	6 048.60
12	越南	Viet Nam	河内	Ha Noi	32.96	9 554.04	2 449.48	7.07	2 563.82	4 898.30	2 441.95	2 456.35
13	老挝	Laos	万象	Vientiane	23.68	706.15	181.31	6.5	2 567.54	116.00	63.40	52.60
14	柬埔寨	Cambodia	金边	Phnom Penh	18.10	1 624.98	245.72	7.52	1 512.13	334.20	190.70	143.50
15	泰国	Thailand	曼谷	Bangkok	51.30	6 942.85	5 049.93	4.12	7 273.56	5 017.66	2 496.60	2 521.06
16	马来西亚	Malaysia	吉隆坡	Kuala Lumpur	33.00	3 152.86	3 543.48	4.72	11 238.96	4 648.36	2 174.71	2 473.65
17	新加坡	Singapore	新加坡	Singapore	0.07	563.87	3 641.57	3.13	64 581.94	7 832.64	3 706.35	4 126.29
18	印度尼西亚	Indonesia	雅加达	Jakarta	190.44	26 766.34	10 421.73	5.17	3 893.60	3 689.27	1 887.12	1 802.15
19	文莱	Brunei	斯里巴加湾市	Bandar Seri Begawan	0.58	42.90	135.67	0.05	31 627.74	106.60	52.30	54.30
20	菲律宾	Philippines	马尼拉	Manila	29.97	10 665.19	3 309.10	6.24	3 102.71	1 822.26	1 147.38	674.88
21	缅甸	Myanmar	内比都	Nay Pyi Taw	67.66	5 370.84	712.15	6.20	1 325.95	363.05	195.10	167.95
22	东帝汶	East Timor	帝力	Dili	1.49	126.80	25.81	2.81	2 035.53	6.12	5.65	0.47
23	印度	India	新德里	New Delhi	298.00	135 261.73	27 263.23	6.98	2015.59	8 362.27	5 106.65	3 255.62
24	巴基斯坦	Pakistan	伊斯兰堡	Islamabad	79.61	21 221.50	3 125.70	5.43	1 472.89	839.57	604.72	234.85
25	孟加拉国	Bangladesh	达卡	Dhaka	14.76	16 135.60	2 740.25	7.86	1 698.26	1 007.52	615.00	392.52
26	阿富汗	Afghanistan	喀布尔	Kabul	64.75	3 717.24	193.63	1.03	520.90	82.82	74.07	8.75

续表

序号	国家和地区（中文）	国家和地区（英文）	首都（中文）	首都（英文）	面积（万平方公里）	人口（万人）	GDP（亿美元）	GDP同比（%）	人均GDP（美元）	贸易额（亿美元）	进口（亿美元）	出口（亿美元）
27	卢森堡	Luxembourg	卢森堡市	Luxembourg City	0.26	60.77	694.88	2.60	114 340.50	401.33	239.25	162.08
28	塞浦路斯	Cyprus	尼科西亚	Nicosia	0.93	118.93	244.70	3.87	28 159.30	156.81	107.07	49.74
29	尼泊尔	Nepal	加德满都	Kathmandu	14.72	2 808.79	288.12	15.80	1 025.80	143.05	134.65	8.40
30	斯里兰卡	Sri Lanka	科伦坡	Colombo	6.56	2 167.00	889.01	1.00	4 102.48	344.35	225.35	119.00
31	马尔代夫	Maldives	马累	Male	9.00	51.57	52.72	8.36	10 223.64	33.20	29.70	3.50
32	不丹	Bhutan	廷布	Thimphu	3.80	75.44	25.35	0.28	3 360.27	16.40	10.20	6.20
33	波兰	Poland	华沙	Warsaw	31.27	3 797.86	5 857.83	11.29	15 424.05	5 271.12	2 665.05	2 606.07
34	捷克	Czech	布拉格	Prague	7.89	1 062.57	2 441.05	13.06	22 973.11	3 859.94	1 837.97	2 021.97
35	斯洛伐克	Slovak	布拉迪斯拉发	Bratislava	4.90	544.70	1 064.72	11.35	19 546.90	1 882.52	940.35	942.17
36	匈牙利	Hungary	布达佩斯	Budapest	9.30	976.88	1 557.03	11.41	15 938.84	2 471.36	1 212.72	1 258.64
37	斯洛文尼亚	Slovenia	卢布尔雅那	Ljubljana	2.03	206.74	542.35	11.93	26 234.02	864.43	422.33	442.10
38	克罗地亚	Croatia	萨格勒布	Zagreb	5.66	408.94	608.06	10.15	14 869.09	454.72	281.00	173.72
39	罗马尼亚	Romania	布加勒斯特	Bucharest	23.84	1 947.39	2 395.53	13.31	12 301.19	1 774.48	977.77	796.71
40	保加利亚	Bulgaria	索非亚	Sofia	11.10	702.42	651.33	11.87	9 272.63	710.52	379.01	331.51

355

期货市场国际化

续表

序号	国家和地区（中文）	国家和地区（英文）	首都（中文）	首都（英文）	面积（万平方公里）	人口（万人）	GDP（亿美元）	GDP同比（%）	人均GDP（美元）	贸易额（亿美元）	进口（亿美元）	出口（亿美元）
41	塞尔维亚	Serbia	贝尔格莱德	Belgrade	8.83	698.21	505.08	14.48	7 234.00	451.09	258.82	192.27
42	黑山	Montenegro	波德戈里察	Podgorica	1.38	62.24	54.52	12.54	8 760.69	34.82	30.10	4.72
43	北马其顿	Macedonia	斯科普里	Skopje	2.57	208.30	126.72	12.35	6 083.72	159.60	90.52	69.08
44	波黑	Bosnia and Herzegovina	萨拉热窝	Sarajevo	5.12	332.39	197.82	9.41	5 951.32	195.00	120.00	75.00
45	阿尔巴尼亚	Albania	地拉那	Tirana	2.87	286.64	150.59	15.61	5 253.63	88.17	59.41	28.76
46	爱沙尼亚	Estonia	塔林	Tallinn	4.53	132.09	302.85	13.80	22 927.74	361.38	191.32	170.06
47	立陶宛	Lithuania	维尔纽斯	Vilnius	6.53	278.95	532.51	12.00	19 089.71	699.22	365.15	334.07
48	拉脱维亚	Latvia	里加	Riga	6.46	192.65	348.49	14.40	18 088.93	349.00	192.57	156.43
49	乌克兰	Ukraine	基辅	Kiev	60.37	4 462.25	1 308.32	16.62	3 095.17	1 043.94	570.46	473.48
50	白俄罗斯	Belarus	明斯克	Minsk	20.76	948.54	596.62	9.02	6 289.94	721.07	383.91	337.16
51	摩尔多瓦	Moldova	基希讷乌	Kishinev	3.38	354.59	113.09	16.95	3 189.36	84.71	57.64	27.07
52	意大利	Italy	罗马	Rome	30.13	6 043.13	20 739.02	6.54	34 318.35	10 474.38	5 007.95	5 466.43
53	葡萄牙	Portugal	里斯本	Lisbon	9.22	1 028.18	2 379.79	8.51	23 145.73	1 570.67	886.16	684.51
54	马耳他	Malta	瓦莱塔	Valletta	0.03	48.35	145.42	14.07	30 074.74	93.35	63.23	30.12

356

续表

序号	国家和地区（中文）	国家和地区（英文）	首都（中文）	首都（英文）	面积（万平方公里）	人口（万人）	GDP（亿美元）	GDP同比（%）	人均GDP（美元）	贸易额（亿美元）	进口（亿美元）	出口（亿美元）
55	赤道几内亚	Equatorial Guinea	马拉博	Malabo	2.81	130.90	133.17	8.36	10 173.96	82.10	21.10	61.00
56	利比里亚	Liberia	蒙罗维亚	Monrovia	11.14	481.90	32.49	-1.11	674.21	15.90	11.00	4.90
57	土耳其	Turkey	安卡拉	Ankara	78.36	8 231.97	7 665.09	2.57	9 311.37	3 910.13	2 230.46	1 679.67
58	伊朗	Iran	德黑兰	Tehran	164.50	8 180.03	4 540.13	3.76	5 627.75	1 572.54	493.54	1 079.00
59	叙利亚	Syrian	大马士革	Damascus	18.52	1 690.63	330.00	-30.00	1 666.00	760.00	560.00	200.00
60	伊拉克	Iraq	巴格达	Baghdad	43.83	3 843.36	2 259.14	0.63	5 878.04	1 372.05	478.50	893.55
61	阿拉伯联合酋长国	The United Arab Emirates	阿布扎比	Abu Dhabi	8.36	963.10	4 141.79	1.42	43 004.95	5 985.00	2 530.00	3 455.00
62	沙特阿拉伯	Saudi Arabia	利雅得	Riyadh	225.00	3 369.99	7824.83	2.22	23 219.13	4 341.16	1 350.16	2 991.00
63	卡塔尔	Qatar	多哈	Doha	1.15	278.17	1 920.09	1.43	69 026.47	1 207.67	342.98	864.69
64	巴林	Bahrain	麦纳麦	Manama	0.08	156.94	377.46	1.78	24 050.76	329.75	131.00	198.75
65	科威特	Kuwait	科威特城	Kuwait City	1.78	413.73	1 416.78	1.24	34 243.95	1 081.90	366.24	715.66
66	黎巴嫩	Lebanon	贝鲁特	Beirut	1.05	684.89	566.39	0.20	8 269.79	242.26	203.96	38.30
67	阿曼苏丹国	Oman	马斯喀特	Mascat	30.95	482.95	792.95	2.12	16 418.93	720.49	254.12	466.37
68	也门	Yemen	萨那	Sana'a	55.50	284.99	269.14	-2.70	944.41	109.00	84.00	25.00

期货市场国际化

续表

序号	国家和地区（中文）	国家和地区（英文）	首都（中文）	首都（英文）	面积（万平方公里）	人口（万人）	GDP（亿美元）	GDP同比（%）	人均GDP（美元）	贸易额（亿美元）	进口（亿美元）	出口（亿美元）
69	约旦	Jordan	安曼	Amman	8.90	995.60	422.91	1.94	4247.77	279.89	202.16	77.73
70	以色列	Israel	耶路撒冷	Jerusalem	2.50	888.38	3696.90	3.31	41614.00	1451.93	878.00	573.93
71	巴勒斯坦	Palestine	拉马拉	Ramallah	1.15	1200.00	76.90	4.90	1629.00	709.66	637.96	71.70
72	亚美尼亚	Armenia	埃里温	Yerevan	2.97	295.18	124.33	5.20	4212.07	73.75	49.63	24.12
73	格鲁吉亚	Georgia	第比利斯	Tbilisi	6.97	373.10	162.10	4.72	4344.63	124.73	91.19	33.54
74	阿塞拜疆	Azerbaijan	巴库	Baku	8.66	994.23	469.40	1.41	4721.18	325.00	110.00	215.00
75	埃及	Egypt	开罗	Cairo	100.10	9842.36	2508.95	5.31	2549.14	996.24	720.00	276.24
76	奥地利	Austria	维也纳	Vienna	8.39	884.70	4557.37	2.73	51512.91	3780.45	1933.23	1847.22
77	希腊	Greece	雅典	Athens	13.20	1072.77	2180.32	1.93	20324.25	1046.15	651.41	394.74
78	埃塞俄比亚	Ethiopia	亚的斯亚贝巴	Addis Ababa	110.36	10922.46	843.55	6.81	772.31	179.98	151.95	28.03
79	南苏丹	South Sudan	朱巴	Juba	62.00	1097.59	30.71	-11.18	283.49	—	—	—
80	瓦努阿图	Vanuatu	维拉港	Port Vila	1.22	29.27	8.88	3.20	3033.41	4.20	3.50	0.70
81	汤加	Tonga	努库阿洛法	Nuku Alofa	0.075	10.32	4.50	0.30	4364.02	2.85	2.70	0.15
82	库克群岛	The Cook Islands	阿瓦鲁阿	Avarua	0.024	1.31	2.97	—	19500.00	—	—	—

续表

序号	国家和地区（中文）	国家和地区（英文）	首都（中文）	首都（英文）	面积（万平方公里）	人口（万人）	GDP（亿美元）	GDP同比（%）	人均GDP（美元）	贸易额（亿美元）	进口（亿美元）	出口（亿美元）
83	密克罗尼西亚	Micronesia	帕利基尔	Palikir	0.07	11.26	3.45	1.40	3 058.43	1.85	1.10	0.75
84	斐济	Fiji	苏瓦	Suva	1.83	88.35	54.80	5.00	6 202.16	37.30	27.05	10.25
85	突尼斯	Tunisia	突尼斯市	Tunis	16.20	1 157.00	398.60	2.50	3 446.60	394.61	223.22	175.38
86	利比亚	Libya	的黎波里	Tripoli	176.00	668.00	483.20	7.80	7 235.00	570.18	280.26	289.92
87	摩洛哥	Morocco	拉巴特	Rabat	45.90	3 603.00	1 185.00	3.00	3 237.90	1 030.95	580.65	450.30
88	苏丹	Sudan	喀土穆	Khartoum	188.00	4 180.00	408.50	-2.30	977.30	93.96	49.02	40.85
89	马达加斯加	Madagascar	塔那那利佛	Antananarivo	59.08	2 626.00	121.00	5.20	460.80	90.75	47.19	43.56
90	几内亚	Guinea	科纳克里	Conakry	24.59	1 241.00	109.90	8.70	885.30	145.07	104.41	40.66
91	塞内加尔	Senegal	达喀尔	Dakar	19.67	1 585.00	241.30	6.80	1 522.00	139.95	86.87	53.09
92	毛里塔尼亚	Mauritania	努瓦克肖特	Nouakchott	103.00	440.00	53.70	3.60	1 218.60	67.66	44.03	23.09
93	冈比亚	Gambia	班珠尔	Banjul	1.13	228.00	16.20	6.60	712.50	10.04	6.32	3.73
94	刚果共和国	Congo	布拉柴维尔	Brazzaville	34.20	524.00	112.60	1.00	2 147.80	174.53	63.06	111.47
95	乍得	Chad	恩贾梅纳	N'Djamena	128.40	1 548.00	113.00	2.60	730.20	83.62	42.94	40.68
96	新西兰	New Zealand	惠灵顿	Wellington	27.00	489.00	2 050.20	2.80	41 966.00	1 107.11	553.55	574.06

期货市场国际化

续表

序号	国家和地区（中文）	国家和地区（英文）	首都（中文）	首都（英文）	面积（万平方公里）	人口（万人）	GDP（亿美元）	GDP同比（%）	人均GDP（美元）	贸易额（亿美元）	进口（亿美元）	出口（亿美元）
97	巴布亚新几内亚	Papua New Guinea	莫尔斯比港	Port Moresby	46.28	861.00	234.30	0.40	2 722.60	—	—	—
98	纽埃	Niue	阿洛菲	Alofi	0.03	0.16	0.08	—	14800	—	—	—
99	多米尼加	Dominican Republic	圣多明各	Santo Domingo	4.87	1 063.00	813.00	7.00	7 650.10	447.15	243.90	203.25
100	萨尔瓦多	Salvador	圣萨尔瓦多	San Salvador	2.10	642.00	260.60	2.50	4 058.20	203.27	127.69	75.57
101	厄瓜多尔	Ecuador	基多	Quito	25.64	1 708.00	1 084.00	1.40	6 344.90	498.64	249.32	249.32
102	智利	Chile	圣地亚哥	Santiago	75.67	1 873.00	2 982.30	4.00	15 923.40	1 729.73	864.87	864.87
103	苏里南	Suriname	帕拉马里博	Paramaribo	16.40	58.00	34.30	2.00	5 950.20	31.21	—	—
104	委内瑞拉	Venezuela	加拉加斯	Caracas	91.64	2 887.00	—	—	—	—	—	—
105	乌拉圭	Uruguay	蒙得维的亚	Montevideo	17.62	345.00	596.00	1.60	17 278.00	238.40	113.24	125.16
106	哥斯达黎加	Costa Rica	圣何塞	San José	5.11	500.00	601.30	2.70	12 026.50	402.87	198.43	204.44
107	多米尼克	Dominica	罗索	Roseau	0.08	7.00	5.00	0.50	7 031.70	5.90	3.55	2.35
108	圭亚那	Guyana	乔治敦	Georgetown	21.50	78.00	36.10	3.40	4 634.70	38.27	22.02	16.25
109	玻利维亚	Bolivia	拉巴斯	La Paz	109.80	1 135.00	402.90	4.20	3 548.60	229.65	124.90	104.75

续表

序号	国家和地区（中文）	国家和地区（英文）	首都（中文）	首都（英文）	面积（万平方公里）	人口（万人）	GDP（亿美元）	GDP同比（%）	人均GDP（美元）	贸易额（亿美元）	进口（亿美元）	出口（亿美元）
110	特立尼达和多巴哥	Trinidad and Tobago	西班牙港	Port of Spain	0.51	139.00	234.10	0.70	16 843.70	—	—	—
111	巴拿马	Panama	巴拿马城	Panama City, Ciudad de Panamá	7.55	418.00	650.60	3.70	15 575.10	572.53	292.77	273.25
112	安提瓜和巴布达	Antigua and Barbuda	圣约翰	St. John's	0.04	10.00	16.20	4.90	16 864.40	14.26	7.61	6.80
113	格林纳达	Grenada	圣乔治	St.George's	0.03	11.00	12.10	4.80	10 833.70	13.07	6.29	6.78
114	卢旺达	Rwanda	基加利	Kigali	2.63	1 230.00	95.10	8.70	773.17	16.33	9.04	7.29
115	布隆迪	Burundi	布琼布拉	Bujumbura	2.78	1 118.00	30.80	1.60	275.49	2.23	2.06	0.17
116	坦桑尼亚	Tanzania	多多玛	Dodoma	9.45	5 632.00	574.40	5.20	1 019.89	57.82	19.52	38.30
117	肯尼亚	Kenya	内罗毕	Nairobi	5.83	5 139.00	879.10	6.30	1 710.64	66.31	28.46	37.85
118	乌干达	Uganda	坎帕拉	Kampala	24.15	4 272.00	274.80	6.10	643.26	40.90	25.22	15.68
119	塞舌尔	Seychelles	维多利亚	Victoria	0.05	10.00	15.90	3.60	15 900.00	15.30	5.48	9.82
120	吉布提	Djibouti	吉布提	Djibouti	2.32	96.00	19.70	6.00	2 052.08	3.87	1.93	1.94
121	索马里	Somalia	摩加迪沙	Mogadishu	63.77	1 501.00	74.80	6.48	498.33	—	—	—
122	尼日利亚	Nigeria	阿布贾	Abuja	92.38	19 587.00	3 972.70	1.90	2 028.23	225.14	179.73	45.41

期货市场国际化

续表

序号	国家和地区（中文）	国家和地区（英文）	首都（中文）	首都（英文）	面积（万平方公里）	人口（万人）	GDP（亿美元）	GDP同比（%）	人均GDP（美元）	贸易额（亿美元）	进口（亿美元）	出口（亿美元）
123	南非	South Africa	茨瓦内，开普敦，布隆方丹	Tshwane, Cape Town, Bloemfontein	122.10	5 778.00	363.00	0.60	628.25	316.95	161.05	155.90
124	赞比亚	Zambia	卢萨卡	Lusaka	75.27	1 735.00	267.20	3.80	1 540.06	25.83	16.26	9.57
125	加纳	Ghana	阿克拉	Accra	23.85	2 977.00	655.60	6.30	2 202.22	149.48	84.78	64.70
126	喀麦隆	Cameroon	雅温得	Yaoundé	47.54	2 522.00	385.00	3.90	1 526.57	42.21	23.80	18.41
127	多哥	Togo	洛美	Lome	5.68	789.00	53.00	4.90	671.74	9.58	4.27	5.31
128	佛得角	Cape Verde	普拉亚	Praia	0.40	54.00	19.90	5.50	3 685.19	10.39	3.70	6.69
129	津巴布韦	Zimbabwe	哈拉雷	Harare	39.08	1 444.00	310.00	6.20	2 146.81	14.43	10.72	3.71
130	安哥拉	Angola	罗安达	Luanda	124.67	3 081.00	1 057.50	-2.10	3 432.33	104.00	97.69	6.31
131	纳米比亚	Namibia	温得和克	Windhoek	82.43	245.00	145.20	-0.10	5 926.53	13.44	6.13	7.31
132	加蓬	Gabonese	利伯维尔	Libreville	26.77	212.00	170.20	1.20	8 028.30	21.34	18.61	2.73
133	莫桑比克	Mozambique	马普托	Maputo	78.64	2 950.00	144.60	3.30	490.17	36.21	29.63	6.58
134	塞拉利昂	Sierra Leone	弗里敦	Freetown	7.23	765.00	40.00	3.70	522.88	5.65	4.20	1.45
135	科特迪瓦	Côte d'Ivoire	亚穆苏克罗	Yamoussoukro	32.25	2 507.00	430.10	7.40	1 715.60	40.49	31.8	8.69
136	阿尔及利亚	Algeria	阿尔及尔	Algiers	238.17	4 223.00	1 806.90	2.10	4278.71	2.64	0.49	2.15

续表

序号	国家和地区（中文）	国家和地区（英文）	首都（中文）	首都（英文）	面积（万平方公里）	人口（万人）	GDP（亿美元）	GDP同比（%）	人均GDP（美元）	贸易额（亿美元）	进口（亿美元）	出口（亿美元）
137	萨摩亚	Samoa	阿皮亚	Apia	0.28	20.00	8.60	0.70	4 300.00	—	108.37	—
138	秘鲁	Peru	利马	Lima	128.52	3 199.00	2 222.40	4.00	6 947.17	154.82	86.57	68.25
139	牙买加	Jamaica	金斯敦	Kingston	1.10	293.00	157.20	1.90	5 365.19	62.41	24.50	37.91
140	古巴	Cuba	哈瓦那	Havana	10.99	1 134.00	968.50	1.80	8 540.56	—	—	—
141	巴巴多斯	Barbados	布里奇顿	Bridgetown	0.04	29.00	46.70	1.00	16 103.45	20.68	6.83	13.85

资料来源：根据世界银行的资料和网络信息整理。

注：

1. 中国澳门陆地面积为32.8平方公里，海域面积85平方公里。
2. 苏丹、毛里塔尼亚的贸易额与进出口总和不相等，存在误差。
3. 巴巴多斯的进口额为2013年数据。
4. 加蓬的进出口额为2015年数据。
5. 库克群岛的人口数量为2015年数据，GDP为2014年数据，人均GDP为2016年数据。
6. 纽埃的人口数量为2017年数据，GDP和人均GDP均为2012年数据。
7. 叙利亚的GDP、GDP同比、人均GDP均为2017年数据。
8. 巴勒斯坦的GDP、GDP同比、人均GDP、GDP均为2017年数据。
9. 马达加斯加、冈比亚、苏里南、委内瑞拉、圭亚那、巴拿马、格林纳达的进出口数据根据2017年数据计算得出。
10. 突尼斯、马达加斯加、冈比亚、新西兰、圭亚那、巴拿马、安提瓜和巴布达、格林纳达的贸易额数据根据2017年数据计算得出。
11. 塞舌尔、加纳、喀麦隆、津巴布韦、加蓬、莫桑比克、塞拉利昂、科特迪瓦、阿尔及利亚、秘鲁、巴巴多斯的出口额为2017年数据。

363

期货市场国际化

12. 卢旺达、布隆迪、坦桑尼亚、肯尼亚、塞舌尔、吉布提、尼日利亚、加纳、喀麦隆、多哥、津巴布韦、莫桑比克、塞拉利昂、科特迪瓦、萨摩亚、古巴、巴巴多斯的进口额为 2017 年数据。
13. 新西兰、安提瓜与巴布达的贸易额非 2018 年数据，与进出口总和数据不相等，存在误差。
14. 其余数据均为 2018 年的数据。
15. 空白部分均是没有给出资料或无法计算的数据。
16. 数据主要来源于世界银行，注释部分引自世界银行，由于世界银行没有披露具体细节，个别信息无法确认。
17. 表中数据均保留两位小数。

附录 2 "一带一路"国家和地区交易所中英文名称

序号	交易所（中文名）	交易所（英文名）	英文名简称	国家和地区
1	香港交易及结算所有限公司*	Hong Kong Exchanges and Clearing Limited	HKEX	中国香港
2	台湾期货交易所*	Taiwan Futures Exchange	TAIFEX	中国台湾
3	莫斯科交易所*	Moscow Exchange	MOEX	俄罗斯
4	圣彼得堡国际商品原料交易所*	S.p.im.ex. srl Oristano	Spimex	俄罗斯
5	哈萨克斯坦证券交易所	Kazakhstan Stock Exchange	KASE	哈萨克斯坦
6	欧亚交易系统商品交易所*	Eurasian Trading System Commodity Exchange Joint Stock Company	ETS	哈萨克斯坦
7	韩国证券期货交易所*	Korea Exchange	KRX	韩国
8	泰国证券交易所*	Thailand Futures Exchange	TFEX	泰国
9	印度尼西亚商品和衍生品交易所*	Indonesia Commodity & Derivatives Exchange	ICDX	印度尼西亚
10	雅加达期货交易所*	Jakarta Futures Exchange	JFX	印度尼西亚
11	印度尼西亚证券交易所	Indonesia Stock Exchange	IDX	印度尼西亚
12	越南商品交易所	Vietnam Commodity Exchange	VCE	越南
13	马来西亚衍生品交易所*	Malaysia Derivatives Exchange	MDEX	马来西亚
14	金边衍生品交易所*	Phnom Penh Derivative Exchange	PPDE	柬埔寨
15	新加坡交易所*	Singapore Exchange	SGX	新加坡

期货市场国际化

续表

序号	交易所（中文名）	交易所（英文名）	英文名简称	国家和地区
16	ICE新加坡期货交易所*	ICE Futures Singapore	—	新加坡
17	亚太交易所*	Asia Pacific Exchange	APEX	新加坡
18	印度国家商品及衍生品交易所*	National Commodity & Derivatives Exchange	NCDEX	印度
19	印度国际交易所*	India International Exchange	INX	印度
20	印度多种商品交易所*	Multi Commodity Exchange	MCX	印度
21	印度国家证券交易所	National Stock Exchange of India	NSE	印度
22	孟买证券交易所	Bombay Stock Exchange	BSE	印度
23	巴基斯坦商业交易所*	Pakistan Mercantile Exchange	PMEX	巴基斯坦
24	巴基斯坦证券交易所	Pakistan Stock Exchange	PSX	巴基斯坦
25	尼泊尔商业交易所*	Mercantile Exchange Nepal	MEX Nepal	尼泊尔
26	尼泊尔衍生品和商品交易所*	Derivatives & Commodity Exchange Nepal	DCEX Nepal	尼泊尔
27	卢森堡证券交易所	Luxembourg Stock Exchange	LuxSE	卢森堡
28	索菲亚商品交易所*	Sofia Commodity Exchange	Sofia CEX	保加利亚
29	布达佩斯证券交易所	Budapest Stock Exchange	BSE	匈牙利
30	白俄罗斯货币证券交易所	Белорусскаявалютно-фондоваябиржа	BCSE	白俄罗斯
31	华沙证券交易所	Warsaw Stock Exchange	WSE	波兰
32	乌克兰交易所*	Ukraine Exchange	PFTS	乌克兰

续表

序号	交易所（中文名）	交易所（英文名）	英文名简称	国家和地区
33	乌克兰商业交易所*	The Ukrainian Mercantile Futures Commodity Exchange	—	乌克兰
34	塞浦路斯证券交易所	Χρηματιστηριο Αξιν Κπρου	XAK	塞浦路斯
35	伊斯坦布尔交易所*	Borsa Istanbul	BIST	土耳其
36	巴林金融交易所*	Bahrain Financial Exchange	BFX	巴林
37	迪拜商业交易所*	Dubai Mercantile Exchange	DME	阿拉伯联合酋长国
38	迪拜黄金和商品交易所*	Dubai Gold & Commodities Exchange	DGCX	阿拉伯联合酋长国
39	纳斯达克迪拜证券交易所	Nasdaq Dubai	Nasdaq Dubai	阿拉伯联合酋长国
40	伊朗商业交易所*	Iran Mercantile Exchange	IME	伊朗
41	伊朗能源交易所*	Iran Energy Exchange	IRENEX	伊朗
42	德黑兰证券交易所*	Tehran Stock Exchange	—	伊朗
43	特拉维夫证券交易所*	Tel-Aviv Stock Exchange	TASE	以色列
44	意大利证券交易所*	Borsa Italiana	IDEM	意大利
45	雅典证券交易所	Athens Derivatives Exchange	ATHEX	雅典
46	马耳他证券交易所	Malta Stock Exchange	MSE	马耳他
47	里斯本泛欧证券交易所	Euronext	Euronext	葡萄牙
48	塞舌尔证券交易所*	Sechelles Securities Exchange	Trop-X	塞舌尔
49	尼日利亚商品交易所*	Nigeria Commodity Exchange	NCX	尼日利亚

期货市场国际化

续表

序号	交易所（中文名）	交易所（英文名）	英文名简称	国家和地区
50	约翰内斯堡证券交易所*	Johannesburg Stock Exchange	JSE	南非
51	赞比亚农产品交易所*	Zambia Agricultural Commodity Exchange	ZAMACE	赞比亚
52	赞比亚债券和金融衍生品交易所	Bond and Derivatives Exchange Plc	BaDEx	赞比亚
53	新西兰期货交易所*	New Zealand Futures Exchange	NZX	新西兰
54	南太平洋证券交易所	South Pacific Stock Exchange	SPSE	斐济
55	加拉加斯证券交易所	Caracas Stock Exchange	CCS	委内瑞拉
56	萨尔瓦多证券交易所	El Salvador Stock Exchange	BVES	萨尔瓦多
57	基多证券交易所	Quito Stock Exchange	BVQ	厄瓜多尔
58	圣地亚哥证券交易所	Santiago Stock Exchange	STE	智利
59	利马证券交易所	Lima Stock Exchange	BVL	秘鲁
60	牙买加证券交易所	Jamaica Stock Exchange	JSE	牙买加
61	巴巴多斯证券交易所	Barbados Stock Exchange	BSE	巴巴多斯
62	多米尼加股票市场	Stock Market of the Dominican Republic	BVRD	多米尼加
63	乌干达证券交易所	Uganda Securities Exchange	USE	乌干达
64	达累斯萨拉姆证券交易所	Dar es Salaam Stock Exchange	DSE	坦桑尼亚
65	内罗毕证券交易所	Nairobi Securities Exchange	NSE	肯尼亚
66	卢旺达证券交易所	Rwanda Stock Exchange	RSE	卢旺达

续表

序号	交易所（中文名）	交易所（英文名）	英文名简称	国家和地区
67	萨拉热窝证券交易所	Sarajevo Stock Exchange	SASE	波黑
68	加纳证券交易所	Ghana Stock Exchange	GSE	加纳
69	杜阿拉证券交易所	Douala Stock Exchange	DSX	喀麦隆
70	乌拉圭证券交易所	Uruguay Stock Exchange	BEVSA	乌拉圭
71	圣多明戈证券交易所	Santo Domingo Stock Exchange	SDSE	多米尼克
72	圭亚那证券交易所	Guyana Stock Exchange	GASCI	圭亚那
73	莫尔兹比港证券交易所	Port Moresby Stock Exchange	POMSoX	巴布亚新几内亚
74	拉巴斯证券交易所	La Paz Stock Exchange	LPSE	玻利维亚
75	巴勒斯坦交易所	Palestine Exchange	PSE	巴勒斯坦
76	地拉那证券交易所	Tirana Stock Exchange	TSE	阿尔巴尼亚
77	萨格勒布证券交易所	Zagreb Stock Exchange	ZSE	克罗地亚
78	布鲁特证券交易所	Beirut Stock Exchange	——	黎巴嫩
79	马斯喀特证券交易所	Muscat Securities Exchange	MSM	阿曼苏丹国
80	安曼证券交易所	Amman Stock Exchange	ASE	约旦
81	大马士革证券交易所	Damascus Securities Exchange	DSE	叙利亚
82	菲律宾证券交易所	Philippines Stock Exchange	PSE	菲律宾
83	不丹皇家证券交易所	Royal Securities Exchange of Bhutan	——	不丹

期货市场国际化

续表

序号	交易所（中文名）	交易所（英文名）	英文名简称	国家和地区
84	巴库证券交易所	Baku Stock Exchange	BSE	阿塞拜疆
85	科威特证券交易所	Kuwait Stock Exchange	KSE	科威特
86	摩尔多瓦证券交易所	Moldova Stock Exchange	MSE	摩尔多瓦
87	马尔代夫证券交易所	Maldives Stock Exchange	MSE	马尔代夫
88	北马其顿证券交易所	Macedonian Stock Exchange	MSE	北马其顿
89	蒙古国证券交易所	Mongolian Stock Exchange	MSE	蒙古国
90	沙特证券交易所	Saudi Stock Exchange	——	沙特阿拉伯
91	纳斯达克亚美尼亚交易所	NASDAQ OMX Armenia	——	亚美尼亚
92	佛得角证券交易所	The Cape Verde Stock Exchange	BVC	佛得角
93	津巴布韦证券交易所	Zimbabwe Stock Exchange	ZCE	津巴布韦
94	安哥拉债务及证券交易所	Angola Debt and Securities Exchange	Bodiva	安哥拉
95	纳米比亚证券交易所	Namibian Stock Exchange	NSX	纳米比亚
96	中非证券交易所	Central African Stock Exchange	BVMAC	加蓬
97	莫桑比克证券交易所	Mozambican Stock Exchange	——	莫桑比克
98	特立尼达和多巴哥证券交易所	Trinidad and Tobago Stock Exchange	TTSEC	特立尼达和多巴哥
99	维也纳证券交易所	Wiener Borse	VSE	奥地利
100	奥地利能源交易所*	Energy Exchange Austria	EXAA	奥地利

续表

序号	交易所（中文名）	交易所（英文名）	英文名简称	国家和地区
101	巴拿马证券交易所	Bolsa de Valores de Panamá	BVP	巴拿马
102	黑山证券交易所	Montenegro Stock Exchange	MSE	黑山
103	维尔纽斯证券交易所	NASDAQ Vilnius	—	立陶宛
104	里加证券交易所	NASDAQ Riga	—	拉脱维亚
105	塔林证券交易所	Tallinn Stock Exchange	TSE	爱沙尼亚
106	达卡证券交易所	Dhaka Stock Exchange	DSE	孟加拉国
107	格鲁吉亚证券交易所	Georgian Stock Exchange	GSX	格鲁吉亚
108	中亚证券交易所	Asian Stock Exchange	ASE	塔吉克斯坦
109	科伦坡证券交易所	Colombo Stock Exchange	CSE	斯里兰卡
110	埃及交易所	Egyptian Exchange	EGX	埃及
111	伊拉克证券交易所	Iraq Stock Exchange	ISX	伊拉克
112	吉尔吉斯证券交易所	Kyrgyz Stock Exchange	KSE	吉尔吉斯斯坦
113	老挝证券交易所	Lao Securities Exchange	LSX	老挝
114	卡塔尔证券交易所	Qatar Stock Exchange	QSE	卡塔尔
115	布加勒斯特证券交易所	Bucharest Stock Exchange	BVB	罗马尼亚
116	贝尔格莱德证券交易所	Belgrade Stock Exchange	BELEX	塞尔维亚
117	布拉迪斯拉发证券交易所	Bratislava Stock Exchange	BSSE	斯洛伐克

期货市场国际化

续表

序号	交易所（中文名）	交易所（英文名）	英文名简称	国家和地区
118	塔什干证券交易所	Republican Stock Exchange Tashkent	UZSE	乌兹别克斯坦
119	塞拉利昂证券交易所	Sierra Leone Stock Exchange	SLSE	塞拉利昂
120	区域证券交易所	Bourse Régionale des Valeurs Mobilières	BRVM	科特迪瓦
121	阿尔及利亚证券交易所	SGBV Bourse d'Algérie	SGBV	阿尔及利亚
122	哥斯达黎加证券交易所	Bolsa Nacional de Valores	BNV	哥斯达黎加
123	突尼斯证券交易所	Bourse des Valeurs Mobilières de Tunis	DSE	突尼斯
124	利比亚证券交易所	Libyan Exchange Stock Market	LSM	利比亚
125	卡萨布兰卡证券交易所	Bourse de Casablanca	—	摩洛哥
126	喀土穆证券交易所	Khartoum Stock Exchange	KSE	苏丹
127	西非经济货币联盟证券交易所	Union Economique et Monétaire Ouest-Africaine Stock Exchange	BRVM	多哥
128	卢布尔雅那证券交易所	Ljubljana Stock Exchange	LSE	斯洛文尼亚
129	布拉格证券交易所	Prague Stock Exchange	PSE	捷克
130	仰光证券交易所	Yangon Stock Exchange	YSX	缅甸

资料来源：彭博数据库、网络资料。

注：* 表示开展商品期货业务的交易所。

后　记

　　本书是"期货市场服务'一带一路'建设"课题研究的主要成果，是国内第一次从期货市场的角度为"一带一路"建设探寻合作方式和路径，也是第一次从防范市场风险、维护国家经济安全的高度来研究期货市场的功能，以推进市场发展和对外开放。

　　我们在吸收监管部门、行业协会以及交易所前期研究成果的基础上，通过烦琐的资料收集、大量的市场调研、多次会议交流，经反复讨论修改，形成了本书。在此期间，课题组共赴10多家典型现货企业进行走访调研，召开了6场座谈会，分别与4家交易所、11家期货公司、44家现货企业共计160余人次进行了交流，收到意见、建议数百条。本书基本成形后，课题组又组织召开了研讨会，邀请国家部委有关负责同志对研究成果进行评估，并结合相关意见就政策问题提出具体建议。之后，中国金融四十人论坛旗下上海新金融研究院又组织了闭门研讨会，邀请国家部委、地方政府、行业协会、产业企业、金融机构、交易所、期货公司的代表进一步对研究成果提出意见和建议。在充分吸收有关各方的意见和建议的基础上，课题组随后对本书进行了全面修改和完善。

　　本书几经讨论修改，广泛征求意见，凝聚了参与各方的心血和汗水，终于付梓。在研究过程中，我们得到了国家相关部委专家的指导与帮助，得到了中国证监会期货监管部、上海期货交易所、郑州商品

期货市场国际化

交易所、大连商品交易所、中国金融期货交易所专家的积极响应，得到了行业协会、实体企业、金融机构、期货公司的大力支持，得到了中国金融四十人论坛、上海新金融研究院的大力协助。

在此谨致谢忱！

本书课题组
2019 年 12 月